全国高职高专土建系列规划教材

建设工程项目招投标及合同管理

蓝 维 陈 列 主编

西南交通大学出版社

·成 都·

内容提要

本书主要介绍了建设工程项目招标、投标的基础知识和实务操作知识。全书共分上、中、下三篇共十一章，上篇主要介绍建筑工程招投标实用基础理论知识，共三章；中篇主要介绍建设工程招标、投标及其具体操作实务，共六章；下篇主要介绍建筑工程合同管理及索赔基本知识，共两章。本书每章前面附有学习目标和能力目标，其目的是对本章的教学内容和教学目的作出必要的引导；每章后面附有本章小结和练习与思考，其作用是对本章的内容作出概括性总结，以使学生掌握核心知识和练习巩固知识；结合核心知识，部分章节附有具体案例和案例鉴赏，加深学生对基础知识在工程招投标及管理中实际运用的理解，从而形成了一个"引导—学习—总结—练习—运用"的全新的教学过程。

本书依据高等职业教育人才培养目标进行定位，力求做到理论联系实际，以案例来加深理解、巩固核心知识，以案例鉴赏掌握知识的具体应用，使读者易学易懂，达到学以致用的目的。

本书具有较强的职业针对性、实用性和可操作性，可以作为职业院校相关专业的试用教材，也可以作为相关工程管理人员的参考用书。

图书在版编目（CIP）数据

建设工程项目招投标及合同管理 / 蓝维，陈列主编.
—成都：西南交通大学出版社，2011.8（2018.2 重印）
全国高职高专土建系列规划教材
ISBN 978-7-5643-1325-8

Ⅰ.①建… Ⅱ.①蓝…②陈… Ⅲ.①建筑工程－招标－高等职业教育－教材②建筑工程－投标－高等职业教育－教材③建筑工程－合同－管理－高等职业教育－教材 Ⅳ.①TU723

中国版本图书馆 CIP 数据核字（2011）第 162213 号

全国高职高专土建系列规划教材
建设工程项目招投标及合同管理
蓝维　陈列　主编

*

责任编辑　高　平
特邀编辑　曾荣兵
封面设计　本格设计

西南交通大学出版社出版发行
四川省成都市二环路北一段 111 号西南交通大学创新大厦 21 楼
邮政编码：610031　发行部电话：028-87600564
http://www.xnjdcbs.com

四川森林印务有限责任公司印刷

*

成品尺寸：185 mm×260 mm　　印张：15
字数：365 千字
2011 年 8 月第 1 版　2018 年 2 月第 7 次印刷
ISBN 978-7-5643-1325-8
定价：32.00 元

图书如有印装质量问题　本社负责退换
版权所有　盗版必究　举报电话：028-87600562

前　言

实践证明，招投标对节约建筑工程成本、提高经济效益和社会效益、有效防止腐败起到很大的作用。招标、投标是目前建设工程发、承包的主要方式，工程合同管理是企业经营管理能力的具体表现，索赔是合同一方维护自己权利的一种合法手段。作为企业管理人员、造价人员，掌握招投标、工程合同管理和索赔知识是现代社会竞争的需要，也是现代化社会要求的一种趋势。

本书作者队伍由教师、工程师、具有多年招投标管理经验的政府管路机构人员以及具有多年企业工程管理经验、造价控制人员共同组成，专业优势突出。本书根据《中华人民共和国招标投标法》、《中华人民共和国建筑法》、《中华人民共和国合同法》、《工程建设项目施工招标投标办法》（七部委第30号）、《房屋建筑和市政基础设施工程施工招标投标管理办法》（建设部令第89号）、《工程建设项目勘察设计招标投标办法》（七部委第2号）等相关法规，结合建设工程招标、投标实际工作中的常见知识和合同管理知识进行编制，以"知识够用、须用"为基础，通过具体案例和案例鉴赏引导学生对核心知识及理论知识如何运用于具体实际工程的理解。

本书由蓝维、陈列主编，赖廷龙、李欲飞、李翠芬、肖红、淮建峰参编，全书由蓝维统稿。

本书在编写过程中，结合建设工程招标、投标的具体实务，同时参考了许多相关书籍、网站，也引用了某些典型案例，在此谨向相关作者、网站表示衷心的感谢，并对为本书付出辛勤劳动的编辑同志和一直支持本书出版的同志表示衷心的感谢！

由于我们水平有限，本书难免存在不妥和遗漏之处，恳请读者批评指正。

编　者

2011年7月

目 录

上篇　建设工程招标投标基础理论知识

第一章　建设工程项目与建筑市场 ·· 3
　第一节　建设工程项目概述 ·· 3
　第二节　建筑市场 ·· 6
　本章小结 ·· 12
　习　题 ·· 13

第二章　工程招投标概述 ·· 15
　第一节　建设工程招投标概述 ·· 15
　第二节　招投标的基本程序和工作要求 ·· 26
　本章小结 ·· 30
　习　题 ·· 31

第三章　建筑工程价格 ·· 33
　第一节　工程造价概述 ·· 33
　第二节　工程量清单编制概述 ·· 36
　第三节　工程量清单计价 ··· 46
　第四节　招标控制价 ·· 49
　第五节　投标价格 ·· 52
　本章小结 ·· 54
　习　题 ·· 55

中篇　建设工程招标投标

第四章　招标公告 ·· 59
　本章小结 ·· 61
　习　题 ·· 61

第五章　建设工程资格审查 ·· 64
　第一节　资格预审的基本知识 ·· 64
　第二节　资格预审文件 ·· 66
　本章小结 ·· 72

1

习　题 ··· 72

第六章　建设工程施工招标 ··· 77
　　第一节　招标文件的相关知识与规定 ··· 77
　　第二节　施工招标文件 ··· 79
　　本章小结 ·· 96
　　习　题 ··· 97

第七章　建设工程施工投标 ··· 108
　　第一节　工程施工投标概述 ··· 108
　　第二节　工程施工投标程序及工作要求 ··· 111
　　第三节　投标报价的确定 ·· 115
　　第四节　技术标部分 ·· 116
　　第五节　投标文件的编写、担保、签署、装订、密封、提交 ················· 118
　　第六节　工程项目的施工投标策略 ·· 119
　　本章小结 ··· 121
　　习　题 ·· 121

第八章　工程监理招标简述 ··· 140
　　本章小结 ··· 144
　　习　题 ·· 144

第九章　工程勘察设计招标简述 ·· 146
　　本章小结 ··· 151
　　习　题 ·· 151

下篇　建设工程合同管理与索赔

第十章　建设工程施工合同管理 ·· 157
　　第一节　施工合同概述 ·· 157
　　第二节　《建设工程施工合同（示范文本）》组成内容 ························ 158
　　第三节　工程施工合同策划 ·· 162
　　第四节　施工合同谈判与订立 ··· 171
　　第五节　工程施工合同履约管理 ·· 174
　　本章小结 ··· 190
　　习　题 ·· 190

第十一章　建设工程施工索赔 ··· 196
　　第一节　建设工程施工索赔概述 ·· 196
　　第二节　工程施工索赔程序与要求 ··· 199
　　第三节　索赔文件及索赔注意事项 ··· 202

第四节　施工索赔的计算 …………………………………………………… 206
　　本章小结 …………………………………………………………………… 212
　　习　题 ……………………………………………………………………… 213
附录　建设工程招标 …………………………………………………………… 222
参考文献 ………………………………………………………………………… 232

上篇
建设工程招标投标基础理论知识

第一章　建设工程项目与建筑市场

学习目标

了解工程项目基本内容；熟悉建筑产品和建筑活动及其特点；熟悉建筑工程项目建设周期；了解建筑市场的概念及其运行特点；掌握建筑市场的资质管理；熟悉建筑工程交易中心的作用和运行规则。

能力目标

通过本章节教学，使学生能够根据工程项目特点、要求确定投标人资质条件，具有办理工程项目招投标前期工作的基本能力。

第一节　建设工程项目概述

一、项　目

1．项目概念

项目是指在一定约束条件下，通过项目组织机构进行相互协调、生产和控制来实现计划生产目标的一种独有过程。其中，一定的约束条件是指时间（开始和结束日期）、质量要求及标准、费用成本指标。

2．项目具有的属性

（1）项目的一次性。是指项目建设一般都会规定项目开始实施和实施结束时间，当项目按时完成预定目标，则不会再重复。因此，项目具有生产的一次性。

（2）项目的唯一性。每个项目都有其特定性，即便使用功能相同或者采用同一设计文件，但由于地理位置、生产时间和环境的不同也各不相同。

（3）目标的明确性。一个项目完成的效果如何，需要规定一个明确的目标和检验标准，供各方共同验收判定。这一明确的目标主要指项目的成果目标和约束目标，成果目标是指项目质量目标，约束目标主要指时间（工期）目标和资源（成本）目标。每个项目都有各自的使用要求和明确的计划目标，没有明确目标的项目是很难实现的。

（4）项目的周期性。项目从开始到结束，一般都要经过连续的、有规律的几个阶段，各阶段按照工作的先后顺序相互衔接，组合起来便构成了项目的生命周期。

二、建设工程项目

1．工程建设项目概念

工程建设项目是指为完成依法立项的新建、改建、扩建的各类工程（土木工程、建筑工程及安装工程等）而进行的、有约束目标要求的一组相互关联的受控活动组成的特定过程，包括策划、勘察、设计、采购、施工、试运行、竣工验收和移交等。

2．工程项目的生命周期

工程项目自始至终的连续整体过程构成了项目的生命周期。工程项目从投资机会分析、项目建议书开始到工程竣工使用及保修期满，所经历的时间可分为项目启动、规划设计、实施和完工收尾四个阶段。这四个阶段构成了工程项目一个完整的生命周期。

(1) 项目启动阶段。启动阶段的主要工作一般包括项目的投资机会分析，以及根据投资机会分析作为依据，进一步完成项目建议书（也叫项目概念的提出）、可行性研究报告，成立项目基本组织。

(2) 项目规划设计阶段。成立的项目组根据批准的可行性研究报告进行项目的规划设计招标，实施方案的招标并委托设计形成设计文件。

(3) 项目实施阶段。这一阶段主要是通过招投标选择合适的建造（生产）商和监理咨询机构，按照制定的项目基本目标推进项目建设，同时在整个实施过程中进行有效监控，最终完成项目的生产并对工程成果进行验收确认。

(4) 项目完工收尾阶段。这一阶段主要包括项目的竣工验收、试生产、交付使用和保修服务；为了更好地总结经验和形成有效的管理标准程序，交付使用后应对项目建设进行绩效评价。

三、建设工程项目的分类

1．按建设性质划分

(1) 新建项目。指原来不存在，现在根据需要开始建设的新项目或原有建设项目规模很小，经扩大建设后其新增加的固定资产价值超过原有固定资产价值三倍的项目。

(2) 扩建项目。指原有企、事业单位为扩大原有产品生产能力（或效益）或增加新的产品生产能力，在原有的基础上新建主要车间或工程的项目。

(3) 改建项目。指原有企、事业单位，对原有设备或工程进行技术改造的项目。

(4) 迁建项目。指根据生产、销售、环境或其他因素的要求，将原有的单位迁到异地重新建设的项目。

(5) 恢复项目。主要是指因受到不可抗力的自然因素或其他因素（如战乱）的影响、破坏，按照原有规模或扩大规模建设的项目。

2．按行业性质和特点划分

(1) 竞争性项目。指投资回报率比较高、市场调节比较灵活、竞争性比较强的一般性建设工程项目。

(2) 基础性项目。指具有自然垄断性、建设周期长、投资额大而收益低的项目。

（3）公益性项目。指主要为社会发展服务、难以产生直接经济回报的项目。

3．按用途划分

（1）生产性项目。主要指用于生产有形物质，以满足社会生产、生活需要的建设项目。

（2）非生产性项目。主要是指用于满足人们物质和文化需要的建设项目。

4．按建设规模划分

基本建设项目按照投资规模可分为大型、中型和小型三类；各行业的划分标准有所不同，其中建筑规模按照设计能力划分（表1.1）。

表1.1 工程建设项目按设计规模划分

序号	建设项目	工程等级特征		大 型	中 型	小 型
1	一般公共建筑	单体建筑面积		20 000 m² 以上	5 000～20 000 m²	≤5 000 m²
		建筑高度		≥50 m	24～50 m	≤24 m
		复杂程度	Ⅰ	大型公共建筑工程	中型公共建筑工程	功能单一、技术要求简单的小型公共建筑工程
			Ⅱ	技术要求复杂或具有经济、文化、历史等意义的省（市）级中小型公共建筑工程	技术要求复杂或有地区性意义的小型公共建筑工程	高度<21 m 的一般公共建筑工程
			Ⅲ	高度>50 m 的公共建筑工程	高度为 24～50 m 的一般公共建筑工程	小型仓储建筑工程
			Ⅳ	相当于四、五星级饭店标准的室内装修、特殊声学装修工程	仿古建筑、一般标准的古建筑、保护性建筑以及地下建筑工程	简单的设备用房及其他配套用房工程
			Ⅴ	高标准的古建筑、保护性建筑与地下建筑工程	大中小型仓储建筑工程	简单的建筑环境设计及室外工程
			Ⅵ	高标准的建筑环境设计和室外工程	一般标准的建筑环境设计和室外工程	相当于一星级饭店及以下标准的室内装修工程
			Ⅶ	技术要求复杂的工业厂房	跨度小于30 m、吊车吨位小于30 t的单层厂房或仓库；跨库小于12 m、6层以下的多层厂房或仓库	跨度小于24 m、吊车吨位小于10 t 的单层厂房或仓库；跨度小于6 m、楼盖无动荷载的3层以下的多层厂房或仓库
			Ⅷ	相当于二、三层级饭店标准的室内装修工程		

续表 1.1

序号	建设项目	工程等级特征	大型	中型	小型
2	住宅宿舍	层数	>20层	12~20层	≤12层（其中砌块建筑不得超过抗震规范层数限值要求）
		复杂程度	20层以上居住建筑和20层及以下高标准居住建筑工程	20层及以下一般标准的居住建筑工程	
3	住宅小区工厂生活区	总建筑面积	>30万 m^2 规划设计	≤30万 m^2 规划设计	单体建筑按上述住宅或公共建筑标准执行
4	地下工程	地下空间（总建筑面积）	>1万 m^2	≤1万 m^2	
		附建式人防（防护等级）	四级及以上	五级及以下	人防疏散干道、支干道及人防连接通道等人防配套工程

第二节 建筑市场

一、建筑市场概述

1．建筑市场的概念

建筑市场是指以工程承发包交易活动为主要内容的市场，是国民经济市场中的一个组成部分；其既服从一般市场的运行规律，也有其自身的特点。

建筑市场有广义和狭义之分。狭义的市场一般指有形建筑市场，有固定的交易场所，项目招投标主体通过招标、投标形式在建设工程交易中心完成建筑产品的交换关系。

广义的建筑市场既包括有形市场，也包含无形市场。无形市场即为工程建设提供专业服务的中介组织，如建筑勘察设计、工程监理、工程招投标代理、造价咨询等智力劳动服务市场。

由于建筑产品具有生产周期长、价值量大、生产过程的不同阶段对承包的能力和特点要求不同等特点，决定了建筑市场交易贯穿于建筑产品生产的整个过程。从工程建设的决策、设计、施工一直到工程竣工、保修期结束，发包人与承包商、分包商进行的各种交易以及相关的建筑材料、设备的交易和建筑机械租赁等活动，都是在建筑市场中进行的，生产活动和交易活动交织在一起，形成了建筑市场与其他产品市场不同的市场体系。

建筑市场体系包括由发包人、承包人、咨询服务机构和市场组织管理机构组成的市场主体，以建筑产品和建筑生产过程为对象组成的市场客体，以招标、投标为主要交易形式的市场竞争机制，以资质管理为主要内容的市场监督管理体系。建筑市场中的主体与客体的有效组合形成了完整的市场体系。建筑市场体系如图1.1所示。

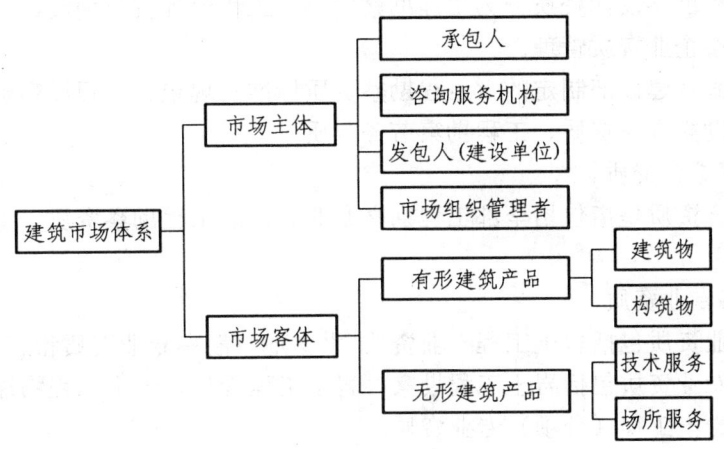

图1.1 建筑市场体系

2．建筑市场体系的特点

建筑市场是经济市场的一部分，其既有一般市场运行的规律，又有特殊的规律和特点，主要表现在以下几方面：

（1）建筑产品的交易主要在供求双方之间进行直接交易，但交易过程受政府行政管理机构的监督。

（2）发包方与承包方合同的签订在建筑产品未生产之前。

（3）建筑产品的特性，决定了建筑市场的地域性。建筑产品在交易过程中，首要是遵循国家的法律、法规及有关制度，也要遵循地方性行政法规及管理办法。

（4）建筑市场的竞争相对激烈。主要表现在生产者之间的竞争，以及各承包商之间技术力量、设备能力、经济实力和价格之间的竞争。

（5）建筑工程市场有严格的市场准入制度。为了维护建设市场的交易秩序，保障交易双方和其他利益人的合法权益，政府行政主管部门与行业协会都制定了相应的市场准入制度和相关规则，以规范、约束市场主体的生产经营行为。

二、建设工程市场的资质管理

建筑活动的专业性及技术性都很强，而且建设工程投资大、周期长，一旦发生问题，将给社会和人民的生命财产安全造成极大损失。因此，为保证建设工程的质量和安全，对从事建设活动的单位和专业技术人员必须实行从业资格管理，即资质管理制度。建设市场中的资质管理包括两类：一类是从业企业的资质管理；另一类是专业人士的资格管理。

（一）企业的资质管理

在建筑市场中，围绕工程建设活动的主体主要是工程发包方、承包方（包括供应商）、勘察设计单位和工程咨询机构等。《中华人民共和国建筑法》规定，政府建设行政主管部门对从事建筑活动的工程勘察设计单位、施工企业和工程咨询机构实行资质管理。

1. 工程勘察设计企业资质管理

我国建设工程勘察设计资质分为工程勘察资质、工程设计资质两类。

(1) 工程勘察企业资质管理。

根据住房和城乡建设部制定的《工程勘察资质标准》规定，工程勘察资质分为工程勘察综合资质、工程勘察专业资质、工程勘察劳务资质。

① 工程勘察综合资质。

工程勘察综合资质是指包括全部工程勘察专业资质的工程勘察资质。工程勘察综合资质只设甲级。

② 工程勘察专业资质。

工程勘察专业资质包括岩土工程专业资质、水文地质勘察专业资质和工程测量专业资质；其中，岩土工程专业资质包括岩土工程勘察、岩土工程设计、岩土工程物探测试检测监测和岩土工程咨询等岩土工程（分项）专业资质。

工程勘察专业资质原则上设甲、乙两个级别，确实有必要的，经批准也可设置专业类丙级。根据工程性质和实际需要，岩土工程咨询专业资质只设甲级，岩土工程勘察、水文地质勘察、工程测量专业资质可设丙级。

③ 工程勘察劳务资质。

工程勘察劳务资质包括工程钻探、凿井和岩土工程治理。工程勘察劳务资质不分等级。

(2) 工程设计企业资质管理。

根据住房和城乡建设部制定的《工程设计资质标准》规定，工程设计资质分为工程设计综合资质、工程设计行业资质、工程设计专业资质和工程设计专项资质四类。

工程设计综合资质只设甲级；工程设计行业资质和工程设计专业资质设甲、乙两个级别；根据行业需要，建筑、市政公用、水利、电力（限送变电）、农林和公路行业设立工程设计丙级资质，建筑工程设计专业资质设丁级。工程设计专项资质根据需要设置等级。

(3) 业务范围规定。

建设工程勘察、设计企业应当按照其拥有的注册资本、专业技术人员、技术装备和勘察设计业绩等条件申请资质，经审查合格，取得建设工程勘察、设计资质证书后，方可在资质等级许可的范围内从事建设工程勘察设计活动。

2. 建筑业企业资质管理

根据《建筑业企业资质管理规定》（建设部令第87号），建筑业企业是指从事土木工程、建筑工程、线路管道及设备安装工程、装修工程的新建、扩建、改建活动的企业。我国的建筑业企业分为施工总承包企业、专业承包企业和劳务分包企业。施工总承包企业又按工程性质分为房屋、公路、铁路、港口、水利、电力、矿山、冶金、化工石油、市政公用、通信、机电12个类别。专业承包企业根据工程性质和技术特点又划分为60个类别，劳务分包企业按技术特点划分为13个标准。

房屋建筑施工企业资质等级划分具体如下：

(1) 工程施工总承包企业资质等级分为特级、一级、二级、三级；

(2) 施工专业承包企业资质等级分为一级、二级、三级；

(3) 劳务分包企业资质等级分为一级、二级。

这三类企业的资质等级标准，由国家建设部统一组织制定和发布。工程施工总承包企业和施工专业承包企业的资质实行分级审批。特级、一级资质由国家建设部审批。二级以下资质，由企业注册所在省、自治区、直辖市人民政府建设主管部门审批；劳务分包企业资质由企业所在地省、自治区、直辖市人民政府建设主管部门审批。经审查合格的，由有权力的资质管理部门颁发相应等级的建筑业企业（施工企业）资质证书。建筑业企业资质证书由国务院建设行政主管部门统一印制，分为正本（1份）和副本（若干份），正本和副本具有同等法律效力。任何单位和个人不得涂改、伪造、出借、转让资质证书，复印的资质证书无效。

表1.2列举了我国建筑业企业的承担工程范围的一部分。

表1.2 建筑施工业企业承担工程范围

企业类别	等级	承担工程范围
施工总承包企业 （12类）	特级	（以房屋建筑工程为例）可承担各类房屋建筑工程施工
	一级	（以房屋建筑工程为例）可承担单项建安合同额不超过企业注册资本金5倍的房屋建筑工程的施工：①40层及以下、各类跨度的房屋建筑工程；②高度240 m及以下的构筑物；③建筑面积20×10^4 m^2及以下的住宅小区或建筑群体
	二级	（以房屋建筑工程为例）可承担单项建安合同额不超过企业注册资本金5倍的房屋建筑工程的施工：①28层及以下、单跨跨度36 m以下的房屋建筑工程；②高度120 m及以下的构筑物；③建筑面积12×10^4 m^2及以下的住宅小区或建筑群体
	三级	（以房屋建筑工程为例）可承担单项建安合同额不超过企业注册资本金5倍的房屋建筑工程的施工：①14层及以下、单跨跨度24 m以下的房屋建筑工程；②高度70 m及以下的构筑物；③建筑面积6×10^4 m^2及以下的住宅小区或建筑群体
专业承包企业 （60类）	一级	（以土石方工程为例）可承担各类土石方工程的施工
	二级	（以土石方工程为例）可承担单项合同额不超过企业注册资本金5倍，且60×10^4 m^3及以下的土石方工程的施工
	三级	（以土石方工程为例）可承担单项合同额不超过企业注册资本金5倍，且15×10^4 m^3及以下的土石方工程的施工
劳务分包企业 （13种）	一级	（以木工作业为例）可承担各类工程木工作业分包业务，但单项合同额不超过企业注册资本金5倍
	二级	（以木工作业为例）可承担各类工程木工作业务，但单项合同额不超过企业注册资本金5倍

3．工程咨询单位资质管理

工程咨询是指利用智力、脑力，遵循独立、公正、科学的原则，运用多科学知识和经验、现代科学技术和管理方法为客户提供服务的一种高智商技能活动。

工程咨询单位是指依法设立，具有独立法人资格的开展咨询业务的中介组织，我国建筑工程领域主要有工程监理、工程招标代理、工程造价咨询等机构组织。

我国对工程咨询单位实行资质管理，以保证咨询服务的服务质量和各方权益。

(1) 工程监理企业。

工程监理企业必须取得监理相应等级的资质证书后,在其资质等级许可的范围内从事工程监理活动。目前,工程监理资质可分为综合资质、专业资质和事务所资质,其中建筑工程监理企业资质等级划分为专业甲级、乙级和丙级三个级别。

甲级监理单位可以跨地区、跨部门监理经核定的工程类别中的一等、二等、三等工程。

乙级监理单位只能在本地区、本部门监理经核定的工程类别中的二等、三等工程。

丙级监理单位只能在本地区、本部门监理经核定的工程类别中的三等工程。

(2) 工程招标代理机构。

工程招标代理企业必须取得招标代理相应等级的资质证书后,在其资质等级许可的范围内从事工程监理活动。目前,工程招标代理企业资质等级划分甲级、乙级和暂定级。

甲级招标代理机构可承担各类工程招标代理业务。

乙级招标代理机构只能承担工程投资额(不含征地费、大市政配套费与拆迁补偿费)1亿元人民币以下的工程招标代理业务,地区不受限制。

暂定级工程招标代理机构,只能承担工程总投资6 000万元人民币以下的工程招标代理业务。

(3) 工程造价咨询机构。

工程造价咨询企业必须取得造价咨询相应等级的资质证书后,在其资质等级许可的范围内从事工程造价咨询活动。目前,工程造价咨询企业资质等级划分甲级、乙级。

根据建设部2006《工程造价咨询企业管理办法》规定,工程造价咨询企业依法从事工程造价咨询活动,不受行政区域限制。

甲级工程造价咨询企业可以从事各类建设项目的工程造价咨询业务。

乙级工程造价咨询企业可以从事工程造价5 000万元人民币以下的各类建设项目的工程造价咨询业务。

(二) 专业人士的资格管理

在建筑市场中,把取得从事建筑工程、工程咨询执业资格的专业工程师称为专业人士。建筑行业尽管有完善的建筑法规,但如果没有专业人士的知识与技能的支持,政府将难以对建筑市场进行有效的管理。因为他们的工作水平对工程项目建设成败具有重要的影响,所以对专业人士的资格条件有很高要求。

目前,我国已经确定专业人士的种类有:建筑师、结构工程师、监理工程师、造价工程师、建造工程师、岩土工程师等。专业人士只有参加全国统一执业资格考试,成绩合格取得执业资格,注册后方可从事相关工程建设活动。

三、建设工程交易中心

(一) 建设工程交易中心的性质与作用

1. 建设工程交易中心的性质

建设工程交易中心是经各级政府批准的服务性机构,不是政府管理部门,也不是政府授权的监督机构，其本身并不具备监督、管理职能。但建设工程交易中心又不是一般意义上的服务机构，其设立须得到政府或政府授权主管部门的批准，并非任何单位和个人可随意成立；它不以营利为目的，旨在为建立公开、公正、平等竞争的招标、投标制度服务，只可经批准收取一定的服务费，工程交易行为不能发生在场外。

2．建设工程交易中心的作用

建设工程交易中心的主要任务是依法组织房屋建筑、市政和专业工程总承包、专业承包、劳务分包，以及设计、监理、工程设备材料采购等项目及相关服务的招标、投标交易活动，为建设工程交易提供场所、信息、咨询和见证服务。

负责统一发布招标、投标的有关信息、见证招投标过程、管理评标专家库、确认中标通知书、建立计算机交易网络信息系统、保存招标过程的相关资料档案备查、管理场内招标、投标活动秩序。

应该说建设工程交易中心的设立，对国有投资的监督制约机制的建立，规范建设工程承发包行为、将建筑市场纳入法制化的管理轨道有着重要的作用。

（二）建设工程交易中心的基本功能

1．向建设工程招投标单位提供信息服务功能

信息服务功能包括收集、存储及发布各类工程信息、法律法规、造价信息、建材价格、承包商信息、咨询单位和专业人士信息等。在设施上配备有大型电子墙、计算机网络工作站，为承发包交易提供广泛的信息服务。

2．向建设工程招投标单位提供场所服务功能

对于政府部门、国有企业、事业单位的投资项目，我国明确规定，一般情况下都必须进行公开招标，只有特殊情况下才允许采用邀请招标。所有建设项目进行的招标、投标必须在有形建筑市场内进行，且必须由有关管理部门进行监督。按照这个要求，工程建设交易中心必须为工程承发包交易双方提供包括建设工程的招标、评标、定标、合同谈判等设施和场所的服务。

建设部《建设工程交易中心管理办法》规定，建设工程交易中心应具备信息发布大厅、洽谈室、开标室、会议室及相关设施以满足业主和承包商、分包商、设备材料供应商之间的交易需要。同时，要为政府有关管理部门进驻集中办公、办理有关手续和依法监督招标、投标活动提供场所服务。

（三）建设工程交易中心的运行原则

为保证建设工程交易中心能够有良好的运行秩序以及使其市场功能得到充分发挥，必须坚持市场运行的一些基本原则，主要原则如下。

1．信息公开原则

建设工程交易中心必须充分掌握政策法规、工程发包、承包商和咨询单位的资质，造价指数、招标规则、评标标准、专家评委库等各项信息，并保证市场各方主体都能及时获得所需要的信息资料。

2．依法管理原则

建设工程交易中心应严格按照法律、法规开展工作，尊重建设单位依照法律规定选择投标单位和选定中标单位的权利。尊重符合资质条件的建筑业企业提出的投标要求和接受邀请参加投标的权利。任何单位和个人不得非法干预交易活动的正常进行。行政监督管理部门应当进驻建设工程交易中心实施监督。

3．公平竞争原则

建立公平竞争的市场秩序是建设工程交易中心的一项重要原则。行政监督管理部门应严格监督招标、投标单位的行为，防止地方保护、行业和部门垄断等各种不正当竞争，且不得侵犯交易活动各方的合法权益。

4．属地进入原则

按照我国有形建筑市场的管理规定，建设工程交易实行属地进入。每个城市原则上只能设立一个建设工程交易中心；特大城市可以根据需要，设立区域性分中心，在业务上受中心领导。对于跨省、自治区、直辖市的铁路、公路、水利等工程，可在政府有关部门的监督下，通过公告由项目法人组织招标、投标。

5．办事公正原则

建设工程交易中心是政府建设行政主管部门批准建立的服务性机构，要求其必须建立监督制约机制，公开办事规则和程序，制订完善的规章制度和工作人员守则，发现建设工程交易活动有违法、违规行为时，应当向政府有关管理部门报告，并协助进行处理。

—— 本章小结 ——

本章主要介绍了建筑工程项目的生命周期，工程项目的规模划分标准，建筑市场的资质管理和有形建筑市场的交易平台（建设工程交易中心）交易规则。

1. **工程项目生命周期**

建设工程生命周期一般包括项目启动、规划设计、实施和完工收尾四个阶段。

（1）项目启动阶段包括项目的投资机会分析、项目建议书、可行性研究报告和成立项目基本组织。

（2）项目规划设计阶段包括项目的规划设计招标、实施方案的招标并委托设计形成设计文件。

（3）项目实施阶段包括招投标选择合适的承包商、供应商和监理咨询机构，进行项目工程的生产和控制。

（4）项目完工收尾阶段包括项目的竣工验收、试生产、交付使用和保修服务。

2. **建筑工程项目的规模标准**

建筑工程项目的规模根据工程的面积、层数、高度、复杂程度划分为大型建筑、中型建筑和小型建筑。

3. **建筑市场的资质管理**

建筑市场的资质管理主要包括从业企业的资质管理和专业人士的资格管理。

从业企业资质管理：工程勘察设计资质、建筑施工企业资质、工程咨询单位资质管理。其中，工程勘察设计资质：工程勘察资质、工程设计资质两类；建筑施工企业资质：工程施工总承包企业资质、专业承包企业资质、劳务分包企业资质；工程咨询单位资质：工程监理、工程招标代理、工程造价咨询企业资质；专业人士资格管理：专业人士只有参加全国统一执业资格考试，成绩合格取得执业资格，注册后方可从事相关工程建设活动。

4．建设工程交易中心

建设工程交易中心的主要任务是依法组织房屋建筑、市政和专业工程总承包、专业承包、劳务分包，以及设计、监理、工程设备材料采购等项目及相关服务的招标投标交易活动，为建设工程交易提供场所、信息、咨询和见证服务。

习 题

一、简答题

1．工程建设项目设计规模如何划分？
2．建筑市场体系包括哪些内容？
3．建筑工程市场的资质管理是如何进行的？
4．建设工程交易中心有何作用？有何功能？

二、单项选择题

1．按照建设项目的划分，下列（　　）工程属于单位工程。
　　A．混凝土工程　　B．混凝土基础　　C．工业管道　　D．屋面防水
2．分项工程在确定工程造价时具有重要作用，分项工程的特点是（　　）。
　　A．具有独立的设计文件，可以独立组织施工
　　B．可以作为工程承发包的基本单元
　　C．可以按照专业性质、施工特点进行分解
　　D．计算用工、用料和机械台班消耗的最小单元
3．对一般工业与民用建筑而言，下列工程属于分项工程的是（　　）。
　　A．电梯工程　　B．屋面工程　　C．电气工程　　D．混凝土工程
4．对于一般工业与民用建筑工程而言，下列工程属于分部工程的是（　　）。
　　A．木门窗制作工程　　B．地基与基础工程
　　C．地下防水工程　　D．裱糊与软包工程
5．对一般工业与民用建筑而言，下列工程中属于分项工程的是（　　）。
　　A．玻璃幕墙工程　　B．钢结构工程　　C．电梯工程　　D．工业管道工程

三、填空题

1．工程人员只有参加全国统一_____考试，取得执业资格，后方可从事工程监理建设活动。
2．房屋建筑施工企业资质等级划分_____、_____、_____。
3．建筑市场体系由_____、_____组成，市场客体是以_____和_____为对象组成。
4．为了有利于建设工程交易中心的运作，具有良好的运行秩序和充分发挥市场功能，必

须坚持_____、_____、_____、_____、_____原则。

四、案例题

某房地产公司拟开发一高档住宅小区，小区规划总建筑面积为 16 万 m²，包括会所 1 座，高层、小高层住宅共 18 栋，其中 19 层住宅 6 栋，13～15 层各 6 栋，檐高最高 63 m，为加快工程进度和引入竞争，开发商拟采用公开招标，分两个标段。请根据本项目特点为开发商确定项目施工投标商的资质并说明理由。

第二章　工程招投标概述

学习目标

了解工程项目招投标的概念和特点；熟悉招投标的基本原则；掌握建筑工程项目公开招标的范围、规模标准；熟悉掌握工程招标方式、组织形式和招标条件；掌握工程招标代理费的计算方法；熟悉招投标的基本程序和工作要求；熟悉招标方案的基本内容。

能力目标

通过本章节教学，使学生能够根据工程项目特点、要求制定招标方案，具有组织工程项目招标的基本技能。

第一节　建设工程招投标概述

一、招投标概念与特性

1．招投标概念

招投标是一种有序的市场竞争交易方式，也是规范选择交易主体、订立交易合同的法律程序。

招标：招标人通过发布招标公告或招标邀请等方式，公开招标条件、要求，由合格的投标人公开竞争，招标人选择符合条件和具有承建能力的投标人并与之签订合同的活动方式。

投标：合格的投标人根据招标文件的实质性要求、现场踏勘信息、市场行情和企业自身情况，完全按照招标文件提供的格式编制投标文件并对招标文件提出的条件、要求作出实质性响应，并在规定期限内向招标人递交投标文件的过程。

招标人：依法提出招标项目和进行招标的法人或者组织。自然人不能成为招标人。

投标人：响应招标、参加投标竞争的法人或者组织。自然人（除科技发明技术外）不能成为投标人。

2．招投标特性

（1）程序性。招投标活动必须遵守严密的法律程序。招投标活动从开始确定招标范围、招标方式直至开标、评标、选定中标人并签订合同的整个招投标过程都须严格按照法律、规范规定的时间顺序一环扣一环进行，不能颠倒或违反。如有违反程序，对其他利害人造成利益伤害的，应承担相应的法律责任。

（2）竞争性。通过市场有序竞争，达到优胜劣汰、优化资源配置、提高社会和经济效益的目的。竞争性属于招标投标的根本属性。

(3) 规范性。《招标投标法》及其他相关法律、法规、办法、条例等，对招标、投标各环节的工作条件、内容、范围、形式、标准以及参与主体的资格、行为和责任都作出了严格的规定，招投标活动的整个过程都应严格按照规范进行。

二、招投标原则

《中华人民共和国招标投标法》（简称《招标投标法》）第五条规定了招投标活动必须遵循的基本原则，即"公开、公平、公正和诚实信用"的原则。

1．公开原则

（1）招标信息公开。采用公开招标方式的应做到：① 发布招标公告；② 需要进行资格预审的还应当事先公开发布资格预审公告；③ 采用邀请招标方式的，应当向3个以上的特定法人或者其他组织发出投标邀请书；④ 资格预审公告、招标公告或投标邀请书应当载明能大致满足潜在投标人决定是否参加投标竞争所需要的信息。

（2）开标活动公开。① 开标时间、地点应当在招标文件中载明；② 所有潜在投标人代表均要参加开标；③ 所有投标文件在开标时当众拆封，并出具投标文件中的主要内容；④ 对设有标底的项目，在对全部投标人的唱标结束后，应在开标会上最后公开拆封并宣读标底。

（3）评标标准公开。评标的标准应当在给所有投标人的招标文件中载明。

（4）完标结果公开。评标结束后，应对中标候选人进行公示，确定中标人后，招标人应当向中标人发出中标通知书，并同时将中标结果通知所有未中标的投标人。

2．公平原则

招投标双方和投标者之间法律地位平等。招标人不能歧视任何一方当事人，应给所有投标者以平等竞争的机会。

在招投标过程中，招标单位不得有下列不正当竞争行为：

（1）收受贿赂；

（2）收受回扣；

（3）索取其他好处。

在招投标过程中，投标单位不得有下列不正当竞争行为：

（1）以行贿的手段承揽工程；

（2）以提供回扣的手段承揽工程；

（3）以提供其他好处等不正当手段承揽工程。

3．公正原则

招标者对所有投标者一视同仁，监督管理机构对招标、投标双方要公正监督，不能偏护任何一方。

例如：某招标者对招标进行中的关键信息只向其中一个投标者提供或对该投标者降低资格审查标准和程序进行，这种行为违背公正原则。

4．诚实信用原则

在招投标活动中，招标人或招标代理机构、投标人等均应以诚实、善意的态度参与招投标活动，并严格按照法律的规定行使自己的权利和义务，不弄虚作假，不欺骗他人，不通过不正当手段牟取不正当利益，不得损害对方、第三者或者社会的利益。

三、招投标的目的与作用

1．招标的目的

选择具有相应资格、实力的承包人，在满足质量、进度的前提下，最大限度地降低建筑成本。

2．招投标的作用

（1）优化社会资源配置和项目实施方案，提高招标项目的质量、经济效益和社会效益；推动投、融资管理体制和各行业管理体制的改革。

（2）促进投标企业转变经营机制，提高企业的创新活力，提高技术和管理水平，提高企业生产、服务的质量和效率，不断提升企业市场信誉和竞争能力。

（3）维护和规范市场竞争秩序，保护当事人的合法权益，提高市场交易的公平、满意和可信度，促进社会和企业的法制和信用建设，促进政府转变职能，提高行政效率，建立、健全现代市场经济体系。

（4）有利于保护国家和社会公共利益，保障合理、有效地使用国有资金和其他公共资金，防止浪费和流失，构建从源头预防腐败交易的监督制约体系。

四、招标范围和规模标准

招标范围是指招标人必须和可以使用招标方式采购的标的范围。工程、货物和服务的发包原则上采用招标方式，特殊情况按照相关规定执行。

根据《招标投标法》第三条规定，在中华人民共和国境内进行下列工程项目建设，包括项目的勘察、设计、施工、监理以及与工程建设有关的重要设备、材料等的采购，必须进行招标。

1．工程建设项目必须招标的范围及内容

（1）关系社会公共利益、公众安全的大型基础设施项目：

① 煤炭、石油、天然气、电力、新能源等能源项目；

② 铁路、公路、管道、水运、航空以及其他交通运输业等交通运输项目；

③ 邮政、电信枢纽、通信、信息网络等邮电通信项目；

④ 防洪、灌溉、排涝、引（供）水、滩涂治理、水土保持、水利枢纽等水利项目；

⑤ 道路、桥梁、地铁和轻轨交通、污水排放及处理、垃圾处理、地下管道、公共停车场等城市设施项目；

⑥ 生态环境保护项目；

⑦ 其他基础设施项目。

(2) 关系社会公共利益、公众安全的公用事业项目：
① 供水、供电、供气、供热等市政工程项目；
② 科技、教育、文化等项目；
③ 体育、旅游等项目；
④ 卫生、社会福利等项目；
⑤ 商品住宅，包括经济适用住房。
(3) 使用国有资金投资项目：
① 使用各级财政预算资金的项目；
② 使用纳入财政管理的各种政府性专项建设基金的项目；
③ 使用国有企业、事业单位自有资金，并且国有资产投资者实际拥有控制权的项目。
(4) 国家融资的项目：
① 使用国家发行债券所筹资金的项目；
② 使用国家对外借款或者担保所筹资金的项目；
③ 使用国家政策性贷款的项目；
④ 国家授权投资主体融资的项目；
⑤ 国家特许的融资项目。
(5) 使用国际组织或者外国政府资金的项目：
① 使用世界银行、亚洲开发银行等国际组织贷款资金的项目；
② 使用外国政府及其机构贷款资金的项目；
③ 使用国际组织或者外国政府援助资金的项目。

2．工程建设项目必须招标的规模标准

依据《招标投标法》的基本原则，国家计委颁布了《工程建设项目招标范围和规模标准规定》，对必须招标的范围作出进一步的细化规定。该规定要求各类工程建设（包括项目的勘察、设计、施工、监理以及与工程建设有关的重要设备、材料等的采购）活动，达到下列标准之一的，必须进行招标。

(1) 施工单项合同估算价在 200 万元人民币以上的；
(2) 主要设备、材料等货物的采购，单项合同估算价在 100 万元人民币以上的；
(3) 勘察、设计、监理等服务的采购，单项合同估算价在 50 万元人民币以上的。

为了防止应该招标的工程项目化整为零规避招标，即使单项合同估算价低于（1）、（2）、（3）项规定的标准，故要求项目总投资超过 3 000 万元人民币的各类工程建设项目，也必须采用招标方式。

3．可不用通过招投标的建设项目

(1) 涉及国家安全、国家机密、抢险救灾而不适宜招标的；
(2) 利用扶贫资金实行以工代赈，需要使用农民工等特殊情况，不适宜进行招标的；
(3) 建设项目的勘察设计采用特定专利或者专有技术的，或者其建筑艺术造型有特殊要求的；
(4) 承包商、供应商或服务提供者少于三家，不能形成有效竞争的；
(5) 法律、法规规定的其他情况。

4．可按邀请招标方式进行招标的工程施工项目范围

（1）项目技术复杂或有特殊要求，只有少量几家潜在投标人可供选择的；
（2）受自然地域环境限制的；
（3）涉及国家安全、国家秘密或者抢险救灾，适宜招标但不宜公开招标的；
（4）拟公开招标的费用与项目的价值相比，不值得的；
（5）法律、法规上不宜公开招标的。

五、建设工程招投标的分类

1．按工程建设程序分类

建设项目可行性研究招标、工程勘察设计招标、施工招标、材料设备采购招标。

2．按不同行业分类

勘察设计招标、设备安装招标、土建施工招标、建筑装饰招标、货物采购招标、工程咨询和建设监理招标。

3．按建设项目组成分类

建设项目招标、单项工程招标、单位工程招标、分部或分项工程招标。

4．按工程发包范围分类

工程总承包招标、工程分包招标。

5．按有无涉外关系分类

国内工程承包招标、境内国际工程承包招标、国际工程承包招标。

六、招标的方式、组织形式、招标条件

（一）招标的方式

按照《招标投标法》第十条规定：招标分为公开招标和邀请招标两种形式。

1．公开招标

公开招标是指由招标人按照法定程序、在国家规定的媒体上发布招标公告，公开招标信息及提供招标文件，使所有符合条件的潜在投标人都可以平等参与投标竞争，招标人从中择优选定中标人的一种招标方式。

公开招标的特点：招标人发出招标公告，所有符合资格条件的、对招标项目感兴趣的投标人都可以参加投标，且对参加投标的潜在投标人在数量上并没有限制，具有广泛性；可以大大提高招标活动的透明度，对招标过程中的不正当交易行为起到了较强的抑制作用。

2．邀请招标

邀请招标是指招标人根据自己所掌握、所了解的情况，对符合招标项目基本要求的熟悉的投标人或通过征询意向的投标人发出投标邀请，然后由被邀请的潜在投标人参加投标竞争，

招标人按照法律程序和招标文件规定的评标方法、标准选择中标人的招标方式。

邀请招标的特点：邀请招标不必发布公开招标公告或招标资格预审文件，但应组织必要的资格审查，且投标人不少于3个。

只有接受投标邀请书的法人或者其他组织才可以参加投标竞争，其他没有接受投标邀请书的法人或组织则无权参与投标。

3．公开招标与邀请招标的主要区别

（1）发布信息的方式不同。公开招标采用媒体公告的形式发布，邀请招标采用投标邀请书的形式。

（2）选择的范围不同。公开招标针对的是对招标项目感兴趣的一切潜在的投标人，招标人事先不知道潜在投标人的名称和数量；而邀请招标则是针对已经了解的投标人，事先已经知道投标人的数量。

（3）竞争的范围不同。由于公开招标使所有符合条件的投标人都有机会参加投标，竞争的范围较广，招标人容易获得最佳招标效果。邀请招标中投标人的数目有限，竞争的范围有限，招标人拥有的选择余地相对较小。

（4）时间和费用不同。由于邀请招标不发公告，投标人数量少，使整个招投标的时间较短，招标费用也相应减少。公开招标的程序比较复杂，从发布公告到签订合同，法定时间要求较长，需要准备的文件也较多，故费用也比较高。

（二）招标的组织形式

招标组织形式分为自行招标和委托代理招标。依法必须招标的项目经批准后，招标人根据项目实际需要和自身条件，可以自主选择招标代理机构进行委托招标；如具备自行招标的能力，按规定向主管部门备案经同意后，也可进行自行招标。

1．自行招标

自行招标是指招标人自行组织招标小组进行工程项目的招标采购活动。

（1）招标人自行组织招标的，招标人应具备以下条件：

① 具有项目法人资格（或者法人资格）；

② 具有与招标项目规模和复杂程度相适应的工程技术、概预算、财务和工程管理等方面专业技术力量；

③ 有从事同类工程建设项目招标的经验；

④ 设有专门的招标机构或者拥有3名以上专职招标业务人员；

⑤ 熟悉和掌握《招标投标法》及有关法规规章。

（2）招标人自行组织招标的，项目法人或者组建中的项目法人应当在向项目审批的发展和改革委员会上报项目可行性研究报告的同时报送相关材料。材料经发展和改革委员会核准后，符合自行招标条件的，招标人可以自行组织招标；不符合自行招标条件的，招标人要委托招标代理机构办理招标事宜。

（3）招标人符合法律规定并经发展和改革委员会审核批准自行招标的，任何单位和个人不得强制其委托招标代理机构办理招标事宜，也不得拒绝办理工程建设有关事宜。

2．委托代理招标

委托代理招标是指招标代理机构接受招标人的委托，签订委托招标代理合同，代为办理合同招标范围内的招标事宜。

（1）招标代理机构应当具备的条件。

工程招标代理机构是指依法设立、从事招标代理业务并提供相关服务的社会中介组织，与行政机关和其他国家机关没有行政隶属关系或者其他利益关系。根据《工程建设项目招标代理机构资格认定办法》第七条的规定，申请工程招标代理机构资格的单位应当具备下列条件：

① 有从事招标代理业务的营业场所和相应资金；
② 具备编制招标文件和组织评标的相应专业力量；
③ 有依法可以作为评标委员会成员人选的技术、经济等方面的"专家库"。

其中，对"专家库"的要求包括：

a．专家人选。应是从事相关领域工作满 8 年并具有高级职称或具有同等专业水平的技术、经济等方面人员。

b．专业范围。专家的专业特长应能涵盖本行业或专业招标所需各个方面。

c．人员数量应能满足建立库的要求。

国家发改委 29 号令规定：省级招标专家库，不得少于 500 人。

广东省要求综合评标专家库（以下简称省专家库）每行业人数不得少于 50 人。

（2）招标代理机构的资格认定。

工程招标代理机构资格分为甲级、乙级和暂定级。甲级工程招标代理机构资格按行政区划，由省、自治区、直辖市人民政府建设行政主管部门初审，报国务院建设行政主管部门认定；乙级工程招标代理机构资格由省、自治区、直辖市人民政府建设行政主管部门认定，报国务院建设行政主管部门备案。

（3）招标代理机构的业务范围和内容。

① 招标代理机构的业务范围。

工程招标代理机构可以根据自身的资质等级及业务范围跨省、自治区、直辖市承担工程招标代理业务。任何单位和个人不得限制或者排斥工程招标代理机构依法开展工程招标代理业务。

② 招标代理机构的业务内容。

招标代理机构应当在招标人委托的范围内承担招标事宜。招标代理机构可以在其资格等级范围内承担下列招标事宜：a．拟订招标方案，编制和出售招标文件、资格预审文件；b．审查投标人资格；c．编制标底；d．组织投标人踏勘现场；e．组织开标、评标，协助招标人定标；f．草拟合同；g．招标人委托的其他事项。

（4）招标代理人的权利和义务。

① 招标代理人的权利。

a．组织和参加招标活动；
b．依据招标文件的要求，审查投标人的资质；
c．按规定标准收取代理费用；

d. 招标人授予的其他权利。

② 招标代理人的义务。

招标代理人应遵守国家的方针、政策、法律及法规、规章等。招标代理人出现违法、违规、违章等行为应承担相应的责任。招标代理机构要遵守《招标投标法》有关规定履行其义务，具体如下：

a. 采用公开招标方式的，招标人应当发布招标公告。

b. 依法必须招标的项目，不得设置不合理的条件限制或排斥潜在投标人，不得对潜在投标人实行歧视待遇。

c. 编制的招标文件的内容应当符合法律的要求。

d. 不得向他人透露已获取招标文件的潜在投标人的名称、数量以及可能影响公平竞争的有关招标投标的其他情况。

e. 不得向他人透露标底。

f. 组织开标。

g. 确定中标人后，向中标人发出中标通知。

h. 在法定期限内，向有关行政监督部门提交有关招投标情况的书面报告。

（5）招标代理机构服务收费。

招标代理服务收费实行政府指导价，采用差额累进计算方式，上下浮动幅度不超过20%。具体收费额由招标代理机构和招标委托人在规定的收费标准和浮动幅度内协商确定。

招标代理机构与招标人应当签订书面委托合同，并按国家计委颁发的《招标代理服务收费管理暂行办法》收取代理费。招标代理服务收费标准见表2.1。

表2.1 招标代理服务收费标准

中标金额/万元	货物招标/%	服务招标/%	工程招标/%
100 以下	1.50	1.50	1.00
100～500	1.10	0.80	0.70
500～1 000	0.80	0.45	0.55
1 000～5 000	0.50	0.25	0.35
5 000～10 000	0.25	0.10	0.20
10 000～100 000	0.05	0.05	0.05
100 000 以上	0.01	0.01	0.01

关于代理费的计算需要注意以下问题：

① 按本表费率计算的收费为招标代理服务全过程的收费基准价格；单独提供编制招标文件（有标底的含标底）服务的，可按规定标准的30%计收。

② 招标代理服务收费按差额定率累进法计算。

例如：某工程招标代理业务中标金额为6 000万元，计算招标代理服务收费额如下：

$100 \times 1.0\% = 1$（万元）

$(500 - 100) \times 0.7\% = 2.8$（万元）

$(1\,000-500)\times 0.55\%=2.75$(万元)

$(5\,000-1\,000)\times 0.35\%=14$(万元)

$(6000-5000)\times 0.2\%=2$(万元)

合计收费$=1+2.8+2.75+14+2=22.55$(万元)

(三)招标条件

工程招标项目必须具备一定条件方可进行招标,按照《招标投标法》第九条规定:招标项目按照国家规定需要履行项目审批手续的,应当先履行审批手续,取得批准。招标人应当有进行招标项目的相应资金或者资金来源已经落实。

也就是说,履行项目审批手续和项目的相应资金或者资金来源已经落实是项目进行招标的必要条件。

七、招标方案

(一)招标方案概念

招标方案是以招标人要求的招标项目的进度、工程质量、期望价格以及功能要求、条件、技术经济为基础,根据有关法律法规、政策、技术标准规范编制的招标项目的实施目标、计划和管理实施措施。

招标方案实施的成果必须满足工程的总体质量、进度要求。

(二)招标方案主要内容

1. 项目背景

项目背景主要介绍项目名称、项目业主、建设地址、建设规模、主要功能等基本情况,工程项目的投资审批、规划许可、勘察设计及其相关核准手续、资金落实情况等有关依据,是否具备招标条件。

2. 项目招标顺序

项目招标顺序主要是根据建设工程的法定建设程序和整个项目建设的具体安排来进行有计划的安排。工程施工招标前,应首先安排工程的管理咨询、工程设计、工程监理或设备监造招标,然后进行工程施工招标。

工程施工招标顺序主要根据工程设计、施工进度的先后次序以及单项工程的关联度来安排。其一般原则是:施工准备工程在前,主体工程在后;关键线路的关键工程在前,辅助工程在后;土建工程在前,设备安装在后;结构工程在前,装饰工程在后;工程施工在前,工程货物采购在后,但部分主要设备采购应在工程施工之前招标,以便利用设备技术参数进行工程设计和施工。

3. 工程招标内容范围、标段划分、投标人资格

(1) 工程招标内容范围。

招标人应根据法律、法规确定必须招标的工程内容、范围,正确清楚地描述工程建设项

目的数量与边界、工作内容、施工边界条件等。其中，施工边界条件包括地理边界条件以及周边工程承包人的工作分工、衔接、协调配合等内容。具体内容范围可以从施工现场准备、土木工程和设备安装工程等方面去理解。

① 施工现场准备。指施工现场"五通"或"七通"及场地平整的基本条件和各种施工、生活设施的建设。

② 土木建筑工程。包括主体建筑工程、装饰工程、构筑物工程、道路工程、园林绿化工程。

③ 设备安装工程。包括给排水、电气安装工程、弱电工程。

（2）投标人资格。

建设工程投资大、工期长，有的项目技术要求高，其投资成本的高低及质量的好坏直接影响项目的经济效益和项目功能的使用；对投标人的资格也有相应要求，主要根据拟招标工程的规模、专业特点、范围、承包方式和相关法律、法规来确定投标人的资质、业绩标准等条件。投标人资格应满足法定条件和招标人在招标文件中规定的投标人资格条件。

（3）标段划分。

工程项目招标可以把全部工作内容一次性发包，也可以把工作内容分解成几个独立的阶段或独立的项目分别发包，如单位工程招标、土建工程招标、安装工程招标、设备订购招标、材料供应招标以及特殊专业工程施工招标等。

工程项目是采用一次性发包，还是分解成几个独立的阶段或独立的项目分别招标，应依据工程建设项目管理承包模式、工程设计进度、工程施工组织计划和各种外部条件、工程进度计划和工期、各单项工程之间的技术管理关联性以及投标竞争状况等因素，综合分析、研究划分标段，并结合标段的技术管理特点和要求设置投标资格预审的资格能力条件标准以及投标人可以选择投标标段的空间。招标标段划分主要考虑以下因素：

① 相关法律、法规的规定。《招标投标法》和《工程建设项目招标范围和规模标准规定》对必须招标项目招标范围、规模标准和标段划分作了明确规定，招标人应依法、合理地确定招标内容和标段，不得把应当作为一个整体招标的工程项目细分、化整为零规避招标。

② 工程承包模式。工程承包模式可以采用总承包合同或多个平行承包合同，这两种承包形式对标段的划分要求不同。采用工程总承包模式的，招标人期望工程由一个有足够实力的承包人承担，同时总承包商也希望发包工程有足够规模，如规模过小，总承包人可能不感兴趣，则招标人达不到招标的预期目的。采用多个平行承包模式的，是将一个工程建设项目分成若干个可以独立、平行施工的标段，由多个承包人承担，这样虽然工程施工责任和风险相对分散，但工程建设过程的协调管理工作相对复杂，工作量也相对加大。

③ 工程规模与工期。拟建工程场地集中、技术不太复杂，而工期又较短，则由一家承包商总包易于管理。但如工程场地分散、工程量大、有多种不同特殊技术要求、工期安排较紧，则可考虑根据项目规模、专业类别、工艺复杂程度等合理进行分标发包。

④ 技术方面。从技术层面划分标段要考虑下面三个因素：

a．工程技术关联性。凡是在工程技术和工艺流程上关联性比较密切的部位，无法分别组织施工，故不适宜承包给两个以上承包人去完成。

b．工程计量的关联性。有些工程部位或分部、分项工程，虽然在技术和工艺流程方面可以分开，但在工程计量方面则不容易区分，这样的工程部位也不适合划分为不同标段。

c．工作界面的关联性。划分标段时必须考虑各标段区域及其分界线的场地容量和施工界面能否满足两个及以上承包人的施工机械、场地布置和同时开工施工的需要，既要考虑不会产生施工的交叉干扰，又要注意各标段之间的空间衔接和时间衔接，否则可能会引起承包人之间的相互矛盾、影响质量和工期。

⑤ 工程管理力量。标段的数量决定了合同的管理数量，规模的大小决定了实施过程中招标人的协调工作量。标段的数量越多，规模越大，对招标人的工作管理水平就提出了更高的要求，即要求招标人有足够的管理人员，且要求管理人员的素质较高、能力较强、经验较丰富。

4．工程质量、进度、价格目标

招标人在招标准备工作中，应较全面地熟悉建设工程项目的功能、特点和条件，并根据相关法律法规、政策和可行性报告及设计相关文件、工期等总体要求，合理设置工程项目的质量、进度、投资和安全、环境管理的目标，以此作为设置和选择投标人资格条件、评标方法、评标因素和评标标准、合同条款等内容的依据；这也是招标人提出的实质性要求，投标人必须对此进行实质性响应。

（1）工程质量目标。招标工程的质量应当满足招标人的使用功能要求和相关法律法规、强制性标准等的质量等级目标和保证体系要求。这就要求招标人编制招标文件时要在招标文件中明确设定拟招标的工程项目质量必须符合国家有关法规和设计、施工质量及验收标准、规范等内容。

（2）工程造价控制目标。为了实现招标人对招标项目的成本控制和工程建设投资的期望值，同时防止投标人在投标活动过程中相互串通，人为地抬高投标报价，给招标人造成成本损失，故招标前要编制参考标底或控制价（投标报价的最高控制价）作为造价控制目标。

（3）工程进度目标。招标人应根据工程建设项目的总体进度计划要求、工程发包范围和阶段、工程设计的进度计划和相关条件及可能的变化因素，在招标文件中明确提出招标工程施工进度的目标要求，包括总工期、开工日期、阶段目标工期、竣工日期以及各阶段工作计划。

5．工程招标方式、方法

工程招标方式包括公开招标、邀请招标。

工程招标方法：主要指传统的纸质招标或电子招标、一阶段一次招标或二阶段招标。

6．工程发包模式、合同类型

工程发包模式：根据拟招标工程的特点和招标人的需要，按照承包人义务范围的大小，一般可以选择两类承包方式，即施工承包方式和设计-施工一体化承包方式。

合同类型：根据招标工程的特点、规模大小、工程工期的长短，合同类型分为固定价格合同（固定总价、固定单价合同）、可调价格合同（可调单价和总价）、成本加酬金合同。

7．工程招标工作目标

工作目标：招标各阶段的工作内容、任务、完成时间等目标。

8．工程招标工作分解

对整个招标工作任务、目标、工作职责按照工作岗位分配落实到责任人和完成时间、完成质量。

9．工程招标方案实施的措施

主要是组织管理和技术保证措施。

第二节　招投标的基本程序和工作要求

招投标是实现建设工程承发包的有效方式，在招标、投标过程中，招标人与投标人都应遵循招投标法律法规规定的时间、空间的先后顺序进行招标、投标活动。

一、公开招投标的基本程序和工作要求

公开招标按照时间、空间的先后顺序和招标人、投标人的参与程度，可将招标过程划分为招标准备、招标投标和决标成交等三个阶段。

（一）招标准备阶段

招标准备阶段的工作由招标人或招标代理机构完成，投标人不得参与。在这一阶段招标人主要完成或办理的工作有：落实拟招标项目符合招标的基本条件（办理工程建设项目审相关批手续）、选择招标方式、确定招标组织形式、编制招标（资格预审）文件、招标备案。

1．落实拟招标项目符合招标的基本条件

（1）工程建设项目应当按照《招标投标法》及其他相关法律规定，履行项目相关审批手续并获得政府相关行政主管部门的审核批准。项目招标时，招标人应当完成下列相关审批手续，即工程招标应当具备的基本条件：

① 立项已审批；

② 建设用地规划许可证已办理；

③ 土地使用手续已办理；

④ 建设工程规划许可证已办理；

⑤ 建设资金已落实；

⑥ 图纸设计审查手续已办理；

⑦ 属于财政性资金投资的项目，已经财政部门审核。

（2）招标人的资格能力要求。招标人应当是依法成立的法人或其他组织。

2．确定招标组织形式

建设工程招标有招标人自行组织招标、委托招标代理机构组织招标两种形式。根据《招标投标法》第十二条规定，招标人有权自行选择招标代理机构，委托其办理招标事宜，任何单位和个人都不能以任何方式为招标人指定招标代理机构。

如果招标人具备自行招标条件的，通过向行政监督部门备案，可以自行组织办理招标；如果招标人不符合自行招标条件的，则应依法委托招标；委托招标的，应当委托满足相应资

格条件的招标代理机构组织招标，并签订委托代理合同。

3．选择招标方式

根据相关法律法规规定，必须招标的项目应当采用公开招标或邀请招标方式进行招标。究竟采用何种招标方式，招标人应当选择符合国家相关法律、法规规定和可行性研究报告批复的招标方式进行组织招标。

4．招标备案

招标人或招标代理机构到政府招投标监督管理机构办理招标备案登记。办理招标备案登记需要提供完备的资料，包括：

（1）工程项目招标备案登记表；

（2）立项批文及招标核准意见；

（3）建设用地规划许可证；

（4）建设工程规划许可证或规划审批手续；

（5）施工图设计审查文件；

（6）施工图预算书或最高控制价预算书；

（7）建设单位到位资金证明及资金来源证明文件；

（8）招标代理合同（委托招标）。

备案完毕，招标人或其委托的招标代理机构将招标公告、资格预审文件（采用资格预审）、投标邀请书（采用邀请招标方式的）、招标文件送招投标监督管理机构备案。

5．编制招标有关文件与送审

招标准备阶段应编制好招标过程中可能涉及的有关文件，以保证招标活动的正常进行，包括：招标公告、资格预审文件、招标文件、合同文件、招标控制价。

要求进行资格预审的项目，按照资格预审程序和方法进行，只有通过资格预审的施工单位才可以参加投标。

招标控制价（工程标底）编制完后，属财政投资建设的项目，应经工程属地财政部门审核，然后报工程造价管理机构审核备案；属非财政投资建设的项目，直接报工程造价管理机构审核备案。

（二）招标投标阶段

公开招标时，从发布招标公告开始（如为邀请招标，则从发出投标邀请函开始），到投标截止日期为止的期间为招标、投标阶段。在此阶段，招标人应做好招标的组织工作，投标人则按照招标文件的规定程序和具体要求进行投标报价竞争。

1．发布招标公告（资格预审公告）

公开招标的建设工程，必须通过国家或工程项目所在地发展和改革部门规定的报刊和互联网发布"招标公告"或"资格预审公告"。

2．资格预审

施工企业的资格预审报名被批准后，应按资格预审文件的要求编制资格预审申请文件，并按时送达指定地点接受招标单位的资格审查。

招标单位组织评标专家对申请资格预审的申请人填报的资格预审文件和资料进行评比分析，确定合格的投标人的名单。

经资格审查符合要求，并接到投标邀请后，投标人方可参加投标。

3．发售招标文件与确认

将招标文件、图纸和有关技术资料发售给潜在投标人或通过资格审查获得投标资格的投标单位。投标单位收到招标文件、图纸和有关技术资料后，应认真核对，确认无误后，应以书面形式予以确认；若是现场发放，投标人应签收。

4．勘察现场

招标人在投标须知前附表规定的时间组织投标人自费进行现场考察。其目的是：一方面让投标人了解工程项目现场情况以及周围环境条件，以便于编制投标书；另一方面也是要求投标人通过自己的实地考察确定投标的原则和策略、避免履行合同过程中投标人以不了解现场情况为由推卸应承担的合同责任或因不了解现场而要求赔偿。

在现场考察过程中，招标人应向投标人介绍有关施工现场的如下情况：

(1) 施工现场是否达到招标文件规定的条件。

(2) 施工现场的地理位置和地形、地貌及管线设置情况。

(3) 施工现场的水文、地质、土质、地下水位等情况。

(4) 施工现场的气候条件，如气温、湿度、风力、年降雨雪量等。

(5) 施工现场的环境，如交通、供水、污水排放、生活用电、通信等。

(6) 工程在施工现场中的位置。

(7) 可提供的施工临时用地、临时设施等。

5．投标预备会

投标人研究招标文件和现场考察后会以书面形式提出某些质疑问题，招标人应及时给予书面解答。投标预备会（也称答疑会或标前会议）的作用在于招标人为澄清或解答招标文件或现场踏勘中的问题，同时借此对图纸进行交底和解释，并以会议纪要形式将解答内容送达所有获得招标文件的投标人，以便投标人更好地编制投标文件。

投标预备会一般安排在招标文件发出后的7~28天内举行，具体时间在招标文件注明。参加会议的人员包括招标人、投标人、代理人、招标文件编制单位的人员、招标投标管理机构的人员等，会议由招标人主持。

(1) 投标预备会的内容。

投标预备会内容一般包括两个方面：一方面，介绍招标文件和现场情况，对招标文件进行交底和解释；另一方面，解答投标人以书面或口头形式对招标文件和在现场踏勘中所提出的各种问题或疑问。

(2) 投标预备会的程序。

① 投标人和其他与会人员签到，以示出席。

② 主持人宣布投标预备会开始。

③ 介绍出席会议人员。

④ 介绍解答人，宣布记录人员。
⑤ 解答投标人的各种问题和对招标文件进行交底。
⑥ 通知有关事项，如为使投标人在编制投标文件时有足够的时间考虑招标人对招标文件的修改或补充内容，以及投标预备会议记录内容，招标人可根据情况决定适当延长投标书递交截止时间并作通知等。
⑦ 整理解答内容，形成会议纪要，并由招标人、投标人签字确认后宣布会议结束。会后，招标人将会议纪要报招投标管理机构备案，并将经核准后的会议纪要送达所有获得招标文件的投标人。

招标人对任何一位投标人所提问题的回答，都必须发送给每一位投标人，以保证招标的公开性和公平性，但不必说明问题的来源。

6．投标文件的接受（投标文件的提交）

投标单位根据招标文件的要求，将编制好的投标文件进行密封和标志，并在投标截止时间前递交给招标单位，招标单位接收投标文件并将其封存。在招标文件要求提交投标文件的截止时间后送达的投标文件，招标人应当拒收。

（三）决标成交阶段

从开标日到签订合同这段时期称为决标成交阶段，是对各投标书进行审核比较，最终确定中标人的过程。

1．开　标

（1）开标的时间与组织。

《招标投标法》规定，开标应当在招标文件确定的提交投标文件截止时间的同一时间公开进行，并邀请所有投标人参加。开标地点应当为招标文件中预先确定的地点。

开标由招标人主持；在招标人委托招标代理人代理招标时，开标也可以由招标代理人主持。主持人按照规定的程序负责开标的全过程，并在招投标管理机构的监督下进行。

开标人员由主持人、开标人、唱标人、记录人和监标人组成，该组成人员对开标负责。

2．评　标

评标一般在招投标管理机构的监督下，由招标人依法组建的评标委员会进行。评标委员会由招标人或其委托的招标代理机构熟悉相关业务的代表，以及有关技术、经济等方面的专家从专家库中随机抽取组成，成员人数为 5 人以上单数，其中技术、经济等方面的专家不得少于成员总数的 2/3。

评标会由招标人或其委托的代理人召集，由评标委员会负责人主持。

政府投资的工程项目的评标委员会成员必须全部从政府有关部门组建的评标专家库中随机抽取组成。

3．定　标

根据《招标投标法》第四十一条规定，中标人的投标应符合下列条件之一：

（1）能够最大限度地满足招标文件中规定的各项综合评价标准。

(2) 能够满足招标文件的实质性要求,并且经评审的投标价格最低;但投标价格低于成本的除外。

4. 合同签订

根据规定,招标人和中标人应当自中标通知书发出之日起 30 日内,按照招标文件和中标人的投标文件订立书面合同;招标人和中标人不得另行订立背离合同实质性内容的其他协议。订立书面合同后 7 日内,中标人应当将合同送县级以上工程所在地的建设行政主管部门备案。中标人不与招标人订立合同的,投标保证金不予退还并取消其中标资格,给招标人造成的损失超过投标保证金额的,应当对超过部分予以赔偿;没有提交投标保证金的,应当对招标人的损失承担赔偿责任。招标人无正当理由不与中标人签订合同,给中标人造成损失的,招标人应当给予赔偿。招标文件要求中标人提交履约保证金的,中标人应当提交。同时,招标人应当向中标人提供工程款支付担保。

招标人与中标人签订合同后 5 个工作日内,应当向中标人和未中标的投标人退还投标保证金。

二、邀请招标的基本程序和工作要求

邀请招标程序是直接向适于本工程施工的单位发出邀请,其程序与公开招标大同小异;其不同点主要是前者没有资格预审的环节,但增加了发出投标邀请书的环节。这里的"发出投标邀请书",是指招标单位可直接向有能力承担本工程的施工单位发出投标邀请书。

—— 本章小结 ——

建设工程招标、投标必须严格依照法律、法规规定的程序开展招投标工作。本章阐述了建设工程招投标的概念、法律法规有关工程招投标的规定、招投标的程序及其工作内容、邀请招标的基本程序和工作要求。

第一节阐述了招投标的概念、招投标原则(公开、公平、公正和诚实信用原则)、招标的范围和规模标准、招标的方式(公开招标、邀请招标)、组织形式(自行招标、委托代理招标)、招标条件、招标方案(招标方案概念、招标方案主要内容)。

第二节阐述了招投标的基本程序和工作要求。招投标工作分为招标准备阶段,招标投标阶段和决标成交阶段。

招标准备阶段:办理工程建设项目审批手续、选择招标方式、确定招标组织形式、编制招标(资格预审)文件、招标备案。

招标、投标阶段:发布招标公告(资格预审公告)、资格预审(如需要资格预审)、发售招标文件、勘察现场(如组织勘察)、投标预备会、提交投标文件。

决标成交阶段:招标人依法组建评标委员会、招标人组织开标、评标委员会评标、招标人根据评标报告定标、招标人与中标人根据招标文件及中标人投标文件签订合同。

习 题

一、简答题

1．工程招投标的原则包括哪些内容？
2．简述工程招标的范围和规模标准。
3．简述工程招标代理机构的资质等级及其业务范围。
4．试述工程招投标的程序。

二、单项选择题

1．招标文件发售后，招标人要在招标文件规定的时间内组织投标人踏勘现场，了解工程现场和周围环境情况，并对潜在投标人针对（　　）及现场提出的问题进行答疑。
　　A．设计图纸　　B．招标文件　　C．地质勘察报告　　D．合同条款
2．我国《招标投标法》规定，开标应由（　　）主持。
　　A．地方政府相关行政主管部门　　　B．招标代理人
　　C．招标人　　　　　　　　　　　　D．中介机构
3．评标委员会中，技术、经济等方面的专家不得少于成员总数的（　　）。
　　A．五分之三　　B．五分之四　　C．三分之一　　D．三分之二
4．招标人和中标人应当自中标通知书发出之日起（　　）日内，按照招标文件和中标人的投标文件订立书面合同。
　　A．15　　　　　B．30　　　　　C．45　　　　　D．60
5．我国招标投标法规定，开标时间应为（　　）。
　　A．提交投标文件截止时间　　　　　B．提交投标文件截止时间的次日
　　C．提交投标文件截止时间的7日后　D．其他约定时间

三、多项选择题

1．投标人在去现场踏勘之前，应先仔细研究招标文件有关概念的含义和各项要求，特别是招标文件中的（　　）。
　　A．工作范围　　B．专用条款　　C．工程地质报告
　　D．设计图纸　　E．设计说明
2．中标人的投标应当符合下列条件：（　　）
　　A．能够最大限度满足招标文件中规定的各项综合评价标准
　　B．能够满足招标文件的实质性要求
　　C．经评审的投标价格最低，但投标价格低于成本的除外
3．下列有关招投标签订合同的说明，正确的是（　　）。
　　A．应当在中标通知书发出之日起30天内签订合同
　　B．招标人和中标人不得再订立背离合同实质性内容的其他协议
　　C．招标人和中标人可以通过合同谈判对原招标文件、投标文件的实质性内容作出修改
　　D．如果招标文件要求中标人提交履约担保，招标人应向中标人提供同等数额的工程款支付担保
　　E．中标人不与招标人订立合同的，应取消其中标资格，但投标保证金应予退还

4．以下项目中，可不采取招标方式而采取直接委托方式的有（   ）。
   A．小型工程项目　　　　B．大型基础设施　　　C．涉及国家安全、国家秘密的项目
   D．需要使用农民工特殊情况的项目　　　　E．利用扶贫资金以工代账的项目

四、案例题

【背景】某招标工程的评标委员会成员由7人组成，其中当地招标监督管理办公室人员1人，公证处人员1人，招标人代表1人，技术、经济方面专家4人。评标委员会于10月28日提出了书面评标报告。B、A企业分列综合得分第一、第二名。由于B企业投标报价高于A企业，11月10日招标人向A企业发出了中标通知书，并于12月12日签订了书面合同。

问题：

1．请指出评标委员会成员组成的不妥之处，并说明理由。

2．招标人确定A企业为中标人是否违规？并说明理由。

3．签订合同是否违规？并说明理由。

第三章　建筑工程价格

学习目标

1．掌握工程造价、建设工程项目的划分、建设项目总投资、建筑安装工程造价、投资估算造价、概算造价、修正概算造价、预算造价、合同价、结算价、实际造价等概念。
2．掌握我国现阶段建设安装投资费用构成、工程造价构成的基本知识。
3．掌握工程量清单的概念、清单编制程序及编制方法。
4．工程清单计价的概念、计价方法。
5．掌握工程量清单下招标标底价编制原则、依据及相关内容。

能力目标

通过本章节教学，使学生熟悉工程量清单计价特点，掌握工程量清单计价方法，并熟练运用于不同特点的工程招标、投标报价中。

第一节　工程造价概述

一、工程造价的概念

工程造价的直接含义就是工程的建造价格。工程造价可以从以下两个方面来定义：
（1）工程造价是指进行某项工程建设花费的全部费用。包括土地购置费、青苗补偿费、勘察设计费、工程施工费、相关配套费（规费）、管理费、税金等。
（2）工程造价是指建筑安装工程的价格，即工程承发包价格。包括工程直接费、间接费、税金等。

二、建筑工程项目的划分

为适应工程管理和经济核算的需要，按照工程的大小、工程的部位、施工顺序，把建筑工程项目划分为不同层次的组成部分。

1．建设项目

建设项目一般是具有一个计划任务书和一个总体设计进行施工，经济上实行统一核算，行政上有独立组织形式的工程建设单位。它是由一个单项工程或几个单项工程组成。

2．单项工程

单项工程又称工程项目，它是建筑项目的组成部分，是指具有独立的设计文件，竣工后可以独立发挥效能的工程。如一座工厂中的各个生产车间和办公楼、仓库等，学校的教学楼、宾馆等。单项工程由若干个单位工程组成。

3．单位工程

单位工程是单项工程的组成部分，它是指具有独立的设计文件，能单独施工，但建成后不能单独发挥效能的工程。一个单项工程按专业性质及作用不同又可分解为若干个单位工程。例如，一个生产车间的建造，可分为厂房建造、电气照明、给水排水、工业管道安装、机械设备安装和电气设备安装等若干个单位工程。

4．分部工程

分部工程是单位工程的组成部分，是按建筑工程的结构部位或使用材料的不同及安装工程的种类划分的，如地基与基础工程、主体结构工程、建筑屋面工程、建筑装饰装修工程等分部工程。

5．分项工程

分项工程是分部工程的组成部分，是建筑工程的基本构成要素。它是按照不同的施工方法、不同的材料、不同的规格等，将分部工程进一步划分的。如建筑屋面工程（分部工程），可分为瓦屋面和型材屋面，其中，型材屋面按使用的材料不同又分为彩钢板屋面、波纹瓦屋面和镀锌铁皮屋面。

三、工程造价的分类

工程造价可以根据不同的建设阶段、工程对象（或范围）、承包结算方式等进行分类。按工程建设阶段的不同，工程造价可分以下七类。

1．投资估算造价

投资估算是指建设单位在工程项目建设的前期工作（规划、建议书和可行性研究）阶段对拟建项目进行决策，通过编制估算文件预先测算和确定投资额的经济文件。

估算出的建筑项目的投资额，称为估算造价。投资估算是建筑项目前期工作的重要内容之一。准确的投资估算是项目立项、决策的一个重要依据。

2．概算造价

概算造价是设计部门在初步设计阶段，为确定拟建项目所需的投资额或费用而编制的，是设计文件的重要组成部分。概算造价的层次性十分明显，分单位工程概算造价、单项工程概算造价、建筑项目概算总造价。概算造价的编制是由单个到综合，局部到总体，逐个编制，层层汇总而成的过程。

概算造价应按建筑项目的建设规模、隶属关系和审批程序报请审批。总概算造价经有关机关批准后，就成为国家控制该建筑项目总投资的主要依据，不得任意突破。

3．修正概算造价

修正概算造价是指在采用三阶段设计的技术设计阶段，根据初步设计内容的深化，编制修正概算文件预先测算和确定的工程造价。它对初步设计概算进行了修正调整，比概算造价准确，但受概算造价控制。

4．预算造价

预算造价是指在施工图设计阶段，施工方案（或施工组织设计）已确定的前提下，根据施工图纸、预算的计量规则编制预算文件，预先测算和确定的工程造价。它比概算造价或修正概算造价更为详尽和准确，但同时也受前一阶段所确定的工程造价的控制。

5．合同价

合同价是指在工程招标投标阶段通过招标人与中标人签订确定的合同价格。如总承包合同、建筑安装工程承包合同、设备材料采购合同、技术和咨询服务合同确定的价格。合同价并不等同于实际工程造价，它是用于支付给承包方按照合同要求完成工程内容的价款总额。

按合同类型的计价方法来划分，可将合同价分为固定合同价、可调合同价和工程成本加酬金合同价。

6．结算价

结算价是指在合同实施阶段，在工程结算时按合同调价范围和调价方法，对实际发生的设备、材料价差及工程量增减等进行调整后计算和确定的价格。

7．实际造价

实际造价是指在竣工决算阶段，通过编制建筑项目竣工决算，最终确定的实际工程造价。

四、工程造价的构成

工程造价，是指进行某项工程建设所花费的全部费用，即工程项目按照确定的建设内容、建设规模、建设标准、功能要求和使用要求等全部建成并验收合格交付使用所需的全部费用。

我国现行的工程造价包括设备及工器具购置费用、建筑安装工程费用、工程建设其他费用、预备费、建设期贷款利息、固定资产投资方向调节税。工程造价构成如图 3-1 所示，建

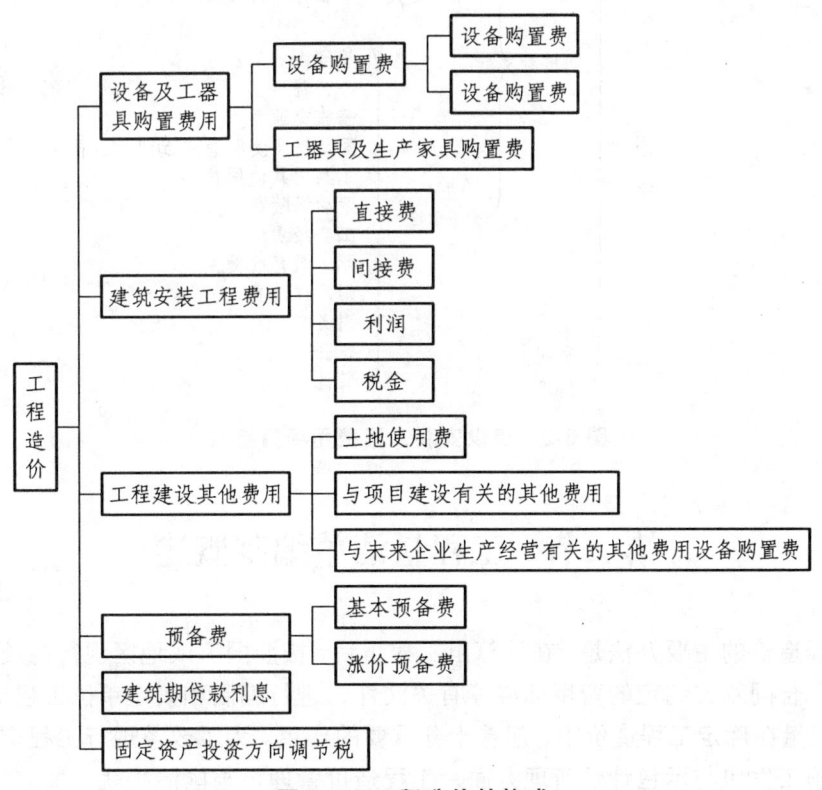

图 3-1 工程造价的构成

筑安装工程费用项目组成如图3-2所示。

根据"建标〔2003〕206号关于印发《建筑安装工程费用项目组成》的通知",建设安装工程费用项目组成如图3-2所示。

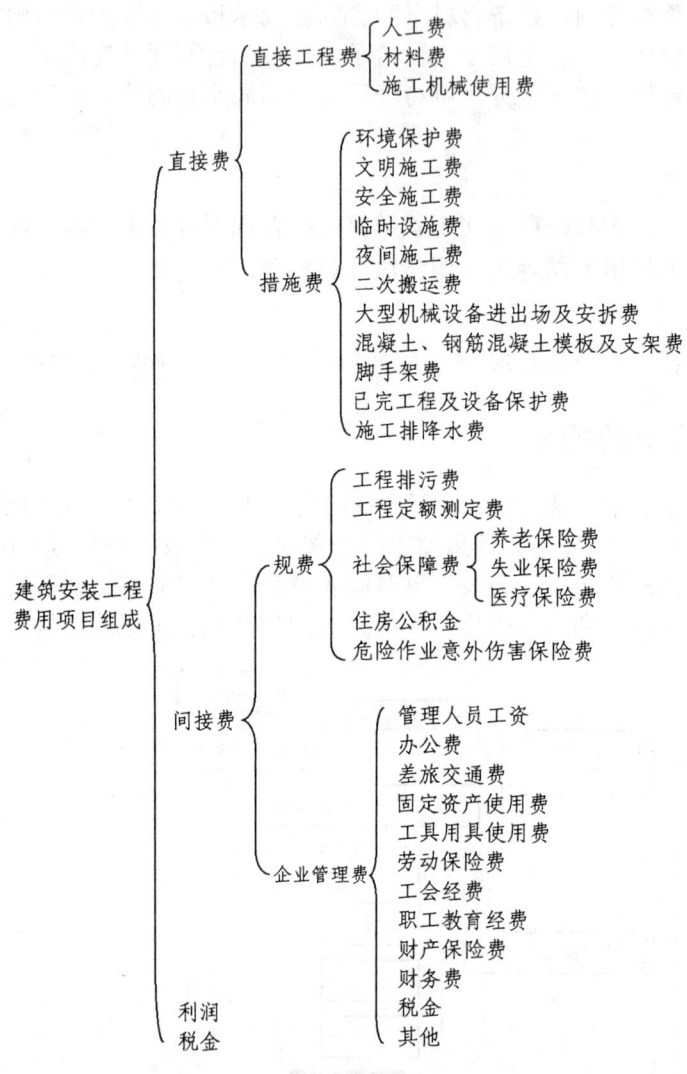

图3-2　建设安装工程费用项目组成

第二节　工程量清单编制概述

确定工程造价的主要办法是，在计算出工程量后，按照国家或地区现行的统一预算定额、单位估价表、合同双方约定的费用标准等有关文件，进行编制和确定单位工程造价的技术经济文件。工程量在确定工程造价中，起着十分重要的作用。为了改革现行工程定额管理模式，在建筑工程施工发包与承包计价管理方面，工程造价管理已与国际接轨，即实行量价分离，建立以工程定额为指导的工程量清单计价、通过市场竞争形成工程造价的机制。

一、工程量清单

工程量清单是依据招标文件规定、施工设计图纸、施工现场条件和国家制定的统一工程量计算规则、分部分项工程的项目划分计量单位及其有关法定技术标准，计算出的表现拟建工程的分部分项工程项目、措施项目、其他项目名称和相应数量的明细清单。

工程量清单包括分部分项工程清单（实体工程项目）、措施项目清单（非实体工程项目）和其他项目清单。

工程量清单是编制招标工程标底和投标报价的依据，也是签订工程合同、支付工程进度款、办理工程结算、调整工程量以及工程索赔的依据。

二、工程量清单的编制原则

（1）能满足工程建设施工招投标计价的需要，可对工程造价进行合理确定和有效控制。

（2）按照《计价规范》四统一原则，即统一项目编号、统一工程量计算规则、统一项目名称、统一计量单位。

（3）符合工程量实物分项与描述准确的原则。工程量清单必须与设计图纸相符合，能充分体现设计意图、充分反应施工现场的施工条件，为投标人能够合理报价提供条件，以便贯彻双赢原则。

三、工程量清单的编制依据

（1）《建设工程工程量清单计价规范》（GB 50500—2008）；
（2）招标文件及有关要求；
（3）设计文件（图纸）及有关资料；
（4）有关工程施工规范与工程验收规范；
（5）拟采用的施工组织设计与施工技术方案；
（6）相关的法律、法规及本地区相关的计价条例等；
（7）招标人自行采购的材料名称、规格型号、数量和预留金；
（8）其他需说明的问题。

四、工程量清单的作用

（1）工程发包方编制标底、工程承包方编制投标报价的依据；
（2）合同双方支付工程进度款和竣工结算时调整工程量的依据；
（3）评标的基础；
（4）反映工程信息的重要载体。

五、工程量清单编制

1．工程量清单的组成

工程量清单表现拟建工程的分部分项工程项目、措施项目、其他项目名称和相应数量的明细清单。

工程量清单包括分部分项工程清单(实体工程项目)、措施项目清单(非实体工程项目)和其他项目清单。

(1) 分部分项工程量清单。

分项工程清单是指根据计价规范规定,按照图纸尺寸进行计算的实体工程量。分项工程清单为不可调整的闭口清单(单一性清单),清单不考虑施工工艺、施工方法所包含的工程量。投标人对招标文件提供的分部分项工程量清单必须逐一计价,对清单所列内容不允许做任何更改、变动。投标人如果认为清单内容有不妥或遗漏,只能以书面形式向招标人通过质疑的方式提出,由清单编制人做统一的修改、更正,并将修正后的工程量清单发往所有投标人。

(2) 措施项目清单。

措施项目指为完成工程项目施工,发生于该工程施工前和施工过程中技术、生活、安全等方面的非工程实体项目。

措施项目清单为可调整清单(非闭口清单),投标人对招标文件中所列项目,可根据企业自身特点做适当的变更增减。投标人要对拟建工程可能发生的措施项目和措施费用做通盘考虑。清单一经报出,即被认为是包括了所有应该发生的措施项目的全部费用。如果报出的清单中没有列项,施工中又必须发生的项目,业主有权认为其已经综合在分部分项工程量清单的综合单价中,将来措施项目发生时,投标人不得以任何借口提出索赔与调整。

(3) 其他项目清单。

由招标人部分和投标人部分两部分组成。招标人填写的内容随招标文件发至投标人或标底编制人,其项目、数量、金额等投标人或标底编制人不得随意改动。由投标人填写部分的零星工作项目表中,招标人填写的项目与数量,投标人不得随意更改,且必须进行报价;如果不报价,招标人有权认为投标人就未报价内容无偿为自己服务。当投标人认为招标人列项不全时,投标人可自行增加列项并确定本项目的工程数量及计价。

2. 分部分项工程量清单的编制

(1) 分部分项工程量清单编制规则《建设工程工程量清单计价规范》(GB 50500—2008)(以下简称规范)有以下强制性规定。

规范 3.2.2 条规定:"分部分项工程量清单应根据附录 A、附录 B、附录 C、附录 D、附录 E 规定的项目编码、项目名称、计量单位和工程量计算规则进行编制。"

规范 3.2.3 条规定:"分部分项工程量清单的项目编码,一至九位应按附录 A、附录 B、附录 C、附录 D、附录 E 的规定设置;十至十二位应根据拟建工程的工程量清单项目名称由其编制人设置,并应自 001 起沿顺序编制。"

规范 3.2.4 条规定:"项目名称应按附录 A、附录 B、附录 C、附录 D、附录 E 的项目名称与项目特征并结合拟建工程的实际确定。"

规范 3.2.5 条规定:"分部分项工程量清单的计量单位应按附录 A、附录 B、附录 C、附录 D、附录 E 规定的计量单位确定。"

规范 3.2.6 条规定:"工程数量应按附录 A、附录 B、附录 C、附录 D、附录 E 中规定的工程量计算规则计算。"

(2) 分部分项工程量清单的编制程序。

① 做好编制清单的准备工作。熟悉《计价规范》及其相应的工程量计算规则；熟悉地质、水文及其勘察资料、设计图纸及其相关设计与施工规范、标准，了解施工现场情况。

② 准确划分和确定分部分项工程的分项及名称。所确定的分部分项工程量清单的每个分项与名称，应符合计价规范附录中的项目名称并取得一致。项目划分和列项时应注意按照"工程实体"划分的原则所消耗的劳动和资源直接凝结于建筑工程产品的部分。例如混凝土带形基础施工分项，其作业内容仅包括混凝土垫层和基础两项实体工程的混凝土作业内容。事实上，一个基础浇筑成型必须借助于支撑和模板的辅助，如果基坑地下水位较高时还需要排水或降水措施辅佐，才能完成此项基础施工，形成基础工程实体。按照计价规范规定后两项作为辅助施工措施，因此应将其列入措施项目清单分项，而不列到分部分项清单之中。又例如，对钢筋混凝土基础，其钢筋部分属钢筋混凝土基础构成实体部分，但计价规范在 A.4 混凝土及钢筋混凝土专业工程中包括了 A.4.16 钢筋工程的独立分项，因此对钢筋工程部分则需单独立项。因此，进行分部分项工程量清单分项时，应注重工程实体原则，并注意区分分部分项工程量清单分项与措施项目工程量清单分项。

由于工程建设的复杂性，技术发展日新月异，新材料、新技术、新设备、新工艺不断涌现，从而工程分项可能超出规范规定的范围。根据规范 3.2.4 条规定凡"附录 A、附录 B、附录 C、附录 D、附录 E 中未包括的项目，编制人可作相应补充，并应报省、自治区、直辖市工程造价管理机构备案。"因此，凡附录中的缺项，编制人可作补充。补充项目应填写在工程量清单相应的部分工程项目之后，并在"项目编码"栏中以"补"字显示，加以区别。

③ 拟订项目特征的描述。编制工程量清单时，通过对项目特征的描述，使清单项目名称清晰化、具体化和详细化，可以参照附录中项目特征和工作内容栏目进行描写。对一些有特殊要求的施工工艺、材料、设备等也应在规范规定的工程量清单"总说明"、"主要材料表"中作必要说明，也可以编制工程量清单补充说明。

④ 确定工程量清单分项编码和计量单位。

⑤ 计算分部分项清单分项的工程量。计算工程量时应按照规范规定的分项工程量计算规则进行。

⑥ 复核与整理清单文件。

（3）工程量清单的项目设置。

工程量清单项目设置规则是为了统一工程量清单项目名称、项目编码、计量单位和工程量计算规则而制定的，是编制工程量清单的依据。

① 项目编码。项目编码以五级编码设置，用十位阿拉伯数字表示。第一、二、三、四级编码（即前 9 位）统一，第五级编码由工程量清单编制人根据具体工程的清单项目特征而分别编码。各级编码代表的含义如下：

a．一级表示分类码（分两位）。建筑工程为 01，装饰装修工程为 02，安装工程为 03，市政工程为 04，园林绿化工程为 05。

b．二级表示章顺序码（分两位）。

c．三级表示节顺序码（分两位）。

d．四级表示清单项目码（分三位）。

e．五级表示具体项目码（分三位）。

② 项目名称。原则上是以形成的工程实体命名。工程实体，从内容的构成看，其实是综

合项目。其中有些项目是可用适当的计量单位计算的简单、完整的分部分项工程，也有些项目是分部分项工程的组合。

③ 项目特征。是对项目的准确描述，是影响价格的因素和设置具体清单项目的依据。项目特征按不同的工程部位、施工工艺或材料品种、规格等分别列项。

④ 计量单位。清单项目的计量单位均采用基本计量单位（kg、m^3 等），不得使用扩大的单位（如 100 kg、10 m^3 等）。

⑤ 工程内容。是指完成该清单项目可能发生的具体工程。

⑥ 工程量计算。清单项目中的工程量是按建筑物或构筑物完成后的实体净量计算。投标人在投标报价时应考虑施工中发生的各种损耗和需要增加的工程量。工程量计算按五个专业划分：建筑工程、装饰装修工程、安装工程、市政工程及园林工程。

（4）分部分项工程量清单设置示例。

① 建筑工程。

a．土方工程。

由设计文件和招标文件可以得知与分部分项工程相对应的计价规范条目，按照对应条目中开列的项目特征，查相关的地质资料、招标文件、设计文件，可对项目名称进行详细的描述，如土壤类别、运土距离、开挖深度等。

【案例 3-1】

阅图：本土方工程为挖基础土方，各工程为

垫层宽度：(300+80+120)×2=1000（mm）

挖土深度：500+100+600+200+400=1 800（mm）

基础梁总长度：51×2+39×2=180（m）

查阅施工组织设计：弃土距离为 4 km

查阅地质资料：土壤类别为三类土

分部分项工程量清单设置如下：

项目名称：挖基础土方

项目编码：010101003001

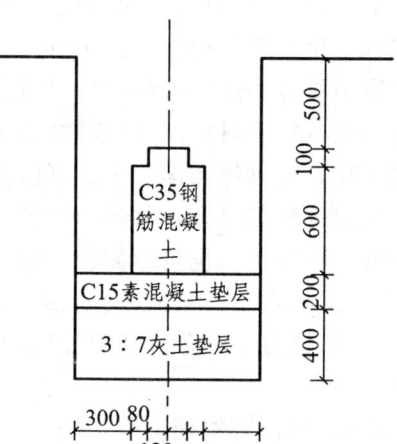

项目特征描述：

三类土、带形基础、垫层宽度 1 m，挖土深度 1.8 m，运土距离 4 km，计量单位：m^3

工程数量：1×1.8×180=324（m^3）

分部分项工程量清单根据《计价规范》填制表格如表 3.1 所示。

表 3.1 分部分项工程量清单

工程名称： 　　　　　　　　　　　　　　　　　　　　　　　　　　　　第　页　共　页

序号	项目编码	项目名称	计量单位	工程数量
1	10101003001	挖基础土方 三类土 带形基础，垫层宽度 1 m 挖土深度 1.8 m 弃土距离 4 km	m^3	324

b．现浇混凝土基础。

阅图：本钢筋混凝土工程为C35现浇钢筋混凝土带形基础

垫层：3∶7灰土厚400 mm

垫层：C15素混凝土厚200 mm

分部分项工程量清单设置如下：

项目名称：C35带形基础

项目编码：010401001001

计量单位：m^3

工程数量：$(0.4 \times 0.6 + 0.24 \times 0.1) \times 180 = 47.52$（$m^3$）

综合工程内容：

3∶7灰土垫层：$1 \times 0.4 \times 180 = 72$（$m^3$）

C15素混凝土垫层：$1 \times 0.2 \times 180 = 36$（$m^3$）

根据《计价规范》，将分部分项工程量清单填制成表格（表3.2）。

表3.2 分部分项工程量清单

工程名称： 第 页 共 页

序号	项目编码	项目名称	计量单位	工程数量
1	10401001001	带形基础 混凝土强度C35 3∶7灰土垫层72 m^3 C15素混凝土垫层36 m^3	m^3	47.52

② 装饰装修工程。

【案例3-2】 一台阶水平投影面积（不包括最后一步踏步300 mm）为29.34 m^2，台阶长度为32.6 m，宽度为300 mm，高度为150 mm，80 mm厚混凝土C10基层、体积为6.06 m^3，100 mm厚3∶7灰土垫层、体积为3.59 m^3，面层为芝麻白花岗岩，厚25 mm，黏结层为1∶3水泥砂浆。

分部分项工程量清单设置如下：

项目名称：石材台阶面

项目编码：020108001001

计量单位：2 m

工程数量：29.34

综合工程内容：

基层80 mm厚混凝土C10

垫层100 mm厚灰土3∶7

分部分项工程量清单根据《计价规范》填制表格如表3.3所示。

表 3.3 分部分项工程量清单

工程名称：　　　　　　　　　　　　　　　　　　　　　　　　　　　第　页　共　页

序号	项目编码	项目名称	计量单位	工程数量
1	020108001001	石材台阶面 芝麻白花岗岩，厚25 mm 黏结层水泥砂浆1∶3 基层80 mm厚混凝土C10 垫层100 mm厚灰土3∶7	m^2	29.34

3．措施项目清单的编制

（1）措施项目清单的编制规则《建设工程工程量清单计价规范》(GB 50500—2008) 有以下规定。

规范 3.3.1 条规定：措施项目清单应根据拟建工程的具体情况，参照措施项目一览表列项（表3.5）。

规范 3.3.2 条规定：编制措施项目清单，出现措施项目一览表所列项目，编制人可作补充。

（2）措施项目清单的编制依据：拟建工程的施工组织设计、拟建工程的施工技术方案、与拟建工程相关的工程施工规范与工程验收规范、招标文件、设计文件。

（3）措施项目清单的设置。

首先要参考拟建工程的施工组织设计，以确定环境保护、文明安全施工、材料的二次搬运等项目；其次，参阅施工技术方案，以确定夜间施工、大型机具进出场及安拆、混凝土模板与支架、脚手架、施工排水降水、垂直运输机械、组装平台、大型机具使用等项目。参阅相关的施工规范与工程验收规范，可以确定施工技术方案没有表述、但是为了实现施工规范与工程验收规范要求而必须采取的技术措施；招标文件中提出的某些必须通过一定技术措施才能实现的要求；设计文件中一些不足以写进技术方案、但是要通过一定的技术措施才能实现的内容。措施项目清单如表3.4所示。

表 3.4 措施项目清单

工程名称：　　　　　　　　　　　　　　　　　　　　　　　　　　　第　页　共　页

序号	项目名称
1	
2	
⋮	
n	

表 3.5 措施项目一览表

序号	项目名称
1 通用项目	
1.1	安全文明施工（含环境保护、文明施工、安全施工、临时设施）

续表 3.5

序 号	项目名称
1.2	夜间施工
1.3	二次搬运
1.4	冬雨季施工
1.5	大型机械设备进出场及安拆
1.6	施工排水
1.7	施工降水
1.8	地上、地下设施、建筑物的临时保护设施
1.9	已完工程及设备保护
2　建筑工程	
2.1	垂直运输机械
2.2	混凝土、钢筋混凝土模板及支架
2.3	脚手架
3　装饰装修工程	
3.1	垂直运输机械
3.3	脚手架
3.4	室内空气污染测试
4　安装工程	
4.1	组装平台
4.2	设备、管道施工的安全、防冻和焊接保护措施
4.3	压力容器和高压管道的检验
4.4	焦炉施工大棚
4.5	焦炉烘炉、热态工程
4.6	管道安装后的充气保护措施
4.7	隧道内施工的通风、供水、供气、供电、照明及通信设施
4.8	现场施工围栏
4.9	长输管道临时水工保护措施
4.10	长输管道施工便道
4.11	长输管道跨越或穿越施工措施
4.12	长输管道地下穿越地上建筑物的保护措施
4.13	长输管道工程施工队伍调遣
4.14	格架式抱杆
5　市政工程	
5.1	围堰
5.2	筑岛
5.3	现场施工围栏
5.4	便道
5.5	便桥
5.6	洞内施工的通风、供水、供气、供电、照明及通信设施
5.7	驳岸块石清理

4．其他项目清单的编制

其他项目清单的编制规则如下：

规范 3.4.1 条规定："其他项目清单应根据工程的具体情况，参照下列内容列项：预留金、材料购置费、总承包服务费、零星工作项目费。"

规范 3.1.2 条规定："零星工作项目应根据拟建工程的具体情况，详细列出人工、材料、机械的名称、计量单位和相应数量，并随工程量清单发至投标人。"

规范 3.1.3 条规定："编制其他项目清单，出现 3.4.2 条未列项目，编制人可作补充"。

表 3.6　其他项目清单

工程名称：　　　　　　　　　　　　　　　　　　　　　　　　　　　　第　页　共　页

序号	项目名称	金额/元
1	招标人部分	
1.1	预留金	
1.2	材料购置费	
1.3	其他	
2	投标人部分	
2.1	总承包服务费	
2.2	零星工作项目费	
2.3	其他	

（1）招标人部分。

预留金。是招标人为可能发生的工程量变更而预留的金额。主要是指工程量清单漏项或有误引起的工程量的增加，以及施工过程中的设计变更引起的标准提高或工程量的增加等。

材料购置费。是指在招标文件中规定的，由招标人采购的拟建工程材料费。

这两项费用应根据招标人的意图和拟建工程实际情况计算出金额并填制表格。

预留金的计算，应根据设计文件的深度、设计质量高低、拟建工程的成熟程度来确定其额度。设计深度深、设计质量高、已经成熟的工程设计，一般预留工程总价的 3%～5%；在初步设计阶段，工程设计不成熟的，最少要预留工程总价的 10%～15%。

材料购置费计算，材料购置费计算＝∑（业主供应的材料量×到场价）＋采购保管费。

其他：招标人部分可增加新的列项。如制定分包工程费，由于某分项工程或单位工程专业性较强，必须由专业队伍施工，而且专业分包商是由业主直接确定，故可增加这项费用，且费用金额应通过专业队询价（或招标）取得。

（2）投标人部分。

总承包服务费。是投标人为配合、协调招标人进行的工程分包和材料采购所需的费用。其金额与工程的承包方式和材料的采购方式等因素有关。

零星工作项目费。是指承包人为完成招标人提出的工程量暂估的零星工作所需的费用。零星工作项目中的工、料、机计量，要根据工程的复杂程度、工程设计质量的优劣以及工程项目设计的成熟程度等因素来确定。

一般工程以人工计量为基础，按人工消耗总量的1%取值。

材料消耗主要是辅助材料消耗，按不同专业人工消耗材料类别列项，按人工日消耗量计入。

机械列项和计量，除了考虑人工因素外，还要参考各单位工程机械消耗种类，可按机械消耗总量的1%取值。

5．工程量清单格式的组成内容

《建设工程工程量清单计价规范》对工程量清单格式有如下规定：

5.1.1 条规定：工程量清单应采用统一格式。

5.1.2 条规定：工程量清单格式应由下列内容组成：

1．封面。

2．填表须知。

3．总说明。

4．分部分项工程量清单。

5．措施项目清单。

6．其他项目清单。

7．零星工作项目表。

5.1.3 条规定：工程量清单格式的填写应符合下列规定：

1．工程量清单应由招标人填写。

2．填表须知除本规范内容外，招标人可根据具体情况进行补充。

3．总说明应按下列内容填写。

（1）工程概况。如建设规模、工程特征、计划工期、施工现场实际情况、交通运输情况、自然地理条件、环境保护要求等。

（2）工程招标和分包范围。

（3）工程量清单编制依据。

（4）工程质量、材料、施工等的特殊要求。

（5）招标人自行采购材料的名称、规格型号、数量等。

（6）其他项目清单中招标人部分（包括预留金、材料购置费等）的金额。

（7）其他需说明的问题。

另外，随工程量清单发至投标人的还应包括主要材料价格表，招标人提供的主要材料价格应标明详细的材料编码、材料名称、规格型号和计量单位。主要材料价格主要供评标用。

六、工程量清单编制注意事项

对招标人而言，工程量清单是进行投资控制的前提和基础，工程量清单编制的质量直接关系和影响工程造价，为此，招标人要承担"工程量的风险"。因此，招标人应保证"工程量清单编制的质量"。

（1）为保证工程量清单的编制质量，应保证设计图纸及设计文件的质量和深度，认真组织审查施工图纸，加强设计质量和技术管理，明确设计图纸在总图、建筑、结构等各方面的深度要求。

(2) 工程量清单中项目特征内容描述要全面、准确，工程量计算要准确。

【案例 3-3】 某工程量清单编制项目特征内容描述如表 3.7 所示。

表 3.7 某工程量清单

工程名称：　　　　　　　　　　　　　　　　　　　　　　　　　第　页　共　页

序号	项目编码	项目名称	计量单位	工程量
1	010101001001	平整场地三类土	m²	1 587.90

上述工程量清单中的项目特征内容描述不全面。实际施工中，乙方发现平整场地全部为挖方-25 cm，原清单中并未描述外运土方运距，乙方遂提出增加土方外运的费用签证申请。

分析：场地平整为场地内±30 cm 以内的挖、填、运、找平等，如果出现±30 cm 以内全部是挖方或填方，需外运土或借土回填时，在工程量清单中应描述弃土运距（运土地点）或取土运距（或取土地点），这部分的运输应包括在"平整场地"的项目报价内。

在这种情况下，若在招标文件中注明，凡（本工程）取土、弃土地点由投标方自己定，这时在项目特征中可不描述，不然就需要把项目特征描述清楚。

第三节　工程量清单计价

工程量清单计价是指投标人按招标文件和工程量清单要求，合理确定工程量清单所列项目的全部费用，包括分部分项工程费、措施项目费、其他项目费、规费和税金。

工程量清单计价方式，是在建设工程招投标中，招标人自行或委托具有相应资质的中介机构编制反映工程实体消耗和措施性消耗的工程量清单，并作为招标文件的一部分提供给投标人，由投标人依据工程量清单自主报价的计价方式。在工程招标中采用工程量清单计价是国际上较为通行的做法。

《建设工程工程量清单计价规范》（GB 50500—2008）规定，实行工程量清单计价招投标的建设工程，其招标标底、投标报价的编制、合同价款的确定与调整、工程结算应按该规范执行。

一、工程量清单计价的特点

（1）统一计价规则：通过制订统一的建设工程工程量清单计价方法、统一的工程量计量规则、统一的工程量。

（2）有效控制消耗量：通过由政府发布统一的社会平均消耗量指导标准，为企业提供一个社会平均尺度，避免企业盲目或随意大幅度减少或扩大消耗量，从而达到保证工程质量的目的。

（3）彻底放开价格：将工程消耗量定额中的工、料、机价格和利润、管理费全面放开，由市场的供求关系自行确定价格。"企业自主报价"——投标企业根据自身的技术专长、材料采购渠道和管理水平等，制订企业自己的报价定额，自主报价。企业尚无报价定额的，可参考使用造价管理部门颁布的《建设工程消耗量定额》。

(4) 市场有序竞争形成价格：通过建立与国际惯例接轨的工程量清单计价模式，引入充分竞争形成价格的机制，制订衡量投标报价合理性的基础标准。可在投标过程中有效引入竞争机制，淡化标底的作用，在保证质量、工期的前提下，按国家《招标投标法》有关条例规定，最终以"不低于成本"的合理低价者中标。

二、工程量清单计价依据

(1)《建设工程工程量清单计价规范》；
(2) 招标文件；
(3) 工程设计文件；
(4) 工程施工规范及工程验收规范；
(5) 施工组织设计或施工技术方案；
(6) 施工现场地质、水文、气象以及地上情况的有关资料；
(7) 政府统一发布的《消耗量定额》；
(8) 企业自主报价时参照的《企业定额》；
(9) 由市场供求关系影响的工、料、机市场价格及企业自行确定的利润、管理费标准。

三、工程量清单计价方法

工程量清单计价包括按招标文件规定完成工程量清单所列项目需要的全部费用，即分部分项工程费、措施项目费、其他项目费、规费和税金。

工程量清单计价应采用综合单价计价。综合单价包括除规费、税金以外的全部费用，即人工费、材料费、机械使用费、管理费和利润及一定的风险费用。

1．单位工程造价的构成

在工程量清单计价模式下，单位工程造价由分部分项工程量清单项目费用、措施项目费用、其他项目费用、规费和税金组成。

清单计价方式下单位工程造价的组成如表 3.8 所示。

表 3.8　单位工程造价计价

工程名称：　　　　　　　　　　　　　　　　　　　　　第　页　共　页

序号	名　称		计算方法
1	分部分项工程量清单项目费		清单项目工程量×综合单价
2	措施项目费		措施项目费×综合单价 或直接工程费（或人工费+机械费）×相应费率 或按实计取
3	其他项目费	招标人部分费用	按估算金额确定
		投标人部分费用	根据招标人提出要求，由投标人报价

续表 3.8

序号	名　　称	计算方法
4	规费	（1+2+3）×费率
5	不含税工程造价	1+2+3+4
6	税金	5×费率
7	含税工程造价	5+6

2．综合单价的确定

工程量清单计价的核心内容是确定综合单价。综合单价适用于分部分项工程量清单、措施项目清单和其他项目清单。

综合单价的计算依据是招标文件、施工图纸、工程量清单和消耗量定额。特别要注意对项目内容的描述，计价时必须按描述的内容计算。

【案例 3-4】 根据【案例 3-1】提供的条件，试计算基础土方清单项目的综合单价。

（1）根据清单项目提供的项目特征描述及施工方案，确定挖基础土方清单项目的定额子目为：① 人工挖沟槽三类土深度 2 m 以内；② 场外土方运输：人工装卸汽车运土方运距 4 km。

（2）依据基础施工图和定额中土石方工程量计算规则计算。

① 人工挖沟槽土方。

$$V_{挖}=S_{断}\times L=(a+2c+kH)\times H\times L=(1+2\times 0.3+0.33\times 1.8)\times 1.8\times 180$$
$$=710.86（m^3）$$

② 基础土方回填。

$$V_{填}=V_{挖}-(V_{基}+V_{垫})$$
$$=710.86-\{0.6\times[(0.08+0.12)\times 2+0.12\times 2]+(0.4+0.2)\times 1\}\times 180$$
$$=533.74（m^3）$$

③ 土方场外运输。

$$V_{外运}=V_{挖}-V_{填}=710.86-533.74$$
$$=177.12（m^3）$$

套用《广东省建筑与装饰工程综合定额（2010）》计算工程所需的人工工日、材料及机械台班的数量，并进行市场调查和询价，计算结果见表 3.9。

表 3.9 分部分项工程量综合单价计算

工程名称：某基础土方工程　　　　　　　　　　　　　　　计量单位：m³
项目编码：010101003001　　　　　　　　　　　　　　　　工程数量：324
项目名称：挖基础土方　　　　　　　　　　　　　　　　　综合单价：91.6 元

序号	定额编码	工程内容	计量单位/m³	数量	人工费/元	材料费/元	机械费/元	管理费/元	利润/元	小计/元
1	A1-12	人工挖沟槽、基坑 三类土 深度在 2 m 内	100	7.109	17 459.50			2 706.24	3 142.71	23 308.46

续表 3.9

序号	定额编码	工程内容	计量单位/m³	数量	人工费/元	材料费/元	机械费/元	管理费/元	利润/元	小计/元
2	A1-55+A1-56*3	人工装卸汽车运土方运距4 km	100	1.771	1 534.09		3 741.47	817.71	276.13	6 369.39
		合 计			18 993.59		3 741.47	3 523.95	3 418.84	29 678.40

第四节 招标控制价

一、招标控制价及其作用

工程量清单下的招标控制价反映的是由市场形成的具有社会先进水平的生产要素市场价格。工程招标控制价是业主为掌握工程造价，控制工程投资的基础数据，反映招标人对招标工程期望的最高控制值（也叫最高限价）。

投标人投标报价时，其投标价格高于招标控制价时，其投标将被作为无效标。这样，可以防止投标人之间相互串标、哄抬标价，给招标人造成损失。

二、招标控制价的编制依据

招标控制价应当根据下列条件编制设立。

（1）招标文件（含招标答疑）。

（2）施工设计图纸、工程施工规范及工程验收规范。

（3）施工现场条件（施工现场地质、水文、气象以及地上情况的有关资料）、常规施工组织设计及施工技术方案。

（4）工期和质量要求。

（5）《建设工程工程量清单计价规范》（GB 50500—2003）。

（6）省统一计价依据以及工程造价管理机构制订的有关计价规定和工程所在地发布的工人、材料、设备价格。

三、招标控制价的内容

招标控制价的内容应当包括工程总价、分部分项工程费（含分部分项工程量清单及其综合单价）、措施项目费（含措施项目清单及其费用）、其他项目费（含其他项目清单及其综合单价或费用）、主要材料价格、规费以及相关说明等。

四、标底价格的审查

招标控制价编制应当委托有资质的造价咨询单位具有执业资格的注册造价工程师编制。招标控制价编制完成后,需要认真组织有经验的造价师或评审小组进行审查,以便有利于提高工程量清单计价水平,确保招标控制价真正反映项目的实际价格,便于项目工程建造成本的控制。

1. 招标控制价的审查

招标控制价的审查过程一般可以按照下面三个阶段进行。

(1) 编制人自审。当某单位工程招标控制价初稿完成后,编制人要进行自我审查,检查分部分项工程各生产要素消耗水平是否合理、计价过程的计算是否有误。

(2) 编制人之间互审其主要目的是,利于发现编制人对工程量清单项目理解的差异,以便统一认识、理解准确。

(3) 专家(上级)或审核组审查。主要指全面审查,包括对招标文件的符合性审查、计价基础资料的合理性审查、招标控制价整体计价水平的审查、招标控制价单项计价水平的审查,这是完成定稿的权威性审查。

2. 招标控制价审查的内容

(1) 符合性审查。包括工程量清单是否与项目符合、是否与清单规范符合。

(2) 计价基础资料合理性。采用的计价规范是否为最新规范、计价定额是否能真实反映项目内容、材料及设备等价格取价是否合理。计价基础资料一般包括:计价规范、计价定额、工程施工规范、工程验收规范、企业生产要素平均消耗水平、工程所在地生产要素价格水平。

(3) 招标控制价整体价格水平。招标控制价是否大幅度偏离概算价、是否无理由偏离已建同类工程造价、各专业工程造价是否比例失调,实体项与非实体项价格比例是否失调。

3. 招标控制价的审查方法

(1) 专家评审法。由有工程造价方面经验的专家,分专业对招标控制价逐一审查,发现问题,及时进行纠正。这样可以避免重大失误,确保招标控制价的合理性。

(2) 分组计算审查法。按专业分组及具体的分部分项工程,就生产要素消耗水平、生产要素价格水平,对工程量清单项目进行全面审查。

(3) 筛选审查法。利用原定额建立分部分项工程基本综合单价数值表,统一口径对应筛选,选出不合理的偏离基本数值表的分部分项工程计价数据,再对该分部分项工程计价详细审查。

(4) 定额水平调整对比审查法。利用原定额,按清单给定的范围,组成分部分项工程量清单综合单价;再按市场生产要素价格水平、市场工程生产要素消耗水平测定比例,调整单位工程造价。对比单位工程招标控制价价格,找出偏差,对招标控制价进行调整。该方法可以把握各单位工程招标控制价的准确性,但是不能保证各个分部分项工程计价的合理性。

【案例 3-5】 根据本章【案例 2-1】的具体情况,编制招标控制价。

基础土方工程

招标控制价

招标控制价（小写）：<u>33 233.49 元</u>
　　　　　　（大写）：<u>叁万叁仟贰佰叁拾叁元肆角玖分</u>

投标人：＿＿＿＿＿＿＿

法定代表人：＿＿＿＿＿＿＿

造价工程师
及注册证号：＿＿＿＿＿＿＿

编制日期：2010 年 10 月 12 日

表 3.10　单位工程费汇总

工程名称：基础土方工程

序号	项目编号	项目名称	计算公式	费率/%	金额/元	备注
1	FHJ	分部分项合计			29 678.40	
1.1	FBQD	分部清单	FBF-FB[YNZTYSYPFFY]	100	29 678.40	
2	CHJ	措施合计	CSF	100	943.77	
3	QTXM	其他项目	QTF	100	1 335.53	
4	GF	规费	GFSJB[GF]	100	178.97	
5	SJ	税金	FHJ+CHJ+QTXM+GF	3.413	1 096.82	
6	ZZJ	总造价	FHJ+CHJ+QTXM+GF+SJ	100	33 233.49	

表 3.11　分部分项工程量清单计价

工程名称：基础土方工程

序号	项目编码	项目名称	项目特征	计量单位	工程数量	金额(元) 综合单价	金额(元) 合价
	010101003001	挖基础土方	①人工挖沟槽、基坑、三类土深度在 2 m 内 ②人工装卸汽车运土方，运距 4 km	m³	324.00	91.60	29 678.40
			合　计				29 678.40

表 3.12　措施项目清单计价

工程名称：基础土方工程

序号	项目名称	取费基础	费率/%	金额/元
1	安全文明施工措施项目费			
1.1	安全文明施工措施费	FBF	3.18	943.77
	分部小计[1-安全文明施工措施项目费]			943.77
	合　计			943.77

表 3.13 其他项目清单计价表

工程名称：基础土方工程

序号	项目名称	计量单位	数量	取费基础	费率/%	金额/元
1	计日工			JRG	100.00	
2	材料检验试验费			FBF		
3	材料保管费					
7	预算包干费			FBF	2.00	593.57
8	工程优质费			FBF	2.50	741.96
合 计						1 335.53

第五节 投标价格

工程量清单计价方式下的投标价格，是由投标人根据招标人提供的工程量清单、施工图纸、消耗量定额、企业定额、市场要素价格、企业实力情况以及风险方面的因素，按照国家统一规定的"计价规范"的要求进行的自主报价。

一、投标报价的依据

（1）招标文件（含工程量清单）；
（2）招标人提供的设计图纸及有关的技术说明书等；
（3）《建设工程工程量清单计价规范》（GB 50500—2003）；
（4）工程所在地现行的定额及与之配套执行的各种造价信息、规定等；
（5）消耗量定额、企业定额及类似工程的成本核算资料；
（6）招标人书面答复的有关资料；
（7）其他与报价有关的各项政策、规定及调整系数等。
（8）投标报价的策略。

二、投标报价的内容

在工程量清单计价模式下，投标报价内容基本与招标控制价内容一致，不同的是投标人报价时要根据企业自身的情况、企业定额并考虑风险来最终确定投标报价。

【案例 3-6】 根据【案例 2-1】的基础土方工程招标文件工程量清单项目特征，投标单位在现场勘察后认为：土方弃土距离在 3 km 左右，而且可以采用挖土机挖土。就【案例 3-5】中提供的招标控制价，投标人考虑各种因素后，对基础土方报价如下：

基础土方工程

投标总价

建设单位：
工程名称：基础土方工程
投标总价（小写）：29 413.09
　　　　　（大写）：贰万玖仟肆佰壹拾叁元玖分

投标人：＿＿＿＿＿＿＿＿
法定代表人：＿＿＿＿＿＿
编制日期：　　年　　月　　日

表 3.14　单位工程费汇总

工程名称：基础土方工程

序号	项目编号	项目名称	计算公式	费率/%	金额/元	备注
1	FHJ	分部分项合计			26 266.68	
1.1	FBQD	分部清单	FBF-FB[YNZTYSYPFFY]	100	26 266.68	
2	CHJ	措施合计	CSF	100	835.28	
3	QTX M	其他项目	QTF	100	1 182.00	
4	GF	规费	GFSJB[GF]	100	158.39	
5	SJ	税金	FHJ+CHJ+QTX M+GF	3.413	970.74	
6	ZZJ	总造价	FHJ+CHJ+QTX M+GF+SJ	100	29 413.09	

表 3.15　分部分项工程量清单计价

工程名称：基础土方工程

序号	项目编码	项目名称	项目特征	计量单位	工程数量	金额/元 综合单价	金额/元 合价
	010101003001	挖基础土方	①人工挖沟槽、基坑 三类土 深度在2 m内 ②人工装卸汽车运土方 运距3 km	m³	324.00	81.07	26 266.68
			合　计				26 266.68

表 3.16 措施项目清单计价

工程名称：基础土方工程

序号	项目名称	取费基础	费率/%	金额/元
1	安全文明施工措施项目费			
1.1	安全文明施工措施费	FBF	3.18	835.28
	分部小计[1-安全文明施工措施项目费]			835.28
	合　计			835.28

表 3.17 其他项目清单计价

工程名称：基础土方工程

序号	项目名称	计量单位	数量	取费基础	费率/%	金额/元
1	计日工			JRG	100.00	
2	材料检验试验费			FBF		
3	材料保管费					
4	预算包干费			FBF	2.00	525.33
5	工程优质费			FBF	2.50	656.67
	合　计					1 182.00

—— 本章小结 ——

本章主要介绍了建筑工程造价的基本构成、工程量清单及其编制，工程量清单计价和招标控制价、投标价的编制。

1. 建筑工程造价的基本构成

工程造价包括设备及器具购置费用、建筑安装工程费用、工程建设其他费用、预备费、建设期贷款利息、固定资产投资方向调节税（目前暂时取消）。

建筑安装工程费用：工程直接费（工程直接费和措施费）、间接费（规费、企业管理费）、利润和税金。

2. 工程量清单

工程量清单包括分部分项工程清单（实体工程项目）、措施项目清单（非实体工程项目）和其他项目清单。

分部分项工程量清单：指根据计价规范规定，按照图纸尺寸进行计算的实体工程量清单。

措施项目清单：工程施工前和施工过程中关于技术、生活、安全等方面的非工程实体项目清单。

其他项目清单：由招标人部分（预留金、材料购置费、其他）和投标人部分（总承包服务费、零星工作项目费、其他）。

3. 工程量清单计价、招标控制价、投标价格

工程量清单计价是指投标人按招标文件和工程量清单要求，合理确定工程量清单所列项目的全部费用，包括分部分项工程费、措施项目费、其他项目费、规费和税金。

工程量清单计价应采用综合单价计价。综合单价包括除规费、税金以外的全部费用，具体包括人工费、材料费、机械使用费、管理费和利润及一定的风险费用。

招标控制价（也叫最高限价）：反映的是由市场形成的具有社会先进水平的生产要素市场价格。工程招标控制价是业主为掌握工程造价、控制工程投资的基础数据、反映招标人对招标工程期望的最高控制值。

投标价格：由投标人根据招标人提供的工程量清单、施工图纸、消耗量定额、企业定额、市场要素价格和企业实力情况及风险因素，按照国家统一规定的"计价规范"的要求进行的自主报价。

习　题

一、简答题

1. 简述工程造价的含义。
2. 在不同的建设阶段，工程造价如何进行分类？
3. 简述工程造价的组成内容。
4. 简述工程量清单的概念及包括的内容。
5. 综合单价的内容包括哪些？

二、单项选择题

1. 具有独立的设计文件，竣工后可以独立发挥效能的工程是（　　）。
   A．建设项目　　　　B．单项工程　　C．单位工程　　D．分项工程
2. 在施工图设计阶段，根据施工图纸、预算的计量规则编制预算文件，预先测算和确定的工程造价是（　　）。
   A．投资估算价　　　B．概算造价　　C．预算造价　　D．合同价
3. 按照《计价规范》四统一原则，即统一项目编号、统一工程量计算规则、统一项目名称和（　　）。
   A．统一项目特征　　B．统一工程内容
   C．统一编制原则　　D．统一计量单位
4. 综合单价包括人工费、材料费、机械使用费、管理费和（　　）。
   A．利润　　　　B．规费　　　　C．税金　　　　D．保险费
5. 在清单编码一级分类码中，市政工程为（　　）。
   A．01　　B．02　　C．03　　D．04　　E．05

三、案例题

根据本章【案例 3-1】现浇混凝土基础的基本情况，结合相关定额、规范编制现浇混凝土基础的招标控制价。

中篇　建设工程招标投标

第四章　招标公告

学习目标

通过本章学习，熟悉招标公告的有关规定；掌握工程项目施工"招标公告"、"投标邀请书"的基本内容和招标公告（书）编写方法。

能力目标

通过本章节教学，使学生能够根据拟招标工程的要求和招标计划，编写工程施工招标公告和办理发布公告的能力。

一、招标公告概念

招标公告（或资格预审公告）是指招标人（或招标代理机构）根据国家有关规定向所有潜在投标人发出的一种广泛性的告知。

二、招标公告作用与要求

（1）招标公告作用：招标公告是招标人与潜在投标人进行信息沟通的桥梁，是潜在投标人获得招标信息的主要途径。

（2）招标公告要求：招标公告内容应真实、准确和完整，要让潜在投标人能根据招标公告对拟招标工程基本情况有本质性的了解，以便据此判断是否参与投标。

三、招标公告备案

拟发布的招标公告文本应当由招标人或其委托的招标代理机构的主要负责人签名并加盖公章，然后随同招标文件送工程所在地招投标行政监督管理机构备案后才能在国家规定的相关媒体和网络上公告。

四、招标公告发布

根据《招标投标法》规定，依法必须招标的项目的招标公告应当在国家指定的媒介发布。

国家发展计划委员会根据国务院授权，按照相对集中、适度竞争、受众分布合理的原则，指定发布依法必须招标的项目的招标公告的报纸、网络等媒介（以下简称指定媒介），并对招标公告发布活动进行监督。

五、招标公告内容

根据《招标投标法》及有关法规规定和招投标示范文本的要求，工程招标公告一般包含以下内容：

1．招标条件

包括项目名称、项目审批、核准或备案机关名称及批准文件编号，项目业主、资金来源、出资比例及落实情况、招标人名称、招标方式等内容。

2．项目概况与招标范围

对本次招标项目的建设地点、规模、计划工期、招标范围、标段划分等进行概况性描述，目的是使潜在投标人据此判断自己是否有能力承担项目的实施或是否具有投标意愿。

3．投标人资格要求

标明投标人应具备的工程施工资质等级、类似业绩、安全生产许可证、质量管理认证体系对施工管理技术人员的要求等。

4．招标文件的获取

（1）获取时间。公告中应具体规定潜在投标人获取招标文件的时间，根据《工程建设项目招标投标办法》第十五条规定：自招标文件（或资格预审文件）发售之日起至停止出售之日止不得少于 5 个工作日。

（2）购买文件条件。向潜在投标人说明，购买招标文件（资格预审文件）时应持相关资料方能购买，如企业介绍信、企业资质等级证书、安全生产许可证、营业执照、法定代表人证明书、法人授权委托书及委托代理人身份证、建造师（项目经理）资质证书、安全生产考核合格证等。

（3）购买地点。标明招标文件（资格预审文件）出售的具体地点。

（4）方式。纸招标文件（或资格预审文件）可以现场购买、邮寄购买等形式；若采用网上电子招标的，潜在投标人可以从网上下载标书，但出现不一致时应以纸质文件为准。

采用邮寄方式的，招标人应在公告中告知投标人；当招标人收到投标人介绍信、足够款项等有关资料后，在双方约定的日期内寄送。

（5）招标文件售价。招标文件可以收回成本，但不能以盈利为目的而提高招标文件售价。招标文件（或资格预审文件）一经售出，不予退还。

（6）图纸及相关资料押金。投标结束后，投标人完好送回图纸的，押金予以退回（押金不计利息）。

5．投标文件的递交

（1）投标截止时间。投标文件递交的截止时间为开标的同一时间。《招标投标法》规定，自招标文件开始发售到投标文件递交截止日不得少于 20 日。

（2）逾期送达处理。逾期送达的或者未送达指定地点的投标文件，招标人不予受理。

6．联系方式

包括招标人、招标代理机构的联系人、地址、电话、邮编、传真、开户银行和账号等。

7．发布媒体

招标公告发布的媒体及网址、网名。

六、招标公告发布注意事项

为了避免因招标公告内容、发布媒体的原因而引起相关的质疑或投诉，招标人或招标代理机构编制和发布招标公告时应注意：

（1）招标公告的发布应当充分公开，任何单位和个人不得非法限制招标的发布地点和发布范围。

（2）招标公告内容应当真实、准确和完整。

（3）对拟发布的招标公告文本应当由招标人或招标代理机构主要负责人签名并戳盖公章。

（4）招标人或招标代理机构应至少在一家指定的媒介发布招标公告。招标公告需在国家指定的报纸、媒介上发布；同时，还应在政府招投标行政管理部门规定的网上发布。

（5）《工程建设项目招标投标办法》第十五条规定：招标人在发布招标公告、发出投标邀请书后或者售出招标文件（或资格预审文件）后不得擅自终止招标。

七、招标公告或资格预审公告标准化格式

根据《标准施工招标文件范本》的招标公告格式，招标公告分为未进行资格预审的招标公告和已进行资格预审的投标邀请书两种形式。资格预审的招标公告格式参考本章"案例鉴赏"。

—— 本章小结 ——

招标公告必须与招标文件一并发售，组成招标文件的一部分。招标公告包含招标条件、项目概况与招标范围、投标人资格要求、招标文件的获取、投标文件的递交、发布媒体、联系方式七部分内容。

招标公告应当在国家指定的媒介发布。招标公告通过纸质媒体发布的，还应当在规定的网络上挂网公告，接受社会监督。

招标公告规定的招标文件发售时间不得少于5个工作日。

习　题

一、简答题

1．工程施工招标公告包含哪些内容？

2．工程招标应具备哪些条件？

3．国家对招标公告的发布有何规定？

4．工程招标中如何确定投标人的资质等级？

5．投标人购买标书时一般要提交哪些资料？

二、单项选择题

1. 某工程招标公告于 2009 年 10 月 14 日（星期三）发布，招标人发售招标文件截止时间至少至（　　）。

　　A．10 月 16　　B．10 月 17 日　　C．10 月 18 日　　D．10 月 19 日

2. 上题中投标人提交投标文件的截止时间至少至（　　）。

　　A．10 月 28 日　　B．10 月 30 日　　C．11 月 2 日　　D．10 月 10 日

三、多项选择题

1. 工程招标公告的招标条件包括（　　）。

　　A．联系方式
　　B．工程建设项目名称、项目审批、核准或备案机关名称及批准文号
　　C．项目业主名称　　D．项目资金来源和出资比例　　E．招标人名称

2. 工程招标公告主要包括（　　）。

　　A．招标条件　　B．资格预审公告　　C．工程建设项目概况与招标范围
　　D．资格预审的申请人或资格后审的招标人资格要求
　　E．公告发布媒体

四、案例题

背景：某建设工程项目，建设单位委托招标代理机构组织施工公开招标工作，并成立了该项目施工招标小组。

招标人在两家指定的报纸上发布了该项目的招标公告，其载明的事项是：工程建设项目名称、项目审批、核准或备案机关名称及批准文件编号；项目业主名称；阐明该项目已具备招标条件；工程建设项目概况与招标范围；资格预审文件/招标文件获取的时间、地点、方式、价格；公告发布媒体；招标代理机构的联系方式。

问题：

本案例中招标公告载明的事项是否正确。请说明。

案例鉴赏

本招标公告是某中学宿舍楼施工公开招标的招标公告，招标人在国家有关行政主管部门规定的媒体及网络上同时发布此公告。希望同学们通过此案例进一步熟悉招标公告（未进行资格预审）内容及掌握工程施工招标公告的编写。

第一节　未进行资格预审的招标公告

×××学生宿舍楼工程施工招标公告

1. 招标条件

本招标项目<u>学生宿舍楼工程</u>已由×××市发展和改革局以×××发改投〔2008〕36 号批准建设，项目业主为××市×××中学，建设资金来自<u>自筹</u>，招标人为<u>×××市×××中学</u>。项目已具备招标条件，现对该项目的施工进行公开招标。

2．项目概况与招标范围

本工程建设地点位于×××路6号；建筑面积5 330.00 ㎡，框架8层结构；定额施工工期293日历天，业主要求工期266日历天；招标范围包括建筑、装饰装修及水电防雷安装工程施工总承包。

3．投标人资格要求

3.1 本次招标要求投标人须具备房屋建筑工程施工总承包二级及以上资质的独立法人资格，且取得建设行政主管部门核发的安全生产许可证。建造师应具备：建筑工程二级及以上建造师资格证或正在办理建筑工程二级及以上建造师注册手续，并取得安全生产考核合格证。

3.2 本次招标不接受联合体投标。联合体投标的，应满足下列要求：_____。
_____

3.3 各投标人均可就上述标段中的___（具体数量）个标段投标。

4．招标文件的获取

4.1 凡有意参加投标者，请于2008年11月26日至2008年12月2日（法定公休日、法定节假日除外），每日上午8时30分至11时30分、下午2时30分至5时（北京时间，下同），在××市建设工程交易服务中心（×××市×××路×××号）持以下资料购买招标文件：①企业介绍信；②企业资质等级证书副本、安全生产许可证、营业执照副本原件及复印件；③法定代表人证明书、法人授权委托书及委托代理人身份证的原件和复印件；④建造师（项目经理）资质证书、安全生产考核合格证原件及复印件，且复印件加盖单位公章。

4.2 招标文件每套售价500元，售后不退。图纸押金2 000元，在退还图纸时退还（不计利息）。

4.3 外来施工企业报名时，需由法定代表人和项目负责人亲临报名现场，办理申请报名的确认程序，并留存有效签名字迹和个人印鉴，以作为参与本次投标活动相关文书签署的依据。

5．投标文件的递交

5.1 投标文件递交的截止时间为2008年12月17日09时00分，地点为×××市建设工程交易服务中心一楼。

5.2 逾期送达的或者未送达指定地点的投标文件，招标人不予受理。

6．公告发布媒体

本公告同时在省建设报和政府招投标网上发布。

7．联系方式

招 标 人：×××市×××中学	招标代理机构：_____
地　　址：×××路6号	地　　址：_____
邮　　编：×××	邮　　编：_____
联 系 人：	联 系 人：
电　　话：	电　　话：
传　　真：	传　　真：
年　月　日	年　月　日

第五章 建设工程资格审查

学习目标

通过本章学习,熟悉工程项目施工"资格预审文件"的基本内容;掌握工程项目施工"资格预审文件"的编写方法和资格预审评审的步骤和方法。

能力目标

通过本章节教学,使学生具备编制资格预审文件的初步能力和组织工程施工资格预审的基本能力。

第一节 资格预审的基本知识

一、资格审查概念

资格审查,是指招标人对申请参加投标的潜在投标人进行"资质条件、业绩、信誉、技术力量、资金"等方面的情况进行的审查,以此判断其是否具有履行合同的能力。

二、资格审查的目的

（1）排除不合格的投标人。根据工程特点设置基本要求,将不满足条件的投标人排除在外。

（2）减少评标工作量,降低招标人的采购成本,提高招标工作效率。有的招标项目潜在投标人可能较多,导致招标人工作量大、评委会评标时间长、费用高。

（3）避免不合格投标人的投标损失。

（4）可以进一步了解投标人的业绩、信誉、技术、资金等方面的实力。

三、资格审查的原则

资格审查的目的就是选择资信好、技术、经济实力强、成本满足招标人预期要求的承包商来完成项目实施任务。因此,选择承包商的审查原则,应在坚持"公开、公平、公正和诚实信用"的基础上,遵守科学、择优和合法的原则。

（1）科学原则。招标人在编制资格预审文件时,要充分考拟招标项目的规模、性质和技术管理特性要求,结合国家企业资质等级标准和市场竞争情况,做到科学、合理地设置资格评审方法、条件及评审标准。

（2）择优原则。通过资格预先审查，选择资格能力、业绩经验、信誉好的申请人参与投标。

（3）合法原则。资格审查的方法、标准、程序应当符合相关法律、法规的规定。

四、资格审查的形式

根据《工程建设项目施工招标投标办法》的有关规定，资格审查分为资格预审和资格后审两种形式，两者审查内容一致，只是审查时间不同。

1．资格预审

资格预审是指招标前，招标人根据法定程序，按照招标资格预审公告内容、资格预审文件的规定，对申请人的资质条件、业绩、信誉、技术力量、资金等方面进行的审查，据此确定符合条件的潜在投标申请人。

资格预审的办法包括合格制和有限数量制两种方法。详见本章第二节"资格预审文件"有关内容。

资格预审可以减少评标阶段的工作量、缩短评标时间、减少招标人评标费用和不合格投标人的不必要的开支，但增加了整个招标过程的时间。其主要适合于工程比较复杂、专业性比较强、技术难度大、估计工程总价相对较大、估计投标人数量较多的工程项目。

2．资格后审

资格后审是指在开标后的初步评审阶段，评标委员会根据招标文件规定的投标资格条件对投标人的资格进行评审，评审合格的投标人的投标文件方能进入详细评审。

资格后审可以缩短招投标整个过程的时间，减少双方的相关费用，有利于增强投标的竞争性。其适合于潜在投标人数量不多、工程项目比较简单、投资小、工期短的一般性工程项目。

五、资格预审的办理程序

（1）建设单位准备资格预审文件。

（2）资格预审文件送招标管理机构备案。

（3）公开发布资格预审公告。

（4）发售（放）资格预审文件。

（5）投标申请人编写资格预审申请书，递交资格预审申请书。

（6）对投标申请人进行必要的调查，对资格预审申请书进行评审。

（7）向通过资格预审的投标申请人发出资格预审合格通知书。

六、资格审查的内容

招标人在规定时间内，按照资格预审文件中规定的标准和方法，对提交资格预审申请书的潜在投标人资格进行审查。

资格审查的内容包括对申请人的法人资格、信誉、业绩、拟派项目经理、技术负责人及所配备的其他人员情况、财务状况、拟投入的机械、设备情况以及其他需要说明的内容等。详见本章第二节。

七、评审标准和评分细则

资格预审的评审应对投标申请人的合法性、信誉、施工业绩、拟投入到本工程的关键人员、主要施工机械设备、主要财务指标和履约情况等资格条件，制订强制性资格标准和可供操作的资格评分标准及评分细则。详见本章第二节"资格预审文件"有关内容。

第二节 资格预审文件

一、资格预审文件组成及编制要求

资格预审文件是招标人告知潜在投标申请人参与投标需具备的资格条件，资格评审标准和方法等的文件。资格预审文件一般包括资格预审公告、申请人须知、资格审查、资格预审申请文件格式、项目建设概况等几方面内容。

（一）资格预审公告

资格预审公告与未进行资格预审的招标公告格式基本相同。其主要包括：招标条件、项目概况与招标范围、申请人资格要求、资格预审方法、资格预审文件的获取、资格预审申请文件的递交、发布公告的媒介、联系方式。

（二）申请人须知

1．申请人须知前附表

为了让申请人更好地了解拟招标项目的基本情况、资格预审的具体要求，一般在总则前设置申请人须知前附表。招标人把申请人须知的关键性内容、申请人必须注重的内容以前附表的形式汇总出来。

2．总　则

在总则中主要写明项目概况，资金的来源和落实情况，招标范围，计划工期和质量要求，申请人资格要求，本资格文件所采用的语言、文字，参加资格预审发生的费用的承担。

3．资格预审文件组成、澄清与修改

资格预审文件包括资格预审文件的组成、澄清与修改。

（1）资格预审文件的组成。按照《标准施工招标资格预审文件》示范文本，资格预审文件包括资格预审公告、申请人须知、资格审查办法、资格预审申请文件格式、项目建设概况等内容。

（2）资格预审文件的澄清。申请人对资格预审文件如有疑问，应在申请人须知前附表规定的时间前以书面形式（包括信函、电报、传真等可以有形表现所载内容的形式），要求招标人对资格预审文件进行澄清。

（3）资格预审文件的修改。招标人可以在资格预审文件中规定的时间前，以书面形式通知申请人修改资格预审文件的相关内容。

4．资格预审申请文件内容

资格预审申请文件应包括下列内容：

(1) 资格预审申请函。

资格预审申请函是申请人响应招标人且愿意参加资格预审的申请函，同时承诺所递交的资格预审申请文件及有关资料内容完整、真实和准确。

(2) 法定代表人身份证明或附有法定代表人身份证明的授权委托书。

① 法定代表人身份证明，是申请人提供的法定代表人的有效身份证明。其主要包含申请人名称，单位性质，成立时间，经营期限，法定代表人姓名、性别、年龄、职务等内容。

② 授权委托书，是申请人及其法定代表人出具的正式文书，明确授权其委托代理人在规定的时间内负责本项目申请文件的签署、澄清、递交、撤回、修改等事宜，其后果由申请人负责。

(3) 联合体协议书。

根据项目的特点和需求，允许联合体投标时，由联合体各方签订表明共同参加资格预审和投标活动的协议书。具体见"第六章　投标文件"。

(4) 资格预审申请文件的编制要求。

要求提供的资料能满足招标人审核申请人资格能力、经济能力、技术能力、施工管理能力及信誉等方面的证明材料。其主要包括：

① 申请人基本情况。

指申请人营业执照及其年检情况证明材料、资质证书和安全生产许可证等材料。

② 近年财务状况。近年财务状况（一般指最近3年）经会计师事务所或审计机构审计的财务会计报表，包括资产负债表、现金流量表、利润表和财务情况说明书。

③ 近年完成的类似项目情况。提供的资料包括（但不限于）中标通知书和（或）合同协议书、工程接收证书或工程竣工验收证书。

④ 正在施工和新承接的项目情况。提供的资料包含（但不限于）中标通知书或工程开工报告批准文件。

⑤ 拟投入的技术和管理人员情况。主要包括相关人员的身份、资格、能力、岗位任职、工作经历、职业资格、技术或行政职务、职称、完成的主要类似项目业绩等证明材料。

⑥ 拟投入的施工机械情况。

⑦ 近年发生的诉讼及仲裁情况。申请人提供近年来在合同履行中，因争议或者纠纷引起的诉讼、仲裁情况以及有无违法违规行为而被处罚的情况，并附法院或仲裁机构作出的判决、裁决等有关法律文书。

⑧ 其他材料。在标准施工资格预审范文中没有具体要求，主要根据招标工程的具体特点及招标人提出的上述资料以外的合理要求。如 ISO9000/ISO14000/ISO18000 等质量管理体系、环境管理体系、职业健康安全管理体系方面的认证证书。

(5) 资格预审申请文件的装订、签字。

资格预审申请文件应按"资格预审申请文件"要求进行装订、签字，否则其申请将不予评审。

(6) 资格预审申请文件的递交。

① 资格预审申请文件的密封和标志。

② 资格预审申请文件的递交。申请截止时间、地点，逾期送达或者未送达指定地点的资格预审申请文件的处理。

5．资格预审申请文件的审查

(1) 审查委员会组成。审查委员会应参照《中华人民共和国招标投标法》规定组建。

(2) 资格审查办法。主要有合格制或有限数量制两种办法。

(3) 资格审查标准。

① 采用合格制资格审查方法的审查标准。

可以按照前文相关内容设置审查条件，只要申请人符合条件即可以参加投标；招标文件中不设具体人数限制。

② 采用有限数量制资格审查方法的审查标准：

采用有限数量制资格审查时，除按限制资格审查方法设置审查条件外，还应对具体审查条件设置分值，对每个申请人进行打分，按分值从高到低排列。

③ 合格申请人数量。招标人应在资格预审文件中规定合格申请人的数量（家数）。虽然在相关法律、法规中并没有具体规定资格预审合格的人数，但实际操作中要求最少不得少于3家，且往往取5家以上作为合格投标申请人。

(4) 资格审查标准内容分值设置。

具体资格评分分值量化标准设置内容（不局限）如下：

① 申请人资信证明　　　　　　（××分）
② 申请人业绩及经验　　　　　（××分）
③ 申请人拟派项目经理经验　　（××分）
④ 申请人拟派技术负责人经验　（××分）
⑤ 财务状况　　　　　　　　　（××分）
⑥ 设备配置、人员配备评价　　（××分）
①～⑥项合计得分　　　　　　（满分100分）

6．资格审查通知和确认

(1) 通知。

招标人在申请人须知前附表规定的时间内以书面形式将资格预审结果通知申请人，并向通过资格预审的申请人发出投标邀请书。

(2) 确认。

通过资格预审的申请人收到投标邀请书后，应在申请人须知（前附表）规定的时间内以书面形式明确表示是否参加投标。在申请人须知（前附表）规定时间内未表示是否参加投标或明确表示不参加投标的，不得再参加投标。因此，造成潜在投标人数量不足3个的，招标人可重新组织资格预审或不再组织资格预审而直接招标。

7．申请人的资格改变

通过资格预审的申请人组织机构、财务能力、信誉情况等资格条件发生变化而使其不再满足第三章"资格审查办法"规定标准的，其投标不被接受。

（三）资格审查

1．资格审查方法

资格审查分为资格预审和资格后审两种形式。资格预审又可分为合格制和有限数量制两种办法，但两种办法各有相应的适用条件。

（1）合格制。

需要采用资格预审的工程项目一般情况下采用"合格制"，即凡是参与资格预审满足资格预审文件规定条件的申请人均获得投标资格，没有投标人数量的限制。

（2）有限数量制。

在资格预审准备工作时若估计该工程项目的投标人数量会比较多，为了减少评标工作量、缩短评标时间，可预先设定有效进入投标的投标人数量。采用有效数量制过程中，在资格预审文件中规定投标资格条件、标准和评审方法时，还要预先确定通过资格预审的投标申请人的数量，通过预审的投标人数量一般不少于3人。

2．资格审查标准

资格审查标准包括初步审查标准和详细审查标准（表 5.1）。

表 5.1 一般称为资格预审审查表，采用合格制时，通过表中 2.1 初步审查标准和表中 2.2 详细审查标准的内容进行审查；采用有限数量制时通过表 5.1 的所有内容进行审查，其中对表中 2.3 评分标准进行分值设置。

表 5.1 资格预审审查

条款号		条款名称	编列内容
1		通过资格预审的人数	
2		审查因素	审查标准
2.1	初步审查标准	申请人名称	与营业执照、资质证书、安全生产许可证一致
		申请函签字盖章	有法定代表人或其委托代理人签字或加盖单位章
		申请文件格式	符合第四章"资格预审申请文件格式"的要求
		联合体申请人	提交联合体协议书，并明确联合体牵头人(如有)
		⋮	⋮
2.2	详细审查标准	营业执照	具备有效的营业执照
		安全生产许可证	具备有效的安全生产许可证
		资质等级	符合第二章"申请人须知"第 1.4.1 条规定
		财务状况	符合第二章"申请人须知"第 1.4.1 条规定

续表 5.1

条款号	条款名称		编列内容
2.2	详细审查标准	类似条目业绩	符合第二章"申请人须知"第 1.4.1 条规定
		信誉	符合第二章"申请人须知"第 1.4.1 条规定
		项目经理资格	符合第二章"申请人须知"第 1.4.1 条规定
		其他要求	符合第二章"申请人须知"第 1.4.1 条规定
		联合体申请人	符合第二章"申请人须知"第 1.4.2 条规定
		⋮	⋮
2.3	评分标准	评分因素	评分标准
		财务状况	……
		类似项目业绩	……
		信誉	……
		认证体系	……
		⋮	⋮

3．审查程序

包括申请文件的初步审查、详细审查、申请文件的澄清以及有限数量制的评分等内容和规则。

（1）初步审查内容及审查标准。

主要是审查申请人的名称与营业执照、资质证书、安全生产许可证是否一致；审查申请文件是否有法人代表或其委托代表人签字、盖章；审查申请文件格式是否与资格预审文件规定的格式一致；审查联合体申请人资质是否分别符合要求，提交联合体协议书中是否明确联合体之间的责任分工；如有分包，应提交分包人的资信登记、人员和设备资料等。

未全部通过以上各项符合性检查的投标申请，其资格预审一律不通过，不能进入下一步的审查。

（2）详细审查内容及审查标准。

资格评审委员会对经初步评审通过的投标人进行下一阶段评审。主要审查的内容及标准如下：

① 营业执照。营业执照的营业范围是否包含招标项目的业务范围，营业执照是否有效。

② 资质证书。资质证书的专业与等级是否满足资格条件要求、是否有效。

③ 安全生产许可证。安全生产许可范围是否与招标项目一致，执业期是否有效。

④ 职业健康安全管理体系认证书。证书的认证范围是否与招标项目一致，执业期是否有效。

⑤ 质量管理体系认证书。证书的认证范围是否与招标项目一致，执业期是否有效。

⑥ 信誉。对申请人提供开设基本账户的银行开出的资信等级证明，申请人近年（3~5年）来发生的诉讼或仲裁情况、质量和安全事故、合同履行情况等资料进行审核，判定其是否满足预审文件规定的资格条件。

⑦ 类似项目业绩。根据申请人提供近年完成或正在完成的类似项目业绩的数量、质量、

规模、运行情况等资料，评判其是否具有类似项目的施工经验。资料包括申请人提供近年完成或正在完成的类似项目情况表（附中标通知书、合同协议书或工程竣工证明文件）以及正在施工的项目情况（附中标通知书、合同协议书）。

⑧ 项目经理和技术负责人的资格。审查项目经理和技术负责人的履历、任职、类似业绩、技术职称、职业资格等证明材料，评判其是否满足预审文件规定的资格、能力要求。

⑨ 财务状况。审查经会计师事务所或审计机构审计的近几年财务报表，包括资产负债表、现金流量表、损益表和财务情况说明书及银行授信额度。核实申请人的资产规模、营业收入、净资产收益率及盈利能力、资产负债率及偿债能力、流动资金比率、速动比率等抵御财务风险能力是否达到资格审查的标准。

⑩ 拟投入的机械设备。审核申请人拟投入的机械设备是否能满足招标项目工程施工的质量、技术、进度要求。

⑪ 联合体申请人。审核联合体协议中联合体牵头人与其他成员的责任分工是否明确；联合体各成员的资质等级是否符合要求；联合体各方有无单独或参加其他联合体对同一标段的投标。

⑫ 其他。

（3）资格预审申请文件的澄清。

在审查过程中，审查委员会可以书面形式要求申请人对所提交的资格预审申请文件中不明确的内容进行必要的澄清或说明。申请人的澄清或说明采用书面形式，且并不得改变资格预审申请文件的实质性内容。申请人的澄清和说明内容属于资格预审申请文件的组成部分。

（4）评分（仅用于有限数量制）的情况。

① 通过详细审查的申请人不少于3个且没有超过资格预审文件规定数量的，均通过资格预审，不再进行评分。

② 通过详细审查的申请人数量超过资格预审文件规定数量的，审查委员会依据资格预审文件评分标准进行评分，按得分由高到低的顺序进行排序。

4．审查结果

（1）提交审查报告。

审查委员会按照规定的程序对资格预审申请文件完成审查后，确定通过资格预审的申请人名单，并向招标人提交书面审查报告。

（2）重新进行资格预审或招标。

通过详细审查，申请人的数量不足3个的，招标人可重新组织资格预审或不再组织资格预审而直接招标。

5．工程建设项目概况

工程概况的内容应包括项目说明、建设条件、建设要求和其他需要说明的情况。

（1）项目说明。包括工程规模、建设任务（质量、工期）、项目批准或核准情况、项目业主、资金落实情况和来源、项目建设地点、计划工期、招标范围、标段等情况。

（2）建设条件。包括建设项目所处位置的水文气象条件、工程地质条件、地理位置及交通条件等。

(3) 建设要求。包括工程施工技术规范、标准要求、工程建设质量、进度、安全和环境管理等要求。

(4) 其他需要说明的情况。

二、资格预审文件格式

招标人为了使申请人提供统一的申请文件，以便于对申请文件进行审核，故一般制订统一格式，申请人按照统一的格式及要求填写即可。详见国家《标准资格预审文件范文》。

── 本章小结 ──

本章主要阐述工程资格审查的基本知识。资格审查的内容包括了申请人的资格、信誉、业绩、拟派项目经理、技术负责人及所配备的其他人员情况，财务状况，拟投入的机械、设备情况等。

资格预审文件一般包括资格预审公告、申请人须知、资格审查、资格预审申请文件格式、项目建设概况等几方面的内容。

资格审查主要包括资格预审和资格后审两种方式，两者内容一致，只是审查时间不同。本章着重阐述了资格预审的内容和评审标准及评审分值设置、评审程序。

习 题

一、简答题

1．工程施工资格预审的内容大致包括哪些？
2．资格预审一般在什么情况下采用？
3．资格预审的评审包括哪些形式，各有何特点？
4．资格预审程序包含哪几个步骤？

二、单项选择题

1．通过资格审查，选择资格能力、业绩、信誉优秀的潜在投标人参加投标，这体现的是资格审查的（   ）原则。

　　A．公平　　　B．合法　　　C．择优　　　D．科学

2．资格后审一般在评标过程中的（   ）阶段进行。

　　A．初步审查　　B．详细审查　　C．澄清　　　D．评审

3．通过详细审查，申请人的数量不足（   ）个的，招标人重新组织资格预审或不再组织资格预审而直接采用资格后审方式直接招标。

　　A．2　　B．3　　C．5　　D．10

4．下列对资格审查的程序排列正确的是（   ）。

① 组建资格审查委员会；② 出售资格预审文件；③ 编制资格预审文件；④ 资格预审文件的澄清、修改；⑤ 确定资格预审合格申请人。

　　A．③②④①⑤　　B．①⑤③②④　　C．①③②④⑤　　D．③①②④⑤

5．资格预审一般情况下应采用（　　）。
  A．有限数量制　　B．审批制　　C．随机抽取　　D．合格制
6．资格预审方法不适合（　　）的招标项目。
  A．技术难度较大　　　　　　B．投标文件编制费用较高
  C．潜在投标人数量不多　　　D．潜在投标人数量较多

三、多项选择题

1．工程资格预审文件的基本内容包括（　　）。
  A．招标公告　　　B．项目概况与招标范围　　C．申请人须知
  D．申请人资格要求　　E．资格审查办法
2．在资格审查程序中，详细审查是审查委员会对通过初步审查的申请人的资格预审申请文件进行审查。详细的审查因素和标准包括（　　）。
  A．营业执照　　B．企业资质等级和生产许可　　C．申请函签字盖章
  D．财务状况　　E．类似项目业绩

四、案例题

背景：某市政道路工程采用工程施工公开招标，招标人通过资格预审的方式择优选择潜在投标人，但由于经资格审查合格的投标申请人过多，为了提高工作效率，招标人只从中选择了7家预审合格的申请人，向其发出资格预审合格通知书。

问题：资格预审文件的内容包括哪些？

案例鉴赏

通过本案例鉴赏，同学们可以进一步加深对工程施工资格审查文件评标办法的具体内容、评标因素及评标标准的设置的理解。

背景：某大型建筑工程，招标人根据工程的特点，经建设行政主管部门的批准，施工招标采用资格预审的方式选择投标人，并委托招标代理机构编制资格预审文件。招标代理机构按照国家《标准资格预审文件范文》结合工程实际编制了资格预审文件，评审方法采用有限数量制，其评审标准摘录如下，以供同学们借鉴。

本工程资格预审采用有限数量制，评审因素及评审标准见表5.2。

表5.2　资格预审审查

条款号		条款名称	编列内容
1		通过资格预审的人数	
2		审查因素	审查标准
2.1	初步审查标准	申请人名称	与营业执照、资质证书、安全生产许可证一致
		申请函签字盖章	有法定代表人或其委托代理人签字或加盖单位章
		申请文件格式	符合第四章"资格预审申请文件格式"的要求
		联合体申请人	提交联合体协议书，并明确联合体牵头人(如有)
		⋮	⋮

续表 5.2

条款号	条款名称		编列内容
2.2	详细审查标准	营业执照	具备有效的营业执照
		安全生产许可证	具备有效的安全生产许可证
		资质等级	与资格预审前附表要求一致
		财务状况	与资格预审前附表要求一致
		类似项目业绩	与资格预审前附表要求一致
		信誉	与资格预审前附表要求一致
		项目经理资格	与资格预审前附表要求一致
		其他要求	与资格预审前附表要求一致
		联合体申请人	
		⋮	⋮
2.3	评分标准	评分因素	评分标准
		财务状况	……
		类似项目业绩	……
		信誉	……
		认证体系	……
		⋮	⋮

注：

2.3 评分标准：总分 100 分，具体分值构成如下：

1．资信证明（22 分）

1.1 工商局授予重合同守信用证书（12 分）（__近 2__ 年以来）。

(1) 获国家级工商行政管理总局授予"重合同守信用企业"得 12 分；

(2) 获省级工商行政主管部门授予"重合同守信用企业"得 9 分；

(3) 获地级市工商行政主管部门授予"重合同守信用企业"得 6 分；

(4) 获县级工商行政主管部门授予"重合同守信用企业"得 4 分。

取其中一项最高分。

1.2 银行资信等级（满分 5 分）。

获得 AAA 得 5 分；获得 AA 得 3 分；获得 A 得 2 分。

1.3 认证体系（共 5 分）。

具有 ISO 质量管理体系认证得 3 分；具有环境管理体系认证加 1 分；具有安全管理体系认证加 1 分。

2．申请人业绩及经验（满分 25 分）

2.1 施工业绩（15 分）（__近 3__ 年以来）。

(1) 获得国家级奖项工程得 15 分。

(2) 获得省级以上优良样板工程或双优工地奖项得 10 分。

(3) 获得市级优良样板工程或双优工地奖项得 8 分。
(4) 文明安全施工受到建设主管部门表彰得 3 分。
取其中一项最高分。

2.2 施工经验（10 分）(__近 5__ 年度以来)。
(1) 曾承担过同类工程合同额在 1 000 万元以上（含 1 000 万）工程项目，每项加 3 分。
(2) 曾承担过同类工程合同额在 300～1 000 万元工程项目，每项加 1 分。(本项累计得分不超过 10 分)

3. 项目经理（12 分）(__近 5__ 年以来)
3.1 业绩（5 分）。
(1) 担任项目经理时获得省优良样板工程或省双优工地以上得 5 分。
(2) 担任项目经理时获得市优良样板工程或市双优工地以上得 3 分。
(3) 担任项目经理时没有发生重大事故得 1 分。
取其中一项最高分。

3.2 经验（4 分）。
(1) 具备一级建造师职称得 4 分。
(2) 具备二级建造师职称得 2 分。
　　取其中一项最高分。

3.3 荣誉（3 分）
(1) 获得省优秀建造师。(3 分)
(2) 获得市优秀建造师。(2 分)
取其中一项最高分。

4. 技术负责人经验（共 8 分）(__近 5__ 年以来)
4.1 技术负责人具备高级工程师职称得 4 分，具备中级工程师职称得 2 分，具备助理工程师职称得 1 分。
4.2 技术负责人在_____年度以来曾担任合同价在 1 000 万以上的市政道路工程项目，每项加 2 分（共 4 分）。

5. 财务状况（15 分）
根据提供的财务报表，企业生产经营正常（__近 3__ 年以来）。
(1) 2006 年度营业额在 2 亿及以上，负债率小于 40%，财务状况优秀。(最低分 11 分，区间内负债率每降低超过 5%加 1 分，最高得分为 15 分)
(2) 2006 年度营业额在 1.2 亿及以上，负债率在 40%～60%，财务状况良好。(最高分 11 分，区间内负债率每升高超过 5%扣 1 分)
(3) 2006 年度营业额在 5 000 万及以上，负债率在 60%～80%，财务状况一般。(最高分 7 分，区间内负债率每升高超过 5%扣 1 分)
(4) 5 000 万以下，财务状况一般，得 3 分。

6. 设备配置、人员配备评价（满分 18 分，优 18 分、良 15 分、中 8 分、差 4 分）
6.1 评分标准。
优：机械设备配备先进，数量、型号合理，完全能满足施工的需求。班子人员齐备，搭配合理，管理科学，职责分工清晰，施工经验十分丰富，能够完全满足本工程在施工管理中对进度、质量控制以及调整工作的需要。

良：机械设备配备齐全，数量、型号较合理，满足施工的需求。班子人员齐备，搭配较为合理，管理相对科学，有较好的职责分工，施工经验丰富，能够满足本工程在施工管理中对进度、质量控制以及调整工作的需要。

中：机械设备配备普通、简陋，数量、型号基本合理，基本能满足施工的需求。班子人员齐备，搭配基本合理，管理一般化，有施工经验，协调、配合能力一般，基本能满足本工程在施工管理中对进度、质量控制以及调整工作的需要。

差：机械设备配备欠缺，数量不够、型号不合理，不能满足施工的需求。班子人员不齐备，没有管理经验，施工经验欠缺，协调、配合能力不强，不能满足本工程在施工管理中对进度、质量控制以及调整工作的需要。

6.2 评委评分。

评委1、评委2、评委3、评委4、评委5……取各评委评分算术平均值得分。

7．合计（1~6项合计得分，满分100分）

2.4 确定合格申请人

当资格预审申请人通过"资格预审审查表"2.1、2.2相关条款审核后，评审专家按照2.3的评分标准进行量化评分，合计综合得分并按从高到低顺序编号排列。招标人按照高分到低分的顺序录取满足预先确定的投标人家数为止，然后向资格预审合格的投标人发出申请合格通知书，邀请其参加投标。

第六章　建设工程施工招标

学习目标

通过本章学习,熟悉工程项目施工招标的有关规定,熟悉施工招标文件的组成内容;掌握工程项目"施工招标文件"的编写方法,掌握评标因素和评标标准的确定。

能力目标

通过本章节教学,使学生具备编制施工招标文件的基本能力,以及组织办理工程施工招标的基本能力。

第一节　招标文件的相关知识与规定

一、招标文件概念

招标文件是招标人向潜在投标人发出的邀请文件,是告知投标人招标项目的招标范围、标段、数量、评标标准与方法、合同条款等条件和实质性要求的具有法律约束的文件。

二、招标文件的有关知识与规定

1．招标文件的编制

《招标投标法》规定:招标人应当根据相关法律、法规及项目的特点和需要(如质量、进度、造价)编制招标文件。招标文件应当包括招标项目的规模、招标范围、技术要求、对投标人资格要求和审查的标准、投标报价要求和评标标准等所有实质性要求和条件以及拟签订合同条款。

《招标投标法》规定:招标项目需要划分标段、确定工期的,招标人应当合理划分标段、确定工期,并在招标文件中给予载明。由于工期是影响工程价格的重要因素之一,也是违约延误工期罚款的唯一重要依据,因此按合理工期要求及项目按期、按质完成实际情况确定工期。

《招标投标法》第二十条规定:招标文件不得要求或者标明特定的生产供应者以及含有倾向或者排斥潜在投标人的其他内容。

招标项目的技术规格除有国家强制性的标准外,一般应采用国际或国内公认的标准。各项技术规格均不得要求或者标明某一特定的生产厂家、供货商、施工单位或注明某一特定的商标、名称、专利、设计及原产地。

2．招标文件的备案

《房屋建筑和市政基础设施工程施工招标投标管理办法》规定：依法必须进行公开招标的工程，招标人编制好招标文件后，必须送建设行政监督主管部门备案，经建设行政监督主管部门备案后，才能发布招标公告和发售招标文件。建设行政监督主管部门发现招标文件有违反法律法规内容的，应当责令招标人修正。

3．发售招标文件

《房屋建筑和市政基础设施工程施工招标投标管理办法》规定：招标人对于发出的招标文件可以收取工本费，但不得以盈利为目的。其中的设计文件，可以收取押金，但对于开标后将设计文件退还的，招标人应当如数退还押金。招标文件自发售之日起至停止发售文件的时间不得少于5个工作日。

投标申请人收到招标文件、图纸有关资料后，应认真核对无误后，以书面形式予以确认。

4．招标文件的澄清或修改

《招标投标法》规定：招标人对已发出的招标文件进行必要的澄清或者修改的，应当在要求提交投标文件截止时间至少15天前，以书面形式通知所有招标文件收受人。该澄清或者修改的内容，作为招标文件的组成部分，具有同等法律效力。

《房屋建筑和市政基础设施工程施工招标投标管理办法》第二十四条规定：投标人对招标文件有疑问需要澄清的，应当以书面形式向招标人提出。

招标人对招标文件进行必要的澄清或者修改的，应当遵守以下三方面的规定。

（1）应当在要求提交投标文件截止时间至少15天前，将需要澄清和修改的内容通知招标文件收受人。招标文件规定的截标时间也是可以修改的，因此，如果招标人发出修改或澄清的通知太晚，则招标人应对提交投标文件截止日期做相应修改，以推迟提交投标文件截止日期。

（2）招标人对已发出的招标文件进行必要的澄清或者修改的，应当以书面形式通知所有招标文件收受人。所谓书面形式，是指以文字形成书面文件的方式（包括信件、电报、传真等形式），而不能以口头形式通知（如以电话形式通知）。

（3）招标人对于已发出的招标文件所进行的澄清或者修改的内容视为招标文件的组成部分，与已发出的招标文件具有同等的效力。这里讲的"澄清"，是指对于招标文件中内容不清楚、含义不明确的地方做出书面解释，使招标文件的收受人能够准确理解招标文件中有实内容的含义。招标人可以根据投标人的要求，对招标文件做出澄清，也可以对自己认为需要澄清的内容主动加以澄清。

5．招标人对投标人编制投标文件所需时间的确定

《招标投标法》规定：招标人应当确定投标人编制投标文件所需要的合理时间。依法必须进行招标的项目，自招标文件开始发出之日起至提交投标文件截止之日止，最短不得少于20天。

三、合同条款

根据建设工程公开招投标的特点，招标人已根据工程项目的特点、性质、要求事先拟订

好合同条款，而投标人只能响应合同的具体条款要求，如潜在投标人认为无法接受合同有关条款时，可以放弃投标；招标人在制订、策划合同时，应以不违反国家相关法律、法规要求为前提，充分考虑工程的实施条件，按照市场的运行规则、实际情况进行拟定，其中双方的权利和义务要平等，以双赢的方式完成项目建设。

建设工程合同文本构成招标文件的一部分，合同文件一般以《施工合同示范文本》为基础，由"协议书、通用条款、专用条款"组成。

第二节 施工招标文件

一、招标文件的内容

根据《标准施工招标文件》（以下简称《标准文件》）范文，组成招标文件的主要内容包括封面格式和四卷共八章内容。

第一卷包括第一章至第五章，涉及内容有招标公告、投标人须知、合同条款及格式、工程量清单等内容。

第二卷只包含第六章，涉及内容有图纸及相关技术文件。

第三卷只包含第七章，涉及内容有技术标准和要求。

第四卷只包含第八章，涉及内容有投标文件格式。

二、各组成部分的具体内容

（一）封面格式

《标准文件》封面格式包含：项目名称、标段名称（如有）、"招标文件"标志、招标人名称和单位印章、时间。

（二）第一卷内容

第一章 招标公告

招标公告分为两节。第一节为未进行资格预审的招标公告，适用于不采用资格预审的方式或采用资格后审的方式进行公开招标投标的工程项目。

第二节为已进行资格预审的投标邀请书（代资格预审通过通知书）。

第二章 投标人须知

投标人须知是招投标活动过程中当事主体必须遵循的程序规则和对投标的要求。投标须知包含投标人前附表、正文和附表等内容。

（一）投标人前附表

把投标人须知中的关键内容和数据摘要列成表格，这样有利于投标人迅速掌握投标须知主要关键内容，并起到强调作用；同时，把须在投标须知正文中说明的内容交由前附表具体约定。

（二）投标须知正文

投标须知正文由总则、招标文件、投标文件、投标、开标、评标、合同授予、重新招标和不再招标、纪律和监督、需要补充的其他内容等组成。

1．总则

（1）工程项目概况。

应说明工程项目已具备的招标条件，包括项目招标人、招标代理机构、项目名称、建设地点、项目建设规模、项目工程报价方式及投标最高报价值等内容。

（2）资金来源情况。

应说明项目的资金来源、出资比例、资金落实情况。

（3）计划工期。

计划工期应根据工程的施工范围、规模，按照常规施工方法，依据国家、省工期定额合理确定。

（4）投标人资格要求。

如果是已进行资格预审的，投标人应是收到招标人发出投标邀请书的符合资格预审条件的申请人。如果是未进行资格预审的，投标人应具备承担本标段施工的资质条件、能力和信誉的潜在投标人。文中还应标明是否接受联合体投标，如果接受联合体投标的，应说明联合体投标的具体要求。

（5）费用承担。

投标人为准备和参加投标活动发生的费用承担责任。

（6）保密。

要求参与招标投标活动的各方应对招标文件和投标文件中的商业和技术等秘密保密，违者应对由此造成的后果承担法律责任。

（7）语言文字。

除专用术语外，均使用中文。

（8）计量单位。

所有计量均采用中华人民共和国法定计量单位。

（9）踏勘现场。

招标人根据项目具体情况可以组织踏勘现场。招标人按规定的时间、地点组织投标人踏勘项目现场，向其介绍工程场地和相关环境的有关情况。但招标人不能单独或分别组织某些投标人踏勘项目现场。

（10）投标预备会（又称标前会议）。

是否召开投标预备会，以及投标预备会如何举行，由招标人根据具体情况确定。招标预备会主要是解答投标人对招标文件、现场踏勘提出的疑问。投标人的疑问必须用书面的形式（包括信函、电报、传真等可以有形地表现所载内容的形式），招标人的解答也必须以书面的形式为准。

（11）分包。

由招标人根据工程具体特点来确定是否允许分包。如允许分包，明确分包内容、分包金额和接受分包的第三人资质要求等限制性条件。

（12）偏离。

《评标委员会和评标方法暂行规定》中允许投标文件偏离招标文件某些要求的偏差。招标人应当设定偏离范围和幅度。

2．招标文件

招标文件是对招投标活动具有法律约束力的主要文件。在投标人须知中，应当明确招标文件的组成及招标文件的澄清和修改。

2.1 招标文件的组成

（1）招标公告（或投标邀请书）；

（2）投标人须知；

（3）评标办法；

（4）合同条款及格式；

（5）工程量清单；

（6）图纸；

（7）技术标准和要求；

（8）投标文件格式；

（9）投标人须知前附表规定的其他材料，如地勘报告。

2.2 招标文件的澄清与修改

投标人对招标文件如有疑问，可以以书面形式要求招标人对招标文件予以澄清或修改。

招标人对招标文件进行必要的澄清与修改，应当以书面形式在提交投标文件截止时间前15天内向所有投标人发送，但不指明澄清问题的来源。

投标人在收到澄清后，应在规定的时间内以书面形式通知招标人，确认已收到该澄清。

招标文件的澄清、修改、补充等内容均以明确的书面形式内容为准。当招标文件澄清、修改、补充等在同一内容的表述上不一致时，以最后发出的书面文件为准。

招标文件的澄清与修改构成招标文件的组成部分。

3．投标文件

投标文件是投标人响应招标文件的条件和实质性要求，向招标人发出的应约文件。招标人应在投标人须知中明确投标文件的组成、投标报价、投标保证金、资格审查资料、备选投标方案、投标文件的编制等要求。

3.1 投标文件的组成

投标文件由投标函部分、技术与商务报价部分和经济标电子标书三部分组成。

（1）投标函部分。

① 投标函及投标函附录；

② 法定代表人身份证明书或附有法定代表人身份证明的授权委托书（法定代表人参加无需提供委托书）；

③ 投标担保证明；

④ 申请人基本情况表；

⑤ 联合体协议书；

⑥ 项目管理机构配备情况表；

⑦ 建造师简历表；

⑧ 项目技术负责人简历表；

⑨ 专职安全生产管理人员简历表;
⑩ 拟分包项目情况表。
(2) 技术与商务报价部分。
① 技术部分。技术部分主要包括施工组织设计(投标人施工管理架构、施工建议方案)。对于一般常规的工程项目,因具有成熟的施工工艺、管理经验,因此,招标时一般不把技术部分作为评标条件,但开工前,施工单位仍然需要编制施工组织设计。

② 商务报价部分。商务报价部分主要包含:
a. 投标报价说明;
b. 投标报价总表;
c. 单项工程费用汇总表;
d. 单位工程费汇总表;
e. 主要材料价格表;
f. 分部分项工程量清单计价表;
g. 措施项目清单计价表;
h. 其他项目清单计价表。

(3) 经济标电子标书。
为了有利于评标和加快评标速度,一般采用电子评标系统,以便做到评标的更加公平、公正,投标人应随同纸质投标文件附电子标书。

3.2 投标报价

投标报价是投标人获取利润最大化的期望值。投标报价应按第五章"工程量清单"的要求填写相应表格。

3.3 投标有效期

投标有效期是指从投标截止时间起至招标人完成招标和签订合同工作所需的持续时间。
对于投标有效期的有关事项规定:

(1) 投标有效期的时间长度:应满足招标、开标、评标、定标和招标人与中标人签订合同所需时间。评标和定标活动应当在投标有效期结束日 30 个工作日前完成。

(2) 投标有效期的延长。招标过程中,招标人可以根据具体需要而延长投标有效期,并应以书面的形式通知投标人延长的投标有效期。投标人须以书面形式予以答复,若投标人同意延长,应相应延长投标保证金的有效期,但不得修改或撤销其投标文件;若投标人不同意延长,其投标文件失效,招标人有权收回投标保证金。

(3) 在投标有效期内,投标人不得要求修改或撤销其投标文件,否则其投标保证金将被没收。

(4) 同意延长投标有效期的投标人少于 3 个的,招标人应当重新招标。

(5) 非不可抗力因素,招标人延长投标有效期造成投标人损失的,招标人应当给予补偿。《工程建设项目勘察设计招标投标办法》第 46 条规定,招标文件规定给予未中标人补偿的,拒绝延长的投标人有权获得补偿。

3.4 投标保证金

投标保证金是为了维护招标人的利益,避免投标人投标后随意撤回、撤销投标或随意变更应当承担的义务给招标人造成损失,要求投标人提交的担保金。

投标人应按照投标文件规定的形式、时间和金额随投标文件一并送交招标人，并作为投标文件的一部分。

在招标文件中一般对投标保证金作出相关规定：

3.4.1 投标保证金形式。一般形式有：银行汇票、银行或保险公司或担保公司提供的保函、银行转账支票、现金支票等。

3.4.2 投标保证金额度。投标保证金一般为预计合同金额的2%，但不得超过80万元。

3.4.3 投标保证金期限。一般比投标有效期多30天。

3.4.4 对未能按要求提交投标保证金的投标作废标处理；其他废标条件同样要作出详细说明。例如凡是符合下列条件之一的投标可作废标处理：

(1) 投标人在规定的投标有效期内撤销或修改其投标文件；

(2) 中标人放弃中标资格；

(3) 投标人在投标过程中有违反招投标法律、法规行为的；

(4) 中标人未能在规定期限内提交履约担保或签订施工合同协议。

另外，招标人对投标保证金退还条件和时间也要作出规定。

3.5 资格审查资料

资格审查资料的提供可分为已经进行资格预审的和未进行资格预审的。

3.5.1 已进行资格预审。已进行资格预审的资格审查资料又可分为两种情况：

(1) 提交投标文件时投标人的资格与资格审查阶段的审查资格没有变化的，可以不再提交审查资料。

(2) 提交投标文件时投标人的资格与资格审查阶段的审查资格有变化，应按新情况更新或补充其在申请资格预审时提供的资料，以证实其各项资格条件仍能继续满足资格预审文件的要求，具备承担本标段施工的资质条件、能力和信誉。

3.5.2 项目未进行资格预审的，则按照资格审查阶段审查资格所需资料提交。

3.6 备选投标方案

如果招标文件允许提交备选方案的，投标人提交竞争投标文件方案时可以另外提交备选方案。备选方案应是既对招标人有利，也要对投标人有利的双赢方案。

只有中标人所递交的备选投标方案评标委员会才给予评审，当备选投标方案优于其按照招标文件要求编制的投标方案的，招标人可以接受该备选投标方案。

3.7 投标文件的编制

招标人对投标人提供的投标文件应作出具体要求，以便于评标委员会按照统一标准进行评标。一般应提出以下要求：

3.7.1 投标文件格式要求。

3.7.2 语言要求。

3.7.3 投标文件实质性响应。投标文件应当对招标文件有关工期、投标有效期、质量要求、技术标准和要求、招标范围等实质性内容作出响应。

3.7.4 打印、装订。

3.7.5 投标文件的签署。

3.7.6 份数要求。

3.7.7 电子标书要求。

4．投标

投标主要是规定投标文件的密封和标记、投标文件的递交（递交投标文件的截止时间、地点）、投标文件的修改与撤回等内容。

5．开标

说明开标时间和地点、开标程序等。

主持人按下列程序进行开标：

（1）宣布开标纪律；

（2）公布在投标截止时间前递交投标文件的投标人名称，并确认投标人是否派人到场；

（3）宣布开标人、唱标人、记录人、监标人等有关人员姓名；

（4）按照投标人须知前附表规定检查投标文件的密封情况；

（5）按照投标人须知前附表的规定确定并宣布投标文件开标顺序；

（6）按照宣布的开标顺序当众开标，宣读投标人名称、投标价格和投标文件的其他主要内容及开标记录表中的其他必要内容，并记录在案；

（7）投标人代表、招标人代表、监标人、记录人等有关人员在开标记录上签字确认；

（8）开标结束。

6．评标

主要是对评标委员会的组成、评标原则、评标办法等作出规定。

（1）评标委员会由招标人或其委托的招标代理机构熟悉相关业务的代表，以及有关技术、经济等方面的专家组成。评标委员会的成员总数为 5 人单数以上，其中技术、经济等方面的专家不少于成员总数的 2/3。

（2）评标活动遵循公平、公正、科学和择优的原则。

（3）评标办法。主要包括选择评标方法、确定评审因素和标准以及确定评标程序等内容。具体见本章第三节。

7．合同授予

主要是对定标方式、中标通知、签订合同、履约担保等内容作出相应的规定说明。

7.1 定标方式

招标人依据评标委员会推荐的中标候选人确定中标人，招标人也可委托评标委员会直接确定中标人。必须招标的工程招标项目，评标委员会一般按照最后评标的分值从高到低取前三名，招标人应选择排名第一的中标候选人为准中标人。

7.2 中标通知

中标人确定后，待公示（公示时间 3 个工作日）无异议后，准中标人即成为正式中标人。招标人于中标人确定后的 7 天内向中标人发出中标通知书。招标人在发出中标通知书的同时，将中标结果以书面形式或电话形式通知所有未中标的投标人。

7.3 签订合同

（1）招标人与中标人将于中标通知书发出之日起 30 日内，按照招标文件和中标人的投标文件订立书面工程施工合同，招标人和中标人不得再行订立背离合同实质性内容的其他协议。

（2）中标人无正当理由拒签合同的，招标人将取消其中标资格，其投标保证金不予退还；给招标人造成损失超过投标保证金数额的，中标人还应当对超过部分予以赔偿。

（3）发出中标通知书后，招标人无正当理由拒签合同的，招标人向中标人退还投标保证金;给中标人造成损失的,还应当赔偿损失。

(4) 有关规定

① 《招标投标法》规定:"依法必须进行招标的项目,招标人应当自确定中标人之日起15日内,向有关行政监督部门提交招标投标情况的书面报告。"

② 当事人双方签订书面合同后7日内,中标人应当将合同送工程所在地的县级以上人民政府建设行政主管部门备案。

7.4 履约担保

(1) 合同协议书签署后5天内,中标人应按规定的金额、担保形式和招标文件规定的履约担保格式向招标人提交履约担保。联合体中标的,其履约担保由牵头人递交,并按规定的金额、担保形式和规定的履约担保格式要求提交。

(2) 中标人不能按要求提交履约担保的,视为放弃中标,其投标保证金不予退还;给招标人造成损失超过投标保证金数额的,中标人还应当对超过部分予以赔偿。

8. 重新招标和不再招标

8.1 重新招标

根据《评标委员会和评标办法暂行规定》第二十七条,有下列情形之一的,招标人将重新招标:

(1) 投标截止时间止,投标人少于3个的;

(2) 经评标委员会评审后合格的投标人少于3个的。

8.2 不再招标

重新招标后投标人仍少于3个或者所有投标被否决的、属于必须审批或核准的工程建设项目,经原审批或核准部门批准后不再进行招标。

9. 纪律和监督

主要是依据《招标投标法》及相关规定,对招标活动主体的纪律要求和投诉监督。

9.1 对招标人的纪律要求

招标人不得泄漏招投标活动中应当保密的情况和资料,不得与投标人串通损害国家利益、社会公共利益或者他人合法权益。

9.2 对投标人的纪律要求

投标人不得相互串通投标或者与招标人串通投标,不得向招标人或者评标委员会成员行贿谋取中标,不得以他人名义投标或者以其他方式弄虚作假骗取中标;投标人不得以任何方式干扰、影响评标工作。

9.3 对评标委员会成员的纪律要求

评标委员会成员不得收受他人的财物或者其他好处,不得向他人透漏对投标文件的评审和比较、中标候选人的推荐情况以及评标有关的其他情况。

9.4 对与评标活动有关的工作人员的纪律要求

与评标活动有关的工作人员不得收受他人的财物或者其他好处,不得向他人透漏对投标文件的评审和比较、中标候选人的推荐情况以及评标有关的其他情况。在评标活动中,与评标活动有关的工作人员不得擅离职守,影响评标程序正常进行。

9.5 投诉

投标人和其他利害关系人认为本次招标活动违反法律、法规和规章规定的,有权向有关行政监督部门投诉。

10．需要补充的其他内容等组成

（三）附表

附表通常有：附表一：开标记录表；附表二：问题澄清通知；附表三：问题的澄清；附表四：中标通知书；附表五：中标结果通知书；附表六：确认通知等。

附表一　XXX 开标记录

开标时间：　　　年　　月　　日时分

序号	投标人	送达情况	密封情况	投标报价/元	是否超过投标控制价上限	备注	签名
招标控制价				_____元			

招标人代表：_____　记录人：_____　监标人：_____

____年___月___日

附表二　问题澄清通知

编号：

_____（投标人名称）：

_____（项目名称）_____标段施工招标的评标委员会，对你方的投标文件进行了仔细的审查，现需你方对下列问题以书面形式予以澄清：

1．

2．

……

请将上述问题的澄清于____年___月___日时前递交至_____（详细地址）或传真至_____（传真号码）。采用传真方式的，应在____年___月___日时前将原件递交至_____（详细地址）。

×××招标评标委员会
招标人：_____（盖单位章）
____年___月___日

附表三　问题的澄清

编号：

_____（项目名称）_____标段施工招标评标委员会：

问题澄清通知（编号：_____）已收悉，现澄清如下：
1.
2.
……

              投标人：_____（盖单位章）

              法定代表人或其委托代理人：_____（签字）

                   ___年___月___日

附表四 中标通知书

_____（中标人名称）：

  你方于_____（投标日期）所递交的_____（项目名称）_____标段施工投标文件已被我方接受，被确定为中标人。

  中标价：_____元。

  工期：_____日历天。

  工程质量：符合_____标准。

  项目经理：_____（姓名）。

  项目总工：_____（姓名）。

  请你方在接到本通知书后的_____日内到_____（指定地点）与我方签订施工承包合同，在此之前按招标文件第二章"投标人须知"第7.3款规定向我方提交履约担保。

  特此通知。

              招标人：_____（盖单位章）

              招标代理人：_____（盖单位章）

              招标中心：_____（盖单位章）

                   ___年___月___日

附表五 中标结果通知书

_____（未中标人名称）：

  我方已接受_____（中标人名称）于_____（投标日期）所递交的_____（项目名称）_____标段施工投标文件，确定_____（中标人名称）为中标人。

  感谢你单位对我们工作的大力支持！

招标人：_____（盖单位章）

招标代理人：_____（盖单位章）

____年___月___日

附表六 确认通知

_____（招标人名称）：

我方已接到你方____年___月___日发出的_____（项目名称）_____标段施工招标关于_____的通知，我方已于____年___月___日收到。

特此确认。

投标人：_____（盖单位章）

____年___月___日

第三章 评标办法

评标办法是评标委员会的评标专家在评标过程中对所有投标文件的评审依据，评标委员会不能采用招标文件中没有标明的方法和标准进行评标。

评标办法的内容主要包含选择评标方法、确定评标因素和标准、确定评标程序等。

一、选择评标方法

评标方法一般包括"经评审的最低投标价法"、"综合评估法"和法律、行政法规规定的其他评标方法。实践中通常采用的评标方法详见"附录 招标评标定标办法"。

1．经评审的最低投标价法

适用范围：一般适用于具有通用技术、性能标准或者招标人对其技术、性能没有特殊要求，工程质量、工期、成本受施工技术管理方案影响较小的招标项目。

中标条件：能够满足招标文件的实质性要求，并且经评审的最低投标价的投标，推荐为中标人，但该投标价不低于投标人的个别成本。

采用经评审的最低投标价法，评标委员会对报价进行评审时，特别是对报价明显较低的或者在设有标底时明显低于标底的，必须经过质疑、答辩的程序，或要求投标人提出相关说明资料，以证明具有实现低标价的有力措施，保证方案合理可行且不低于投标人的个别成本。

2．综合评估法

适用范围：一般适用于工程技术复杂、专业性较强、工程项目规模较大、履约工期长、工程施工技术管理方案的选择性较大，且工程质量、工期、成本受施工技术管理方案影响较大的招标项目。

中标条件：最大限度地满足招标文件中规定的各项综合评价标准的投标应当推荐为中标候选人，但投标价格低于个别成本的除外。

采用综合评估法的，投标人经过充分考虑衡量后，需要编制施工组织建议方案及按照工程量清单进行报价、提供技术标书和经济报价。投标文件是否最大限度地满足招标文件中规定的各项评价标准，需要将报价、施工组织设计（施工方案）、质量保证、工期保证、业绩与信誉等评价因素赋予不同的权重，用打分的方法或折算货币的方法，计算出总得分，评出中标人。需要量化的因素及其权重应当在招标文件中明确规定。

二、确定评审因素和标准

评审因素和标准包括：初步评审因素及其标准、详细评审因素及其标准两部分内容。招标文件应针对初步评审和详细评审分别制订相应的评审因素和标准。

（一）初步评审因素和标准

主要由形式评审因素及其标准、资格评审因素及其标准、响应性评审因素及其标准组成。

1．初步评审因素及其标准

初步评审因素及其标准具体内容在招标文件中可以用"评标办法前附表"标明。其中，资格评审因素及其标准适用于未进行资格预审的情况（表6.1）。

表6.1 初步评审因素及其标准评标办法前附表

条款号	评审因素		评审标准
1	形式评审标准	投标人名称	与营业执照、资质证书、安全生产许可证一致
		投标函签字盖章	有法定代表人或其委托代理人签字或加盖单位章
		投标文件格式	符合"投标文件格式"的要求
		联合体投标人	提交联合体协议书，并明确联合体牵头人（如有）
		报价唯一	只能有一个有效报价
		……	……
2	资格评审标准	营业执照	具备有效的营业执照
		安全生产许可证	具备有效的安全生产许可证
		资质等级	符合"投标人须知"规定
		建造师(项目经理)	符合"投标人须知"规定
		其他要求	符合"投标人须知"规定
		联合体投标人	符合"投标人须知"规定（如有）
		……	……
3	响应性评审标准	工期	符合"投标人须知"规定
		工程质量	符合"投标人须知"规定
		投标有效期	符合投标人须知"规定
		投标保证金	符合"投标人须知"规定
		已标价工程量清单	符合"工程量清单"给出的范围及数量
		……	……

2. 采用经评审的最低投标价法的初步评审因素及其标准还应包括工程施工组织设计和项目管理人员（属于技术部分）。其具体评审因素和标准包括：

(1) 施工部署的完整性、可行性。

(2) 施工方案和施工工艺的针对性、可行性。

(3) 工程质量管理体系与措施的可靠性；工程进度计划与措施的可靠性；安全管理体系、环境管理体系与措施的可靠性。

(4) 施工机械设备配置的数量、性能和匹配性。

(5) 劳动力配置的适应性。

(6) 项目管理机构主要负责人的任职资格与业绩。

上述初步评审因素及其标准属于定性评审，投标文件的任意一项不符合评审标准均不能进入下一步的详细评审，投标文件作废标处理。所以，招标人对初步评审因素及其标准的设置要作慎重考虑，投标人要针对招标文件中的初步评审因素及其标准作响应性填制，以杜绝投标文件因对招标文件的实质性响应不够而遭废标处理。

(二) 详细评审因素和标准

1. 经评审的最低投标价法的详细评审因素和标准

主要是投标人投标报价的总价和分项单价的竞争合理性、平衡性以及报价内容的范围是否存在遗漏、偏离、低于其成本等；同时，按照招标文件规定对可以量化的价格因素按标准折算计算评标价。最后，按照评标价由低到高排序，依次推荐1~3名中标候选人，或者根据招标人授权评标委员会直接确定中标人。

2. 综合评估法的详细评审因素和标准

采用综合评估法时，招标人应科学设置评审内容及评审因素，然后根据工程的技术管理特点和投标竞争情况合理设置评审因素的权重和标准。最后，采用评分或货币量化方法对投标人及投标文件进行综合评审。评标委员会按照综合评估分从高到低的排名次序推荐1~3名中标候选人，或者根据招标人授权直接确定中标人。

2.1 详细评审因素和标准

采用综合评估法通常从投标报价、项目管理机构、施工组织设计、投标人基本情况等内容进行评审和量化评价。

(1) 投标报价。

① 按照工程量清单及其他要求统一范围及口径；

② 分析工程量清单分项单价的完整性、合理性；

③ 按照招标文件约定的方法、标准、权重计算评标基准价，对投标人的报价进行评分。

(2) 项目管理机构。

① 项目经理、技术负责人任职资格与业绩；

② 项目管理其他成员的任职资格、业绩与专业结构。

(3) 施工组织设计。

① 施工部署的完整性、合理性；

② 施工方案和施工工艺的针对性、可行性；

③ 工程质量管理体系与措施的可靠性；

④ 工程进度计划与措施的可靠性，安全管理体系、环境管理体系与措施的可靠性；

⑤ 文明施工和文物保护体系及保障措施；
⑥ 施工机械设备配置的数量、性能和匹配性；
⑦ 劳动力配置的适应性；
⑧ 其他技术支持体系；
⑨ 其他因素。

企业注册资本、净资产、资产负债率、现金流量及银行授信状况等财务能力；企业已有类似项目业绩的数量、规模和质量评价、履约信誉、政府或行业的诚实信用评价等。

2.2 投标报价评审设置原理

投标报价在综合评分法中占的权重值较大，故在招标文件中首先要确定评标基准价的计算方法。所谓评标基准价，就是在本次招标中视为最合理的报价，其报价评分值为满分，偏离该基准价的投标报价将按照设定的规则依次扣分。

（1）评标基准价的计算。

有效投标报价去掉一个最高值和一个最低值后的平均值（当投标有效报价少于5个时，取全部的平均值）；或该平均值再乘以一个合理下降系数，最后得出本标段的评标基准价。

（2）有效投标报价。

在招标文件中一般设有招标最高限价，而没有最低限价。这时要在评标标准中设置一个投标有效价的范围，最低价不能低于个别成本。投标人的投标报价在设定的范围内即为投标有效价。

（3）投标报价分值计算。

通常设定评标基准价的得分为满分（100分），每高于或低于评标基准价一个百分点扣一定分值，得出每个投标报价对应分值。用数学模型式表示为

$$F_1 = F - [(|D_1 - D|/D) \times 100 \times E]$$

式中　F_1——投标报价得分；

F——投标报价分值权重；

D_1——投标人的投标报价；

D——评标基准价；

E——设定投标报价高于或低于评标基准价一个百分点应该扣除的分值，$D_1 \geqslant D$ 时的 E 值可以比 $D_1 < D$ 时的 E 值大。

注意：评标基准价一旦确定，在整个评标过程中应保持不变。

（三）评标程序

1．初步评审

（1）评标委员会依据评标办法前附表的评标因素进行逐项评审，有不符合评审标准的投标作废标处理。

（2）废标情形。招标人要列出废标的情形。如投标人有以下情形之一的，其投标作废标处理：

① 评标前附表的任何一种情形的；
② 串通投标或弄虚作假或有其他违法行为的；
③ 不按评标委员会要求澄清、说明或补正的；

④ 投标人的法定代表人或其委托的代理人未在规定时间参加开标会议的;
⑤ 投标函或投标报价汇总表没有填写投标总报价的;
⑥ 投标总报价或措施项目费高于投标须知前附表规定的最高限价值的;
⑦ 安全防护、文明施工措施费,投标报价低于本须知前附表所列数额的90%的;
⑧ 不按"投标须知"规定装订、密封和标记的投标文件的;
⑨ 不按"投标须知"规定签字和盖章的。

(3) 投标报价有算术错误的,评标委员会按以下原则对投标报价进行修正,修正的价格经投标人书面确认后具有约束力。投标人不接受修正价格的,其投标作废标处理。

① 投标文件中的大写金额与小写金额不一致的,以大写金额为准;
② 总价金额与依据单价计算出的结果不一致的,以单价金额为准修正总价,但单价金额小数点有明显错误的除外。

2. 详细评审

评标委员会对进入详细评审阶段的投标应按照评审标准进行评审。

评审过程中,评标委员会发现投标人的报价明显低于其他投标报价,或者在设有标底时明显低于标底,使得其投标报价可能低于其成本的,应当要求该投标人作出书面说明并提供相应的证明材料。投标人不能合理说明或者不能提供相应证明材料的,由评标委员会认定该投标人以低于成本报价竞标,其投标作废标处理。

3. 投标文件的澄清和补正

(1) 在评标过程中,评标委员会可以书面形式要求投标人对所提交的投标文件中不明确的内容进行书面澄清或说明,或者对细微偏差进行补正。评标委员会不接受投标人主动提出的澄清、说明或补正。

(2) 澄清、说明和补正不得改变投标文件的实质性内容(算术性错误修正的除外)。投标人的书面澄清、说明和补正属于投标文件的组成部分。

(3) 评标委员会对投标人提交的澄清、说明或补正有疑问的,可以要求投标人进一步澄清、说明或补正,直至满足评标委员会的要求。

4. 评标结果

评标委员会完成评标后,应当向招标人推荐前三名中标人并提交书面评标报告,并抄送有关行政监督部门。

评标报告由评标委员会全体成员签字。对评标结论持有异议的,评标委员会成员可以书面方式阐述其不同意见和理由。评标委员会成员拒绝在评标报告上签字且不陈述其不同意见和理由的,视为同意评标结论。

【案例6-1】 综合评分法案例

背景:某高层写字楼建设项目,业主委托某监理单位进行施工阶段(包括施工招标)监理。

该工程邀请甲、乙、丙三家施工企业进行总价投标。评标采用四项指标综合评分法。四项指标权数分别为:投标单位业绩与信誉0.10,施工管理能力0.15,施工组织设计合理性0.25,投标报价0.50。各项指标均以100分为满分。

其中,投标报价的评定方法是:

(1) 计算投标企业报价的平均值

$$\overline{C} = \Sigma 投标企业报价 / 投标企业个数$$

（2）计算评标基准价格

$$C = 0.6C^o + 0.4\overline{C} \quad （C^o 为项目标底价格）$$

（3）计算投标企业报价偏差

$$X = [(投标企业报价 - C)/C] \times 100\%$$

（4）按下式确定投标企业的投标报价得分 P：

$$P = \begin{vmatrix} 100 - 400|X| & 当 X > 3\% 时 \\ 100 - 300|X| & 当 0 < X \leqslant 3\% 时 \\ 100 & 当 X = 3\% 时 \\ 100 - 100|X| & 当 -5\% \leqslant X < 0 时 \\ 100 - 200|X| & 当 X < -5\% 时 \end{vmatrix}$$

根据开标结果，该工程标底为 5 760 万元。甲企业投标报价 5 689 万元，乙企业投标报价 5 828 万元，丙企业投标报价 5 709 万元。

已知投标企业的其他指标得分见表 6.2。

表 6.2 投标企业的指标分数

评标指标	甲投标企业	乙投标企业	丙投标企业
业绩与信誉	92	90	85
施工管理能力	96	90	80
施工组织设计	90	92	78
投标报价			99.24

问题：请根据上述资料确定第一中标企业。

案例分析：

1．计算投标企业报价的平均值。

$$\overline{C} = (5\ 689 + 5\ 828 + 5\ 709)/3 = 5\ 742（万元）$$

2．计算评标基准价格。

$$C = 0.6C^o + 0.4\overline{C} = 0.6 \times 5\ 760 + 0.4 \times 5\ 742 = 5\ 752.8（万元）$$

3．计算甲、乙两家投标企业报价离差。

$$X_{甲} = [(5\ 689 - 5\ 752.8)/5\ 752.8] \times 100\% = -1.11\%$$

$$X_{乙} = [(5\ 828 - 5\ 752.8)/5\ 752.8] \times 100\% = 1.31\%$$

4．计算甲、乙两家投标企业报价得分。

$$P_{甲} = 100 - 100|X| = 100 - 100|-1.11\%| = 98.89（分）$$

$$P_{乙} = 100 - 300|X| = 100 - 300|1.31\%| = 96.07（分）$$

5．计算各投标企业的综合得分：

　　　　甲企业得分：0.10×92+0.15×96+0.25×90+0.5×98.89=95.55（分）

　　　　乙企业得分：0.10×90+0.15×90+0.25×92+0.5×96.07=93.54（分）

　　　　丙企业得分：0.10×85+0.15×80+0.25×78+0.5×99.24=89.62（分）

6．确定第一中标人：第一中标企业为甲投标企业。

第四章　合同条款及格式

一、合同文件

组成施工合同文件和优先解释顺序为（当合同文件中的条款互相矛盾时，按下列顺序优先解释）：

（一）双方签订的合同协议书；

（二）中标通知书；

（三）投标书及其附件；

（四）本合同专用条款；

（五）合同通用条款；

（六）工程适用的标准/规范及有关技术文件；

（七）图纸；

（八）工程量清单；

（九）工程报价单或预算书。

二、合同条款及格式

国家相关行政主管部门根据国家现有的法律、法规，结合我国工程建设实际情况，并借鉴国际上通用的建设工程施工合同的成熟经验和有效做法，编制颁布《建设工程施工合同（示范文本）》(GF-99-0201)。其目的是为了规范和指导合同当事人双方的行为，完善合同管理制度，解决过去施工合同中存在的合同文本不规范、条款不完备、合同纠纷多等问题。范本的合同条款及格式主要有通用合同条款、专用合同条款、合同附件格式等三部分。

第一节　通用合同条款

通用条款适用于所有建筑安装工程，条款中对合同双方的权利、义务作了详细的规定，是双方履行合同的标准化条款。实际使用时不得作任何改动，要原文照搬。

因通用条款较多且通用，实践中可以用本工程的通用条款采用"《建设工程施工合同（示范文本）》(GF-99-0201)"或各省建设行政主管部门制定的《建设工程施工合同（示范文本）》中的通用合同条款。

第二节　专用合同条款

实践中，业主可以根据工程的具体特点和功能要求及需要，在专用条款中给予具体的约定，以便与通用条款中对同一方面问题内容构成完整的约定。

业主在《通用条款》的基础上，具体约定需要补充的条款应重点对以下条款逐条明确和细化在《专用条款》中。

1．工程质量控制条款

（1）工程质量要求。在《通用条款》中对工程质量没有作具体的规定，所以招标人在《专用条款》中应约定工程质量的技术标准和施工验收标准。

(2) 发包人委托监理单位对合同履行管理。监理单位监理的范围、行使权限。

(3) 工程材料设备的采购供应。包括承包人采购和发包人采购材料设备的质量控制。

(4) 承包人的质量管理。包括现场管理机构、质量管理体系、质量保证措施、隐蔽工程验收等条款。

2．工程进度控制条款

(1) 合同进度计划（如节点计划、阶段计划）、合同进度计划的修订。

(2) 异常恶劣的气候条件和不可抗力的界定；意外事件发生造成各种损失的补偿办法等。

(3) 工期延误的处理。包括承包人原因和发包人责任原因造成的延误。

3．工程价款控制条款

(1) 工程价款的组成、包含的内容。

(2) 工程预付款、预留金的比例、扣除。

(3) 工程进度款的支付。进度款的支付条件和支付比例等。

(4) 工程价款的调整因素。

(5) 工程竣工结算的条件、时间、程序等。

第三节　合同附件格式

合同附件格式主要包含：格式附件一：《合同协议书》；附件二：廉政协议；附件三：履约银行保函格式；附件四：支付银行保函格式；附件五：预付款银行保函格式。附件六：工程质量保修书。合同附表1：承包人承揽工程项目一览表；合同附表2：发包人供应材料一览表；其他招标人认为需要的附件。

第五章　工程量清单

1．工程量清单说明

说明工程量清单的编制依据和编制原则。本工程量清单是根据招标文件中包括的、有合同约束力的图纸以及有关工程量清单的国家标准、行业标准、合同条款中约定的工程量计算规则编制。

2．投标报价说明

(1) 向招标人说明投标报价的方式。是否采用工程量清单报价，采用固定单价合同还是固定总价合同等的合同形式。

(2) 向招标人说明投标报价的总价或单价应包含的费用内容。如包含完成该工程项目的成本、利润、税金、措施项目费、其他项目费、大型机械进出场费、风险费、政策性文件规定费用等所有费用。

(3) 本工程计价办法的依据。采用何种定额（如按照×××建筑、装饰装修、安装工程综合定额）进行计费，安全生产、文明施工措施费的计算办法（如按照×××建筑、装饰装修、安装工程计价办法的有关规定进行报价），材料选型表及结算办法的说明。

3．其他需要说明的内容

4．招标人提供工程量清单

工程量清单编制详见上篇第三章有关章节。招标人在此提供拟招标工程的工程量清单。

（三）第二卷

第二卷只包含第六章：图纸及相关技术文件。

第六章 图纸及相关技术文件

设计图纸是合同文件的重要组成部分，是具有合同约束力的文件资料，是编制工程量清单以及投标报价的重要依据，也是进行施工及验收的依据。图纸及相关技术文件可以通过单独提交方式提供。

（四）第三卷

第三卷由第七章：技术标准和要求构成。

第七章 技术标准和要求

技术标准和要求是构成合同文件的组成部分。技术标准的内容主要包括各项工艺指标、施工要求、材料检验标准以及各分部、分项工程施工成型后的检验手段和验收标准等。

（五）第四卷

第四卷由第八章：投标文件格式组成。

第八章 投标文件格式

投标文件格式是为投标人编制投标文件提供固定的格式和编排顺序，以规范投标文件的编制，同时便于评标委员会评标。投标文件格式详细见第七章的有关内容。

—— 本章小结 ——

本章详细叙述了建设工程施工招标的有关基础知识和相关法律、法规的规定，建设工程施工招标文件的组成内容、要求及其编制。

《标准施工招标文件范本》组成招标文件主要内容包括封面格式、目录和四卷八章内容。

第一卷包括第一章至第五章，涉及内容有招标公告、投标人须知、合同条款及格式、工程量清单等内容。

合同条款及格式：《建设工程施工合同（示范文本）》（GF-99-0201）的合同条款及格式主要有通用合同条款、专用合同条款、合同附件格式等三部分。

合同附件格式又包含：格式附件一：《合同协议书》；附件二：廉政协议；附件三：履约银行保函格式；附件四：支付银行保函格式；附件五：预付款银行保函格式。附件六：工程质量保修书。附表1：承包人承揽工程项目一览表；附表2：发包人供应材料一览表；其他招标人认为需要的附件。

第二卷只包含第六章：图纸及相关技术文件。

第三卷由第七章：技术标准和要求组成。

第四卷由第八章：投标文件格式组成。

组成施工合同文件和优先解释顺序为（当合同文件中的条款互相矛盾时，按下列顺序优先解释）：

（一）双方签订的合同协议书；

（二）中标通知书；
（三）投标书及其附件；
（四）本合同专用条款；
（五）合同通用条款；
（六）工程适用的标准/规范等有关技术文件；
（七）图纸；
（八）工程量清单；
（九）工程报价单或预算书。

习　题

一、简答题

1. 简述工程施工招标文件的组成内容。
2. 投标保证金有何作用？
3. 工程施工招标评标方法有几种形式？各自适用范围？
4. 简述工程施工招标的评标程序。

二、单项选择题

1. 工程施工评标的主要内容不包括（　　）。
   A．考察投标人报价的合理性　　　B．管理措施的可靠性
   C．施工方案及其经济上的可行性　D．组织机构的完善性
2. 投标文件有效期的相关内容描述正确的是（　　）。
   A．如果投标人在投标有效期内撤回投标文件，其投标担保将被退还
   B．投标文件有效期内为开标之日至招标文件所写明的时间期限内
   C．如果投标人拒绝招标人根据需要向投标人提出延长投标文件有效期的要求，将因此被没收投标保证金
   D．同意延期的投标人应相应延长投标保证金的有效期，并且因此可以提出修改投标文件的要求
3. 《标准施工招标文件》规定，招标人与中标人签订合同后（　　）内，向未中标人和中标人退还投标保证金。
   A．5日　　B．5个工作日　　C．10日　　D．10个工作日
4. 下列对中标通知书相关情况的描述，不正确的是（　　）。
   A．中标通知书发出的时间不得超过投标有效期的有效期限
   B．中标人确定后，招标人应当向中标人发出中标通知书，无须将中标结果通知所有未中标的投标人
   C．中标通知书可以载明提交履约担保等投标人需注意或完善的事项
   D．中标通知书需要载明签订合同的时间和地点
5. 招标人不得以任何方式限制或排斥本地区、本系统以外的法人或其他组织参加投标体现（　　）原则。
   A．公平　　　　B．保密　　　　C．及时　　　　D．公开

6．投标预备会，主要目的是招标人对潜在投标人针对（　　）及现场提出的问题进行答疑。
　　　A．设计图纸　　　B．招标文件　　　C．地质勘察报告　　　D．合同条款

三、多项选择题

1．招标文件应当包括（　　）等所有实质性要求和条件以及拟签订合同的主要条款。
　　　A．招标工程的报批文　　　　　　B．招标项目的技术要求
　　　C．对投标人资格审查的标准　　　D．投标报价要求　　　E．评标标准

2．投标人在去现场踏勘之前，应先仔细研究招标文件有关概念的含义和各项要求，特别是招标文件中的（　　）。
　　　A．工作范围　　　B．专用条款　　　C．工程地质报告
　　　D．设计图纸　　　E．设计说明

3．《建设工程施工合同（示范文本）》的附件包括（　　）等。
　　　A．协议书　　　B．通用条款　　　C．工程质量保修书
　　　D．专用条款　　　E．发包人供应材料设备一览表

4．建设工程施工招标的条件有（　　）。
　　　A．招标人已经依法成立
　　　B．初步设计及概算应当履行审批手续的，已经批准
　　　C．招标范围、招标方式和招标组织形式等应当履行核准手续的，已经核准
　　　D．有相应资金或资金来源已经落实
　　　E．有招标所需的设计图纸及技术资料

5．以下项目中，可不采取招标方式而采取直接委托方式的有（　　）。
　　　A．小型工程项目　　　　　　　　B．大型基础设施
　　　C．涉及国家安全、国家秘密的项目　　　D．需要使用农民工特殊情况的项目
　　　E．利用扶贫资金以工代账的项目

四、案例题

背景：某大型工程项目由政府投资建设，业主委托某招标代理公司代理施工招标业务。招标代理公司确定该项目采用公开招标方式招标，招标公告在当地政府规定的招标信息网上发布。招标文件中规定：投标担保可采用投标保证金或投标保函方式担保。评标方法采用经评审的最低投标报价法。投标有效期60天。

业主对招标代理公司提出以下要求：为了避免潜在的投标人过多，项目招标公告只在本市日报上发布，且采用邀请招标。

项目施工招标信息发布以后，共有12家潜在投标人报名参加投标。业主认为报名参加投标的投标人太多，为了减少评标工作量，要求招标代理公司仅对报名的潜在投标人的资质条件、业绩进行资格审查。

开标后发现：
（1）A投标人的投标报价为8 000万元，为最低投标价，经评审后推荐其为中标候选人；
（2）B投标人在开标后又提交了一份补充说明，提出可以降价5%；
（3）C投标人提交的银行保函有效期为70天；
（4）D投标人投标文件的投标函盖有企业及企法人代表的印章，但没有加盖项目负责人

的印章；

（5）E投标人与其他投标人组成了联合体投标，附有各方资质证书，但没有联合体共同投标协议书；

（6）F投标人的投标报价最高，故F投标人在开标后第二天撤回了其投标文件。

经过表述评审，A投标人被确定为中标候选人。发出中标通知书后，招标人和中标人进行合同谈判，希望中标人能再压缩工期、降低费用。经谈判后双方达成一致：不压缩工期，降价3%。

问题：

1．业主对招标代理提出的要求是否正确？说明理由。

2．分析A、B、C、D、E投标人的投标文件是否有效？说明理由。

3．F投标人的投标文件是否有效？对其撤回投标文件的行为应如何处理？

4．该项目施工合同应该如何签订？合同价格应是多少？

案例鉴赏

通过本案例的赏析，同学们可以进一步加深对工程施工招标文件评标办法具体内容的理解，更加认识评标因素及评标标准、评标方法的设置。

背景：A房地产公司拟在W地开发一高档住宅小区，总占地面积约5000亩，以别墅、多层、小高层、高层住宅为主，配备有高尔夫球场等高档娱乐设施。招标人成立专门招标小组负责项目招标。本标的是前期市政道路及其配套设施的施工招标，招标人编制了招标文件向社会公开招标。

本例主要摘录了该招标文件的投标须知前附表及评标办法章节，在评标办法中招标人采用综合评标法，由技术部分和商务部分组成，其中，技术分值权重40%，商务分值权重60%。评标会员会先对技术标进行评审，通过技术评审的投标书进入商务标评审。具体如下：

A 项目一期市政道路及配套市政设施工程施工

招标文件

招标编号[2009-012]

招标人：A 房地产开发有限公司

二〇〇九年十月

第一章 （略）
第二章　投标须知及投标须知前附表

一、投标须知前附表

项号	内容	说明与要求
1	工程名称	A 项目一期市政道路及配套市政设施工程施工承包
2	建设地点	W 地
3	建设规模	四号路长 504.409 m，丽景路道路加宽 2 313.965 m，景观路 563.102 m，一号路长 863.754 m，三号路长 226.403 m，共计 4 471.633 m
4	承包方式	包工包料、包工期、包质量、包协调、包安全生产、包文明施工、包劳保、包验收、包综合治理
5	质量目标	合格
	安全目标	责任事故死亡率为零，确保无重大安全事故
6	招标范围	本次招标项目为 A 项目一期市政道路及配套市政设施工程施工承包，总长 4 471.633 m。 本次招标范围是市政道路的基层、面层和附属设施工程、雨污水工程、桥涵、地下人行通道、路灯工程。市政路道的路基、给水、电力、通信、燃气、交通设施工程、绿化工程等由业主另行委托
7	工期要求	本工程的关键节点工期及竣工日期如下： ① 开工时间：暂定 2010 年 3 月 10 日，以招标人签发的开工令为准； ② 竣工日期：　　年　　月　　日 ③ 承包施工范围完工工期：180 日历天
8	资金来源	自筹资金，已到位
9	投标人资质等级要求	投标人必须具有市政公用工程施工总承包贰级及以上资质，本项目拒绝联合体参与投标
10	资格审查方式	资格预审
11	工程计价方式	工程量清单报价（全费用综合单价）
12	投标有效期	为 90 日历天（从投标截止之日算起）
13	投标保证金额	投标保证金额：人民币 5 万元。请按以下账户信息汇入，凭银行盖章的受理单开立收据:公司名称：北海 A 地产开发有限公司；开户行：中国银行北海分行；账号：
14	踏勘现场及招标答疑	踏勘现场不做统一安排（如有需要请与招标人联系），不统一召开答疑会，投标人疑问通过传真或电子文件形式发送到招标人处，招标人统一回复各投标人
15	招标文件份数	一份正本，三份副本，电子文件 2 份（U 盘，商务和技术各一份），其中工程量清单报计价表必须采用 EXCEL 电子表格。中标人需根据招标人要求另外提交一定份数投标文件（费用包括在投标报价中）

续表

项号	内容	说明与要求
16	投标文件提交地点及截止时间	收件人：A房地产开发有限公司 地点：W地 时间：2010年2月8日12时　分
17	开标	招标人自行组织开标
18	评标方法及标准	合理低价法
19	履约担保金额	履约担保金额为中标价的10%元
20	招标文件的领取	招标文件于2010年1月11日至1月15日8:00~12:00、14:30~17:30（北京时间）在A房地产公司二楼行政部发售，每份300元人民币，售后不退

二、投标须知

（五）开　标

21．开标

21.1　本工程由招标人自行组织开标

21.2　按规定提交合格的撤回通知的投标文件不予开封，并退回给投标人；按本投标须知规定确定为无效的投标文件，不予送交评审。

（六）评　标

22．评标委员会及评标

22.1　评标委员会由招标人依法组建，负责评标活动。

22.2　开标后，开始评标，评标采用保密方式进行。

23．开标过程的保密

23.1　开标后，直至授予中标人合同为止，凡属于对投标文件的审核、澄清、评标和比较的有关资料以及中标候选人的推荐情况，与评标有关的其他任何情况均严格保密。

23.2　在投标文件的评审和比较、中标候选人推荐以及授予合同的过程中，投标人向招标人施加具有影响的任何行为，都将导致其投标被拒绝。

23.3　中标人确定后，招标人不对未中标人就评标过程以及未能中标原因作出任何解释。未中标人不得向招标人索问评标过程的情况和材料。

24．投标文件的澄清

24.1　为有助于投标文件的审查、评价和比较，评标委员会将根据评标情况对投标人发出澄清函或确认函，投标人应在澄清函或确认函中规定的时间内进行反馈，但不得超出投标文件的范围或改变投标文件的实质性内容，并随后将澄清原件送达招标人处。反馈结果将作为投标人投标文件的一部分，并拥有同样的有效期。根据本须知第25条，凡属于评标委员会在评标中发现的算术错误而进行修改的，不在此列。

24.2　评标过程中的澄清或确认函，投标人应对其内容进行保密，如发现投标人之间有串通围标行为的，涉及的投标人将被拒绝。

25．错误的修正

25.1 评标委员将对确定为实质上响应招标文件要求的投标文件进行校核，看其是否有计算上、累计上或表达上的错误。修正错误的原则如下：

（1）如果数字表示的金额与用文字表示的金额不一致时，应以文字表示的金额为准；

（2）当单价与数量的乘积与合价不一致时，以合价为准，并修改单价；

（3）合计累计金额与小计（合计）金额不一致的，以合计累计金额为准，并修改小计（合计）金额。

25.2 按上述修正错误的原则及方法调整或修正投标文件的投标报价，投标人同意后，调整后的投标报价对投标人起约束作用。如果投标人不接受修正后的报价，则其投标将被拒绝并且其投标保证金或投标保函也将被没收。

本工程评标工作采用两段两审方式。所谓"两段"指技术标评审阶段和商务标评审阶段；"两审"指初审和终审，初审是对投标文件进行符合性与完整性评审，终审是对投标文件进行技术及商务标评审。

26．初审阶段评审

26.1 评标委员会首先对投标文件的实质性内容进行符合性与完整性评审。判定是否满足招标文件要求，如果投标文件属实质上不响应招标文件规定的，招标人予以拒绝。

26.2 被评标委员会拒绝的投标人的投标文件，不再进行评审。

26.3 投标符合性与完整性评审包括（但不限于）以下具体内容

（1）按照招标文件规定的格式、内容打印，字迹清晰可辨，并在规定时间内按招标文件要求密封递交；

（2）投标文件上法定代表人的印鉴或签字齐全，如有授权代理人则需要提供合法、有效的相关文件；

（3）标明的投标人与通过资格审查的投标申请人未发生实质性改变；

（4）投标文件中是否提供了投标保证金的收据复印件（原件备查）；

（5）招标文件中规定的其他要求。

27．终审阶段

技术部分和商务部分分别按总分 100 分设置分值，技术部分的权重系数为 $A=0.4$，商务部分的权重系数为 $B=0.6$，最终得分的计算公式如下：

$$投标人最终得分=技术标得分\times A+商务标得分\times B$$

终审阶段评标按先评技术部分，后评商务部分的顺序进行。

第一阶段：评标委员会成员先对技术标进行评审，满分为 100 分。

第二阶段：评标委员会对商务标进行评审，评审通过且经算术性修正报价后，根据经济标评标规则评出各投标人的经济标得分。按照经济标得分×90%+质量工程承诺×10%计算综合得分。

根据两阶段的得分结果按以下公式计算最终得分：

$$投标人最终得分=技术标得分\times A+商务标得分\times B$$

然后对所有合格、有效的投标人按总分多少从高到低排序，招标人根据评标报告依法确定中标单位。

27.1 第一阶段技术标评审

技术评审总分为 100 分,其中施工组织设计部分占 60%,企业资信部分占 40%。由各评委按照评标细则和技术评审评分表对各技术标文件进行独立打分。将各评委的评分去掉一个最高分和一个最低分,将剩余评委的分数取算术平均分作为该单位第一阶段的最终得分。分数出现小数点时,保留小数点后 2 位,从小数点后第 3 位四舍五入。

27.1.1 技术标方案部分评分细则

技术标(方案)评审评分表(权重分占技术标得分的 60%)

评审项目	评分标准			
	优	良	中	差
总体概述	8~6.4	6.3~4.8	4.7~3.2	3.1~0
施工进度计划和各阶段进度的保证措施及违约责任承诺	20~16	15.9~12.1	12~8.2	8.1~0
劳动力和材料投入计划及保证措施	13~10.4	10.3~7.8	7.7~5.1	5.0~0
机械设备投入计划及检测设备	11~8.8	8.7~6.6	6.5~4.3	4.2~0
施工平面布置和链式设施布置	5~4	3.9~3	2.9~2	1.9~0
关键施工技术、工艺及工程项目实施的重点、难点和解决方案	30~24	23~18	17~12	11~0
安全文明措施	5~4	3.9~3	2.9~2	1.9~0
质量保证与承诺	8~6.4	6.3~4.8	4.7~3.2	3.1~0
得分合计	100			

(1)总体概述。

优:对项目总体有深刻认识,表述清晰、完整、严谨、合理,措施先进、具体、有效、成熟;施工段划分应进行总体表述,划分清晰、合理,符合规范要求。

良:对项目总体有一定认识,表述清晰、完整,措施具体、有效;施工段划分应进行总体表述,划分清晰,符合规范要求。

中:对项目总体有认识,有一定的措施但部分不具体;施工段划分较合理,符合规范要求。

差:对项目认识不足,表述不清晰,措施不具体;施工段划分不合理。

(2)施工进度计划和各阶段进度的保证措施及违约责任承诺。

优:关键线路清晰、准确、完整,计划编制合理、可行。关键节点的控制措施有力、合理、可行。进度、违约责任承诺具体,经济赔偿最大。

良:关键线路清晰、准确、完整,计划编制可行。关键节点的控制措施基本可行。进度、违约责任承诺具体,经济赔偿次大。

中：关键线路基本准确,计划编制基本合理。关键节点的控制措施基本可行。进度、违约责任承诺具体。

差：关键线路不准确,计划编制不合理。关键节点的控制不可行。没有违约责任承诺。

(3) 劳动力和材料投入计划及其保证措施。

优：投入计划与进度计划呼应,较好满足施工需要,调配投入计划合理、准确。

良：投入计划与进度计划呼应,基本满足施工需要,调配投入计划基本合理、准确。

中：投入计划与进度计划呼应,基本满足施工需要,调配投入计划基本合理。

差：投入计划与进度计划不呼应,不能满足施工需要。

(4) 机械设备投入计划。

优：投入计划与进度计划呼应,较好满足施工需要,采用先进机械设备。

良：投入计划与进度计划呼应,满足施工需要。

中：投入计划与进度计划呼应,基本满足施工需要。

差：投入计划与进度计划不呼应,不能满足施工需要。

(5) 施工平面布置和临时设施布置。

优：总体布置有针对性、合理,较好满足施工需要,符合安全、文明生产要求。

良：总体布置合理,能满足施工需要,基本符合安全、文明生产要求。

中：总体布置基本合理,基本满足施工需要。

差：总体布置不合理,不符合安全、文明生产要求。

(6) 关键施工技术、工艺及工程项目实施的重点、难点分析和解决方案。

优：对项目关键技术、工艺有深入的表述,对重点、难点有先进、合理的建议,解决方案完整、经济、安全、切实可行,措施得力。

良：对项目关键技术、工艺有深入的表述,对重点、难点有合理的建议,解决方案经济、安全、基本可行。

中：对项目关键技术有一定了解,对重点、难点有建议,解决方案基本可行。

差：对项目关键技术有表述,对重点、难点有建议,解决方案不可行。

(7) 安全文明施工措施。

优：针对项目实际情况,有先进、具体、完整、可行的实施措施,采用规范正确、清晰。

良：针对项目实际情况,有合理的措施且具体、完整,采用规范正确。

中：有基本合理的措施,采用规范正确。

差：安全文明措施不得力,采用规范不正确。

(8) 质量保证和质量违约责任承诺。

优：应用新技术、新工艺、新材料、新设备,针对项目实际提出先进、可行、具体的保证措施;超过招标文件的质量要求;质量违约责任承诺具体,经济赔偿最大。

良：针对项目实际提出先进、可行、具体的保证措施;满足招标文件的质量要求;质量违约责任承诺具体,经济赔偿次大。

中：具体措施可行;满足招标文件的质量要求;质量违约责任承诺具体。

差：措施不可行;没有质量违约责任承诺。

27.1.2 技术标资信部分评分细则

技术标（企业资信）评审评分表（权重分占技术标得分的40%）

评审项目	评分标准			
	优	良	中	差
项目经理业绩，项目班子配备情况	10	7.5	2.5	0
企业业绩情况	10~8	7.9~6	5.9~4	3.9~0
企业财务情况	10	7.5	5	2.5~0
企业资信情况	10	7.5	5	2.5~0

（1）项目经理业绩，项目班子配备情况。

优：项目经理具有二级及以上建造师资格、工程师及以上职称、10年以上类似工程经验。班子人员齐备、人数足、搭配合理。项目经理所担任的类似项目曾获得国家级质量奖。

良：项目经理具有二级及以上建造师资格、工程师职称、8年以上类似工程经验。班子人员齐备、人数较足、搭配较合理。项目经理所担任的项目曾获省优工程，且有2项以上类似工程项目业绩。

中：项目经理具有助理工程师及以上职称、5年以上类似工程经验。班子人员齐备、人数基本满足要求、搭配基本合理。

差：项目经理没有同类工程经验。班子人员不齐备、人数不能满足要求。

（2）企业业绩情况。

采用逐项得分法，10分为上限，同一工程或多个奖项的仅计算最高得分项，不累加；企业近三年获得过国家级质量奖，每项加5分；近三年获得省部级质量奖每项加2分。

（3）企业财务状况。

采用逐项得分法；企业具有银行"AAA"信用等级；企业最近一年审计报告中资产负债率不高于85%；企业在最近一年的审计报告中显示为盈利；企业盈利超过500万（最近一年的审计报告）；每不满足一项即扣去2.5分，直到扣完本项为止。

（4）企业资信状况。

采用逐项得分法；企业最近一年的营业额超过5 000万；企业在项目所在地有常设分支机构并已经进行年度备案；企业在项目所在地完成过造价1 000万以上的工程；每不满足一项即扣去2.5分，直到扣完为止。

$$技术标方案得分×60\%+技术标资信部分得分×40\%=技术标得分$$

27.2 第二阶段商务标评审

27.2.1 商务标的评审部分为100分，其中经济标得分占90%，质量工期承诺10%。

27.2.2 经济标由评标委员会通过对投标人的投标报价评估和比较确定合理的价值（出现带恶意竞争性质的不合理报价将不在评估范围内），与合理低价相等的得90分，投标报价每低于或高于合理低价值1%的减2分。

27.2.3 计算过程中，不足1%按插入法计算，保留两位小数，第三位四舍五入。

27.2.4 工期承诺（占商务标10%，共10分）。

27.2.4.1 工期承诺：以招标人公布的招标工期180日历天为基数，每缩短5日历天得1分。

27.2.5 投标人商务标得分：经济标得分×90%+质量工期承诺×10%=商务标得分。

27.2.6 扣分项目

27.2.6.1 本须知第 11 条规定的投标文件有关内容未按本须知第 17.3 款规定加盖投标人印章或未经法定代表人或其委托代理人签字或盖章的；由委托代理人签字或盖章的，但未随投标文件一起提交有效的"授权委托书"原件的，每缺一项扣 4 分。

27.2.6.2 本须知第 11 条规定的商务部分内容中"投标总价表"未加盖工程造价师或造价员资格章的；所有要求盖章投标单位公章而未盖的，每缺一项扣 4 分。

27.2.6.3 投标文件商务部分的"法定代表人身份证明书"或者投标文件签署授权委托书，因不符合条件而却项的，扣 4 分。

27.3 评标委员会依据上述评标标准和方法，对投标文件进行评审和比较，按最终得分的计算方法公式计算：投标人最终得分=技术标得分×A+商务标得分×B。总分排名最高的前三名确定为合格的中标候选人；得分相同的，投标报价低的优先。

27.4 招标人从中标候选人中确定中标人，被确定的中标候选人放弃中标或因不可抗力提出不能履行合同时，招标人可以依次确定中标候选人为中标人。

27.5 评标委员会经评审，认为所有投标都不符合招标文件要求的，可以否决所有投标。所有投标被否决后，招标人应该依法重新招标。

第七章　建设工程施工投标

学习目标

掌握工程项目施工投标文件的基本内容和文件的编写方法；熟悉投标的基本程序，了解投标技巧和报价的平衡策略；能根据工程项目施工招标文件的要约及工程量清单，具备编制施工投标文件的初步能力。

能力目标

通过本章节教学，使学生具备编制施工投标文件的初步能力，具有组织办理工程施工投标的初步能力。

第一节　工程施工投标概述

一、工程施工投标与投标文件概念

投标是指投标人根据招标文件的实质性要求、现场踏勘信息、市场行情和企业自身情况，完全按照招标文件提供的格式编制投标文件并对招标文件提出的条件、要求作出实质性响应，在规定期限内向招标人递交投标文件的过程。

投标文件是投标人根据招标文件的要求及其他相关信息所编制的，向招标人发出的要约文件。

二、工程施工投标文件组成

工程施工投标文件一般由技术标部分和商务标部分组成。其中，商务标部分主要包含投标函及投标函附录、法定代表人身份证明、授权委托书、联合体协议书（如有）、投标保证金、投标报价汇总表和单项工程报价表及已标价的工程量清单等；技术标部分包含管理机构、施工组织设计、拟分包单位情况等；资格审查资料（资格后审）或资格预审更新资料等内容组成，具体以招标文件要求格式为准。

1．投标函及投标函附录

投标函及其附录是指投标人按照招标文件的条件和要求，向招标人提交的有关报价、质量目标等承诺和说明的函件，是投标人为响应招标文件相关要求所做的概括性函件。一般位于投标文件的首要部分，其内容、格式必须符合招标文件的规定。

(1) 投标函。

投标函包括投标人对本次所投的项目具体名称和标段，以及本次投标的报价、承诺工期和达到的工程质量目标等的承诺。投标函中投标人应当对投标有效期、投标保证金、中标后的承诺等做出相应承诺。

投标人应当按照招标文件提供的投标函格式填制，需要法定代表人或其委托代理人签字、盖法人单位印章的，不能漏签、漏盖，否则其投标会被作废标处理。

(2) 投标函附录（投标一览表）。

投标函附录一般附于投标函之后，共同构成合同文件，主要内容是对投标文件中涉及关键性或实质性的内容条款进行说明或强调。

工程投标函附录所约定的合同重点条款应包括工程缺陷责任期、履约担保金额、最终付款期限、保修金等对于合同执行中需投标人引起重视的关键数据。

2．法定代表人身份证明或其授权委托书

(1) 法定代表人身份证明。

法定代表人代表法人的利益行使职权，全权处理一切民事活动。法定代表人身份证明主要用于证明投标文件签署的有效性和真实性。

法定代表人身份证明一般包括投标人名称、单位性质、单位地址、成立时间、经营期限等一般资料，同时还应有法定代表人的姓名、性别、年龄、职务等有关信息。法定代表人身份证明应加盖法人印章。具体见附件。

(2) 授权委托书

当投标人的法定代表人不能亲自签署投标文件进行投标时，法定代表人可以通过授权委托书的形式，授权代理人全权代表其在投标过程和签订合同中执行一切与此有关的事项。

授权委托书中应写明投标人名称、法定代表人姓名、授权权限和期限等。法定代表人应在授权委托书亲笔签名。具体见附件。

3．联合体协议书

根据《招标投标法》规定："联合体各方应当签订共同投标协议，明确约定各方拟承担的工作和责任，并将共同投标协议连同招标文件一并提交招标人。"

(1) 联合体的构成。

《招标投标法》规定："两个以上法人或者其他组织可以组成一个联合体，以一个投标人的身份共同投标。"

为了便于投标和执行合同，联合体所有成员共同指定联合体一方作为联合体的牵头人或代表，并授权牵头人代表联合体所有成员负责投标和合同实施阶段的主办、协调工作。

(2) 联合体的资格条件。

根据《招标投标法》第三十一条规定："联合体各方均应当具备承担招标项目的相应能力；国家有关规定或者招标文件对投标人资格条件有规定的，联合体各方均应当具备规定的相应资格条件。由同一专业的单位组成的联合体，按照资质等级较低的单位确定资质等级。"

(3) 联合体的变更。

根据《工程建设项目施工招标投标办法》第四十三条规定："联合体参加资格预审并获得

通过的,其组成的任何变化都必须在投标截止时间之日前征得招标人的同意。如果变化后的联合体削弱了竞争,含有事先未经过资格预审或者资格预审不合格的法人或者其他组织,或者使联合体的资质降到资格预审文件中规定的最低标准以下,招标人有权拒绝。"

通常情况下,联合体成员的变更必须在投标截止时间前得到招标人的同意,如联合体成员的变更发生在通过资格预审之后,其变更后的联合体的资质需要进行重新审查。

(4) 联合体投标。

① 联合体对外以一个投标人身份共同投标,联合体中标的,联合体各方应当共同与招标人签订合同,就中标项目向招标人承担连带责任。

② 组成联合体投标是联合体各方的自愿行为。《招标投标法》第三十一条规定:"招标人不得强制投标人组成联合体共同投标,不得限制投标人之间的竞争。"

③ 联合体各方签订共同投标协议后,不得再以自己的名义单独投标,也不得组成新的联合体或参加其他联合体在同一项目(同一标段)投标。

④ 投标保证金的提交可以由联合体共同提交,也可以由联合体的牵头人提交。投标保证金对联合体所有成员均具有法律约束力。

⑤ 投标文件中必须附上联合体协议书。对未提交联合体协议书的联合体投标文件按无效处理。

4. 投标保证金

投标人应当按照招标文件规定的形式、金额在投标截止时间前把投标保证金提交给招标人,同时把投标保证金的凭据复印件(有招保人签收的字样或盖章)随同投标文件提交给招标人。

5. 投标报价

投标报价是投标文件的重中之重,是能否中标的直接数据,其组成文件在中标后将作为施工结算的有效证据资料。具体见本章第三节。

6. 技术标部分

技术标主要集中反映投标人的组织管理能力,对工程的认识和对设计意图的理解,对工程质量保证、进度保证、安全文明施工措施、新技术运用等作出统筹安排和实施方案。具体见本章第四节。

三、投标文件编制的有关规定

(1)《招标投标法》第二十七条规定:"投标人应当按照招标文件的要求编制投标文件。投标文件应当对招标文件提出的实质性要求和条件做出响应。"

(2)《招标投标法》第三十条规定:"投标人根据招标文件载明的项目实际情况,拟在中标后将中标项目的部分非主体、非关键性工作进行分包的,应当在投标文件中载明。"

所谓分包,是指投标人拟在中标后将自己中标项目的一部分工作交由他人完成的行为。投标人对中标项目进行分包时应注意的事项如下。

分包的内容为"中标项目的部分非主体、非关键性工作"。至于何为"非主体、非关键性工作",《招标投标法》未做出具体界定,这需要根据各个招标项目的具体情况来加以判断。比如,就一栋楼房建筑来讲,楼房的基础结构建设就属于主体工作,也属于关键性的工作。

分包应在投标文件中载明。一般来讲,应载明拟分包的工作内容、数量,拟分包的单位,投标单位的保证等。

建筑工程总承包单位在总承包合同中没有约定分包的,如果要分包则必须经过建设单位的认可;施工总承包的,建筑工程主体结构的施工必须由总承包单位自行完成;总承包单位不得将工程分包给不具备相应资质条件的单位,分包单位不得将其承包的工程再分包;建筑工程总承包单位按照总承包合同的约定对建设单位负责;分包单位按照分包合同的约定对总承包单位负责;总承包单位和分包单位就分包的工程对建设单位承担连带责任。

第二节 工程施工投标程序及工作要求

施工投标是建筑施工企业取得施工合同,获得经济利益的主要途径,投标的过程分为前期阶段、投标阶段和决标阶段三个工作阶段。

一、投标前期阶段工作

这一阶段主要是获取投标信息和通过掌握的各方面的信息决定是否参与投标,决定投标后组建投标机构。

(一)信息及信息收集

目前获得投标信息的方式很多,各种传统媒体和新型的网络平台等都是获得信息的来源,但最重要的途径是国家规定的媒体公告和招标网络。投标前,投标人需要收集各种有利于其投标的有效信息,为投标做好准备。信息收集主要概括为以下几方面:

1. 项目的背景

主要包括自然环境、市场环境、社会环境、项目的情况。

2. 项目业主的信誉

考查业主的资信,企业的资质、履约态度、支付能力、在过去的项目中履约的情况,对工程的工期、质量、费用等方面的要求。

3. 投标人自备资料

这些资料是投标人为通过招标人要求的资格审查和证明本企业的实力而准备的,包括企业的资质、信誉证明、管理水平证明、工程业绩等。

4. 有关报价的参考资料

如当地近期的类似工程项目的施工方案、报价、工期及实际成本等资料,同类已完工程的技术经济指标;本企业承担过类似工程项目的实际情况。

（二）前期的投标决策

投标前期，投标人应根据掌握的资料及招标公告等提供的有效信息，对拟招标项目的工程概况、工程特点、工程质量要求、工期的长短、对投标人资格的要求等进行分析，判断公司目前的状况是否适合要求，最后进行综合分析、讨论，管理层作出是否进行投标的决策。

（三）组建投标工作机构

投标人在决定对某一项目作出投标决策后，为了确保能获得中标的机会，需要挑选精干、有投标经验的人员组成投标工作机构。投标机构人员应由专业技术人员、经营管理人员和造价、经济人员构成，他们可利用各自的专业知识编制投标文件，以确保投标文件施工技术的合理经济性和投标报价的合理性和竞争性。

专业技术人才可以利用自身丰富的施工经验，结合本企业实际情况，在投标时确定各项专业施工方案和技术措施的合理、可行；经营管理人才要具有法律知识，熟悉合同规范，掌握调查、分析、统计的研究方法，了解市场，掌握投标工作的整个过程，负责全面安排投标工作；造价、经济人员主要从事工程造价和财务方面的工作，他们拥有工程造价、材料设备采购、保险、税务等专业知识，具体编制具有竞争性的投标报价文件。

二、投标阶段工作

（一）准备和提交资格预审资料

在工程招投标活动中，留给投标人准备资格预审资料或编制投标文件的时间都是比较紧的，因此，投标人平时要注意相关资料的整理和积累，以便按时、符合要求地填制资格预审申请资料。资格预审资料填制时至少应做好以下工作：

1．注意资格预审有关资料的积累工作

平时要将一般资格预审的有关资料随时存入计算机内，并予整理，以备今后填写资格预审申请文件之用。对于过去业绩与企业介绍最好整理成册。此外，每竣工一项工程，宜请该工程项目业主和有关单位开具证明工程质量良好、服务质量等的鉴定书或评价书，作为业绩的有力证明。如各种奖状或 ISO 认证证书、环境管理体系认证证书、OHS MS 职业健康安全管理体系认证证书等。另外，应备有彩色照片和彩色扫描件及复印件。总之，资格预审所需资料应平时有目的地积累，不能临时拼凑，以保证资格预审申请能获得通过。

2．加强资格预审文件的分析

既要针对工程项目的特点，满足招标人对资格预审的要求，同时又要反映出本公司最好的施工经验、施工水平和较强的施工组织能力。一般要求投标人提交如下材料：企业概况、财务状况、主要管理人员情况、目前的施工机械和人工情况、近三年的施工项目情况、目前承建的工程情况、2年来是否有诉讼案件情况以及其他资料。

3．做好递交资格预审申请后的跟踪工作

资格预审申请呈交后，应注意信息跟踪工作，以便发现不足之处并及时补送资料。

(二) 研究招标文件

投标人通过资格审查收到招标人的投标邀请书后,应及时以书面的形式给予回复是否参与投标。然后,按照投标邀请书注明的时间、地址获取招标文件。投标人获取招标文件之后,要认真仔细研究招标文件,充分了解其内容和要求,以便有针对性地安排投标工作。招标文件的研究工作包括:① 招标项目综合说明,熟悉工程项目全貌;② 研究设计文件,为制定报价或制定施工方案提供确切的依据;③ 研究合同条款,明确中标后的权利与义务;④ 研究投标须知,提高工作效率,避免造成废标等。

(三) 踏勘现场

根据工程量清单报价的特点,投标人报出的综合单价一般被认为是在现场勘察的基础上编制的。所以,投标人一旦将报价单提出之后,投标者就不能因为现场勘察不周、情况了解不细或考虑不全面而提出修改投标、调整报价或提出补偿等要求。因此,投标人在报价之前必须认真地进行施工现场勘察,全面、仔细地调查、了解现场及其周围的政治、经济和地理等情况。

进行现场勘察可以从以下几方面调查了解:

(1) 工程的性质以及与其他工程之间的关系。
(2) 投标人投标的那一部分工程与其他承包商或分包商之间的关系。
(3) 工地地貌、地质、气候、交通、电力、水源和有无障碍物等情况。
(4) 工地附近有无住宿条件、料场开采条件、其他加工条件和设备维修条件等。
(5) 工地附近环境与治安情况。

【**案例 7-1**】 某工程项目施工采用了包工包全部材料的固定价格合同,工程招标文件参考资料中提供的用砂地点距工地 4 km。但是开工后,检查该砂质量不符合要求,承包商只得从另一距工地 20 km 的供砂地点采购。由于供砂距离的增大,引起费用的增加,承包商经过仔细、认真计算后,在业主指令下达的第 3 天,向业主的造价工程师提交了将原用砂单价每吨提高 5 元人民币的索赔要求。造价工程师拒绝了承包商的索赔要求,原因是:承包商应对自己就招标文件的解释负责,应考察施工现场并考虑相关风险,承包商应对自己报价的正确性与完备性负责。

(四) 参加投标预备会议

投标人对招标人提供的招标文件及有关资料的研究进行现场踏勘时,如有疑问,以书面的形式向招标人提出,招标人对所有投标人的质疑以书面函的形式进行回答。

(五) 核算清单工程量和编制施工组织设计

在熟悉招标文件并进行现场勘察和参加标前会议后,对工程项目的具体要求都有较好的了解,则正式进入标价计算和施工组织设计。

首先是核算清单工程量,这不仅是为了便于计算投标价格,而且也是今后在实施工程中核定每项工程付款的依据。

其次是编制施工组织设计,包括安排施工进度计划,并选定施工方案等。业主将根据这些资料评价投标人是否采取了充分、合理的措施以保证按期完成工程施工任务。

1．核算清单工程量

目前，招标文件中均附有工程量清单，工程量清单是投标价的主要依据。工程量清单中的工程量只是一个暂估数量，只作为投标人编制综合单价的量，合同实施结算时，按照实际发生并经招标人、监理机构的工程师签认的实际工程量进行决算。但投标人投标前对工程量的核对，可以预先知晓在实际施工时会增加的分部分项工程项目，为不平衡报价做好铺垫。

2．编制所投标工程的施工组织设计

编制施工组织设计或施工规划，是投标报价的重要基础。

（1）施工组织设计的要求与内容按照《施工招标文件范本》第一章"投标须知"11.4项的规定，施工组织设计的编制要求及内容为：采用文字并结合图表形式说明各分部分项工程的主要施工方法；拟投入的主要施工设备情况、劳动力计划等；结合招标工程特点提出切实可行的工程质量、安全生产、文明施工、工程进度、技术组织措施，同时应对关键分项工程、复杂环节重点提出相应技术措施，如冬季施工技术措施、减少扰民噪声、降低环境污染技术措施、地下管线及其他地上地下设施的保护加固措施等。

（2）安排施工进度计划时，投标人应当重视施工进度计划的编制和优化，因为这是施工进度控制和成本控制的基础。编制施工进度计划应紧密结合施工方法和施工设备。施工进度计划中应提出各时段应完成的工程量及限定日期。施工进度计划是采用网络进度计划还是横道图进度计划，需根据招标文件要求而定。目前，国内大中型工程招标多要求应用网络进度计划电算软件编制施工进度计划，以便有效地控制施工进度和成本；不采用电算软件的，施工进度和成本控制往往类同空谈。施工进度计划应当考虑和满足以下一些条件：

① 总工期（有的招标文件项目还规定有关键工程工期）应符合招标文件的要求，如果合同条件允许分期分批竣工交付使用，应标明分期交付的时间和分批交付的数量。

② 表示各项主要工程（如土方工程、基础工程、混凝土结构工程、屋面工程、装修工程和水电安装工程等）的开始和结束时间。

③ 体现主要工序相互衔接的合理安排。

④ 有利于基本上均衡安排劳动力，尽可能避免现场劳动力数量急剧起落，这样可以提高工效和节省临时设施（如工人宿舍、食堂、临时生产性建筑等）。

⑤ 有利于充分、有效地利用机械设备，减少机械设备占用周期。例如，尽可能将土方工程集中在一定时间内完成，以减少推土机、挖掘机、铲运机等大型机械设备占用周期。这样就可以降低机械设备使用费，或者有利于向外组织分包施工。

⑥ 便于相应地编制资金流动计划，如果计划进度安排得比较合理，可以降低流动资金占用量，以节省资金利息。

从以上各点可以看出，进度计划安排是否合理，关系到工程成本和报价；至于施工方案，对报价的影响则更大。

（六）工程量清单报价

投标人根据招标文件中工程量清单以及计价要求，结合施工现场实际情况和施工组织设计，按照企业工程施工定额或参照政府工程造价管理机构发布的工程定额及自身施工经验，并结合市场人工、材料、机械等要素价格信息并考虑风险因素进行投标报价。

三、决标阶段工作

按照招标文件要求的时间、地点按时提交投标文件,参加开标会,准备评标专家对投标文件提出的疑问。如中标,按照规定提交履约担保并与招标人签订合同。

第三节　投标报价的确定

一、投标报价的编制依据

我国《建设工程工程量清单计价规范》(GB 50500—2008)规定,投标报价的编制依据为:工程量清单计价规范,国家或省级、行业建设主管部门颁发的计价办法,企业定额,国家或省级、行业建设主管部门颁发的计价定额;招标文件、工程量清单及其补充通知、答疑纪要,建设工程设计文件及相关资料,施工现场情况、工程特点及拟定的投标施工组织设计或施工方案,与建设项目相关的标准、规范等技术资料,市场价格信息或工程造价管理机构发布的工程造价信息,其他相关的资料。

二、投标报价的范围

投标报价范围为招标文件工程量清单中列出有工程项目和数量,根据《建设工程工程量清单计价规范》和企业定额,按照工程量清单填报单价和合价。工程量清单所列项目必须一一对应填报,对于未填报单价或合价的工程项目,实施后,招标人将不予支付,并视该项费用已包括在其他有价款的单价或合价之内。每一项目只允许有一个报价,招标人不接受有选择的报价。工程实施地点为投标须知前附表所列的建设地点。投标人应踏勘现场,充分了解工地位置、道路条件、储存空间、运输装卸限制以及可能影响报价的其他任何情况,而在报价中予以适当考虑,因为任何因忽视或误解工地情况而导致的索赔或延长工期的申请都有可能得不到工程师的批准。

投标人的报价均应包括完成该工程项目的直接成本、间接成本、利润、税金、政策性文件规定的费用、技术措施费、大型机械进出场费、风险费等所有费用,但合同另有规定者除外。

三、国内工程投标报价

1. 报价的内容

投标报价时,须先明确报价的内容、范围、报价依据。国内工程投标报价的内容就是建筑安装工程费的全部内容。建筑安装工程费在我国包括下列项目:

(1) 直接工程费。

① 直接费:人工费,材料费,施工机械使用费。

② 其他直接费。

③ 现场经费:临时设施费,现场管理费。

(2) 间接费:企业管理费,财务费用,其他费用。

(3）利润。

(4）税金。

凡是报价范围内的各项目的报价都应包括组成上述建筑安装工程费的各个项目，不可重复或遗漏。

2．报价的基础工作

明确了报价范围和报价的内容要求后，应进一步做好下列工作：

(1）熟悉施工方案、熟悉投标的施工组织设计方案、了解组织方案的工期和进度安排、准备采用的施工方法和主要机械设备以及现场临时设施等。

(2）核算工程量时，对招标文件中提供的工程量清单主要项目进行重点抽查，确保重要子项目和重大项目的工程量计量准确。抽查的方法一般可选工程数量多、对总造价影响大的项目，按设计图纸和工程量计算规则进行计算，将计算结果与工程量清单所列工程量核对；有时也用"经验指标"来校核，即根据日常积累的统计资料，编制不同类型建筑产品的工程量"经验指标"，经实践总结，每平方米建筑面积中，不同类建筑子目含量：住宅工程（外墙约 $0.5\sim0.6$ m^2，内墙约 1.0 m^2），旅馆、办公楼、工业厂房工程（外墙 $0.4\sim0.5$ m^2，办公楼内墙约为 0.5 m^2，旅馆工程内墙约为 1.5 m^2）；各类建筑每平方米建筑面积中楼板混凝土为 $0.3\sim0.4$ m^3；钢筋混凝土结构每立方米含钢量约为 $160\sim250$ kg，等等。将投标工程的建筑面积乘以"经验指标"，与工程量清单中相应项目的数值进行比较，如发现较大差异再进一步核算。这是一种比较快捷、实用的方法。

(3）选用具体定额。国内工程投标报价，原规定以造价管理部门统一制定的概/预算定额，结合企业资源消耗定额为依据。工程数量核算基本无误之后，即可根据分部分项工程的内容选用相应的工、料、机械消耗定额，作为确定直接费的依据。

(4）确定分部分项工程单价。这是和选用或制订消耗定额紧密相连的工作。改革开放以来，我国投标报价的指导原则从所谓"定额量，指导价"取代计划经济体制下的统一定额与单价，逐步发展到试行"定额量，市场价，竞争费"，即按统一的计算方法计算工程量，按统一的定额确定工、料、机械消耗水平；造价管理部门根据市场变化情况发布价格信息，作为确定工、料、机械单价的依据；造价管理部门发布的费率则作为投标单位报价的参考，具体的费率水平可由投标单位根据自身的情况自主确定，以提高竞争力。

(5）确定现场经费、间接费率和预期利润率。通常前两项以直接费或人工费为基础，利润率则以直接费与间接费之和为基础，分别确定一个适当的百分数。根据企业自身的技术和经营管理水平，并考虑投标竞争的形势，可以预留适当的变化范围。

完成上述基础工作之后，经过报价决策分析，做出报价决策，即可编制投标报价总价及相应工程量清单单价。

第四节 技术标部分

技术标主要集中反映投标人的组织管理能力，即对工程质量保证、进度保证、安全文明施工措施、新技术运用等作出统筹安排和实施方案的能力。

技术标主要包括施工组织设计和管理机构配备情况。

一、施工组织设计

1. 投标人编制施工组织设计的要求

编制时采用文字、图表相结合说明施工具体步骤的方法，拟投入主要机械设备、劳动力计划、安全生产、文明施工、质量保证措施、工程进度计划（含节点控制）、技术组织措施、环境保护、地下管线及地上、地下设施的保护措施。

2. 施工组织设计的编制依据

(1) 招标人提供的设计文件及相关资料；
(2) 拟采用的规范和技术标准及有关法律法规、地方管理办法；
(3) 招标文件要求的质量、进度（开工、竣工日期）等；
(4) 拟投入的机械设备、劳动力及劳动力价格；
(5) 施工现场的地质资料及现场周围的环境；
(6) 类似建设工程项目的经验和资料；
(7) 招标文件（合同文件）的其他要求。

3. 施工组织设计的编制原则

保证工期、质量和安全的前提下，方便施工，以便获取最大利润。

4. 施工组织设计的内容

(1) 概述和施工组织设计编制总说明和指导思想。
(2) 现场管理机构。
(3) 主要工程施工方案。
(4) 施工总平面布置（含临时生产、生活设施布置）。
(5) 工程进度计划（施工网络图、横道图）；依据开工、竣工时间，合理安排节点进度。
(6) 工程质量保证措施。
(7) 劳动力安排。
(8) 机械设备配置及进场计划。
(9) 安全文明施工措施。

二、项目管理机构配备情况

工程建设工作量大，人员多、材料多、各种内外因素影响大，为保证"安全施工、质量进度、成本控制"等必须有一个较完整的项目管理机构。项目管理机构内容主要包括以下几方面：

(1) 管理架构图（管理组织体系、管理体系）。

项目机构设置应能满足项目正常运作的需要。

(2) 机构配备情况表。

项目各专业人员的配备及数量应能满足项目及相关法规规定人员、专业要求。拟派人员应能实际到位，如需更换，须征得招标人及建设行政监督部门的同意。

(3) 建造师简历。

建造师是项目施工的具体责任人,应具有相应的管理能力和与工程相适应的工作经验及专业技术水平。建造师不能同时担任其他工程的项目负责人(即没有负责在建工程)。

(4) 技术负责人简历。

技术负责人是项目实施的技术总管,其必须有与项目相关的专业水平和经验,并取得相应的技术职称。

第五节 投标文件的编写、担保、签署、装订、密封、提交

一、投标文件的编写

(1) 编制的投标文件,必须符合响应性投标的要求。即投标文件对招标文件有关的招标范围、质量要求、工期要求、技术标准和要求等实质性内容作出全面、具体的响应。

(2) 投标文件必须按规定的格式编制,不得任意修改招标文件中原有的工程量清单和投标文件格式。规定格式的每一空格都必须填写,如有重要数字不填写的,将被作为废标处理。

(3) 投标文件编制完毕后必须反复校对,对单价、合价、总标价及其大、小写数字均应仔细核对,必须保证计算数字及其书写均正确无误。

(4) 投标文件必须字迹清楚,签名及印鉴齐全。

(5) 投标文件编制完成后应按招标文件的要求整理、装订成册、密封和标志。投标文件的装帧应美观大方。

(6) 投递标书不宜太早,通常在截止日期前1~2天内递标。但也必须防止投递标书太迟,因超过截止时间送达的标书是无效的。

(7) 要避免因细节疏忽和技术上的缺陷导致投标书无效。

二、投标担保

1. 投标担保形式

(1) 投标保函。是由第三方使用担保,一般由银行或担保公司开具保函,格式应符合招标文件要求。银行保函或担保书有效期应保证在投标有效期满后28天内继续有效。

(2) 投标保证金。可通过使用支票、银行汇票等作为保证金提交方式,一般投标保证金不超过投标总价的2%,最高不超过50万元人民币。投标保证金有效期应超过投标有效期。

2. 投标保证金的没收

(1) 投标人在投标有效期内撤回投标文件。

(2) 中标人未能在规定期限内提交履约保证金或签署合同协议。

三、投标文件的签署

投标函及投标函附录、已标价工程量清单(或投标报价、投标报价文件)、调价函等内容,

按照招标文件的规定,应由投标人的法定代表人或其委托代理人签名的,必须逐项逐页签名的,不能漏签,并加盖投标单位的印章。若以联合体投标的,投标文件由联合体牵头人的法定代表人或其委托代理人按上述规定签署并加盖联合体牵头人单位印章。

四、投标文件的装订

(1) 投标文件的装订应符合招标文件的要求。其中,正本和副本的份数应符合招标文件要求,封面上应标记"正本"或"副本"。当"正本"与"副本"表示的内容不一致时,以"正本"标示的为准。

(2) 投标文件装订不能有松散现象,页码要连续,否则因投标文件装订松散而丢失或引起其他后果的,投标人自负一切责任。

(3) 要求提供电子标书的,电子标书的内容应与纸质标书的"正本"内容标示一致,并且电子文件按照招标文件要求密封开标时并能打开。如果电子标书不能打开的,则其投标不予评审。

五、投标文件的密封

投标文件应该按照招标文件的规定密封和包装。未按照招标文件规定密封、包装和加写标记的投标文件,招标人将拒绝接收。

六、投标文件的提交

提交投标文件前,要认真检查投标文件,不能遗漏签名、盖章,保证投标文件形式与招标文件要求一致,确认无误后进行封装。同时,按照招标文件规定的地点、时间送交投标文件,办理招标人签收手续。

投标人在招标截止日期前可以修改、补充已经提交的投标文件,更改的内容须以正式函件的方式通知招标人,变更内容将视为已经提交的投标文件的组成部分。

第六节 工程项目的施工投标策略

一、投标策略的概念

投标策略是指承包商在投标竞争中的指导思想与系统工作部署及其参与投标竞争的方式和手段。

二、投标策略的主要内容

(1) 以信取胜的策略;
(2) 以快取胜的策略;

(3) 以廉取胜的策略；
(4) 靠改进设计取胜的策略；
(5) 以退为进的策略；
(6) 长远发展的策略。

三、投标技巧

投标技巧是指在投标报价中采用一定的手法或技巧使业主可以接受且中标后又能获取较高的利润。

1．不平衡报价

不平衡报价是指对工程量清单中各项目的单价，按投标人预定的策略作上下浮动，但不变动按中标要求确定的总报价，使中标后能获取较好收益的报价技巧。其具体实施的方法如下：

(1) 前高后低。对早期工程可适当提高单价，相应地适当降低后期工程的单价。但这种方法对竣工后一次结算的工程不适用。

(2) 工程量增加的报高价。工程量有可能增加的项目单价适当提高，反之则适当降低。这种方法适用于按工程量清单报价、按实际完成工程量结算工程款的招标工程。

(3) 工程内容不明确的报低价。没有工程量只填报单价的项目，如果是不计入总报价的，单价可适当提高；工程内容不明确的，单价可以适当降低。

(4) 量大价高的子项适当提高单价。这种方法适用于采用单价合同的项目。

采用不平衡报价法要避免各项目的报价畸高畸低，否则有可能失去中标机会，因此实际实际中要统筹考虑。例如某项目虽然属于早期工程，但工程量可能是减少的，则不宜报高价。

2．多方案报价法

多方案报价法是投标人针对招标文件中的某些不足，提出有利于业主的替代方案（又称备选方案），用合理化建议吸引业主争取中标的一种投标技巧。其具体做法：一是按招标文件的要求报正式标价；二是在投标书的附录中提出替代方案，并说明如果被采纳，标价将降低的数额。多方案报价法具有以下特点：

(1) 方案报价法是投标人的"为用户服务"经营思想的体现。
(2) 方案报价法要求投标人有足够的商务经验或技术实力。
(3) 招标文件明确表示不接受替代方案时，应放弃采用多方案报价法。

3．扩大标价法

扩大标价法是投标人针对招标项目中的某些要求不明确、工程量出入较大等有可能承担重大风险的部分提高报价，从而规避意外损失的一种投标技巧。例如在校核工程量清单时发现某些项目的工程量，图纸与工程量清单有较大的差异，并且业主不同意调整的情况下，就可对有差异部分采用扩大标价法报价，其余部分仍执行原定策略。

4．提高中标率的投标技巧

业主在招标择优选择中标人时，往往在价格、技术、质量、期限、服务等方面有不同的要求，投标人应通过收集相关的资料信息掌握业主的意图，并采用具有针对性的策略和技巧，满足业主的要求，以增加中标的可能性。

（1）服务取胜法。在工程建设的前期阶段，主动向业主提供优质的服务，如代办征地、拆迁、报建、审批、申办施工许可证等各种手续，与业主建立良好的合作关系。

（2）标价取胜法。对于采用合理低标价评标方法的项目，争取以第一标中标。

（3）短工期取胜法。制订切实可行的技术措施，合理压缩工期，争取中标。

（4）质量信誉取胜法。质量信誉取胜法是指投标人依靠自己长期努力建立起来的质量信誉争取中标的策略，一旦获得市场的认同，企业必定进入良性循环阶段。

投标技巧是投标人在长期的投标实践中，逐步积累的投标竞争取胜的经验。常用的投标技巧还有很多，如开口升级法、突然袭击法、联合保标法、先亏后赢法等。

—— 本章小结 ——

本章主要介绍了工程施工投标的程序、决策以及编制方法、报价的确定以及投标的策略等内容。投标人应根据法定程序和招标文件的实质性要求编制和提交投标文件。

工程施工投标文件一般包括商务标书和技术标书两大部分。其中，商务标书包括投标函部分和商务报价部分。投标函部分有：投标函及投标函附录、法定代表人身份证明、授权委托书、联合体协议书（如有）、投标保证金、建造师简历、技术负责人简历、项目人员配备、机械设备配备等；商务报价部分有：报价总表、单项工程报价汇总表、单位工程报价汇总表、已标价的工程量清单和措施项目清单；技术标部分包含：施工组织设计（包含管理机构、施工技术方案、拟分包单位情况等）、资格审查资料（资格后审）或资格预审更新资料等内容组成。具体以招标人提供的招标文件对投标文件格式要求为准。

不平衡报价是工程投标报价过程中常运用的技术方法之一，在工程投标实践中常常采用。标书中提出的报价既要适合招标人的标底幅度又要保证投标人自身的利益，由此有效地使用一些策略和技巧，既能使投标总价中标，又能获取更大利润。

习　题

一、简答题

1．简述工程施工招标文件的组成内容。

2．投标保证金有何作用？

3．工程施工招标评标方法有几种形式？各自适用范围？

4．简述工程施工招标评标的程序。

二、单项选择题

1．工程施工评标的主要内容不包括（　　）。

　　A．考察投标人报价的合理性　　　　B．管理措施的可靠性

　　C．施工方案及其经济上的可行性　　D．组织机构的完善性

2．下列关于投标文件有效期的描述正确的是（　　）。

A．如果投标人在投标有效期内撤回投标文件，其投标担保将被退还。
B．投标文件有效期内为开标之日至招标文件所写明的时间期限内。
C．如果投标人拒绝招标人根据需要提出的延长投标文件有效期的要求，将因此被没收投标保证金。
D．同意延期的投标人应相应延长投标保证金的有效期，并且因此可以提出修改投标文件的要求。

3．《标准施工招标文件》规定，招标人与中标人签订合同后（　　）内，向未中标人和中标人退还投标保证金。
A．5日　　B．5个工作日　　C．10日　　D．10个工作日

4．下列对中标通知书相关情况的描述，不正确的是（　　）。
A．中标通知书发出的时间不得超过投标有效期的有效期限
B．中标人确定后，招标人应当向中标人发出中标通知书，无须将中标结果通知所有未中标的投标人
C．中标通知书可以载明提交履约担保等投标人需注意或完善的事项
D．中标通知书需要载明签订合同的时间和地点。

5．招标人不得以任何方式限制或排斥本地区、本系统以外的法人或其他组织参加投标以体现（　　）原则。
A．公平　　　B．保密　　　C．及时　　　D．公开

6．投标预备会，主要目的是招标人对潜在投标人针对（　　）及现场提出的问题进行答疑。
A．设计图纸　　B．招标文件　　C．地质勘察报告　　D．合同条款

三、多项选择题

1．招标文件应当包括（　　）等所有实质性要求和条件以及拟签订合同的主要条款。
A．招标工程的报批文　　B．招标项项目的技术要求
C．对投标人资格审查的标准　　D．投标报价要求　　E．评标标准

2．投标人在去现场踏勘之前，应先仔细研究招标文件有关概念的含义和各项要求，特别是招标文件中的（　　）。
A．工作范围　　B．专用条款　　C．工程地质报告
D．设计图纸　　E．设计说明

3．《建设工程施工合同（示范文本）》的附件包括（　　）等。
A．协议书　　B．通用条款　　C．工程质量保修书
D．专用条款　　E．发包人供应材料设备一览表

4．建设工程施工招标的条件有：（　　）。
A．招标人已经依法成立
B．初步设计及概算应当履行审批手续的，已经批准
C．招标范围、招标方式和招标组织形式等应当履行核准手续的，已经核准
D．有相应资金或资金来源已经落实
E．有招标所需的设计图纸及技术资料

5．以下项目中，可不采取招标方式而采取直接委托方式的有（　　）。

A．小型工程项目　　　　　B．大型基础设施
C．涉及国家安全、国家秘密的项目
D．需要使用农民工特殊情况的项目
E．利用扶贫资金以工代赈的项目

四、案例题

1．某大型工程项目由政府投资建设，业主委托某招标代理公司代理施工招标业务。招标代理公司确定该项目采用公开招标方式招标，招标公告在当地政府规定的招标信息网上发布。招标文件中规定：投标担保可采用投标保证金或投标保函方式担保。评标方法采用经评审的最低投标报价法。投标有效期60天。

业主对招标代理公司提出以下要求：为了避免潜在的投标人过多，项目招标公告只在本市日报上发布，且采用邀请招标。

项目施工招标信息发布以后，共有12家潜在投标人报名参加投标。业主认为报名参加投标的投标人太多，为了减少评标工作量，要求招标代理公司仅对报名的潜在投标人的资质条件、业绩进行资格审查。

开标后发现：

(1) A投标人的投标报价为8 000万元，为最低投标价，经评审后推荐其为中标候选人；

(2) B投标人在开标后又提交了一份补充说明，提出可以降价5%；

(3) C投标人提交的银行保函有效期为70天；

(4) D投标人投标文件的投标函盖有企业及企法人代表的印章，但没有加盖项目负责人的印章；

(5) E投标人与其他投标人组成了联合体投标，附有各方资质证书，但没有联合体共同投标协议书；

(6) F投标人的投标报价最高，故F投标人在开标后第二天撤回了其投标文件。

经过表述评审，A投标人被确定为中标候选人。发出中标通知书后，招标人和中标人进行合同谈判，希望中标人能再压缩工期、降低费用。经谈判后双方达成一致：不压缩工期，降价3%。

问题：

(1) 业主对招标代理提出的要求是否正确？说明理由。

(2) 分析A、B、C、D、E投标人的投标文件是否有效？说明理由。

(3) F投标人的投标文件是否有效？对其撤回投标文件的行为应如何处理？

(4) 该项目施工合同应该如何签订？合同价格应是多少？

案例鉴赏

背景：

某市赤坎永安街12-26号住宅楼工程，建筑面积775.68 m^2，该工程为框架结构四层，层高3.0 m，满堂基础，具体见投标报价总说明。某建筑工程公司根据招标人的招标文件及图纸资料等进行了现场踏勘和招标答疑，根据计价规范、选用适合的定额、招标文件及其所提

供的工程量清单和有关报价的要求，招标文件的补充通知和答疑纪要，有关的技术标准、规范和安全管理规定、参考市场材料信息价格并充分考虑相关风险进行了投标报价。本案选录了投标文件的投标报价部分，供同学们鉴赏。

某市永安街 12-26 号住宅楼工程施工项目

投标总价

招 标 人：_____

工程名称：_____

投标总价（小写）：905 007.75 元_____
　　　　（大写）：玖拾万伍仟零柒元柒角伍分_____

投 标 人：_____某建筑工程公司_____
　　　　　　　　　　（单位盖章）

法定代表人或其　　　　　　某建筑工程公司
授权代表：_____法定代表人____
　　　　　　　　　　（签字或盖章）

　　　　　　　　　　　×××签字
　　　　　　　　　　　造价师注册章
编 制 人：_____
　　　　　　　（造价人员签字盖专用章）

编制时间：_____

总说明

一、工程概况

赤坎永安街 12-26 号住宅楼工程，建筑面积 775.68 m²，该工程为框架结构四层，层高 3.0 m，满堂基础，外墙面贴 60 mm×120 mm 通体纸皮砖，厨房、卫生间墙面贴 200 mm×300 mm 瓷片，其余内墙面底层抹灰，公用部分墙面满刮腻子粉，厨房、卫生间地面铺 300 mm×300 mm 防滑砖，商铺地面铺 600 mm×600 mm 耐磨抛光砖，户与户间过道地面铺 500 mm×500 mm 耐磨抛光砖，楼梯地面铺成品步级砖，车房及公共部位地面水泥砂浆整体面层，铝合金窗、镶板门。

二、编制依据

1．《建设工程工程量清单计价规范》（GB 50500—2008）。

2．2010年《广东省建设工程计价通则》。
3．2010年《广东省建筑与装饰工程综合定额》及相应的计价办法。
4．招标文件及其所提供的工程量清单和有关报价的要求，招标文件的补充通知和答疑纪要。
5．广东省高教建筑规划设计院设计的施工图。
6．有关的技术标准、规范和安全管理规定等。
7．材料价格根据本公司掌握的价格情况并参照《某市建设工程造价信息》2010年10月的材料参考价，信息缺项的材料参照近期的市场价。

二、投标报价总表

工程名称：赤坎永安街12-26号住宅楼工程

序号		单位工程名称	报价/元	备注
1		分部分项工程量清单计价合计	722 360.61	
2		措施项目清单计价合计	238 866.52	
	2.1	安全防护、文明施工措施费部分合计	44 455.83	
	2.2	其他措施费部分合计	89 826.88	
投标总报价	(大写)：玖拾万伍仟零柒元柒角伍分			
	(小写)：905 007.75 元			

投标单位（盖章）：_____

单位工程投标报价汇总表

工程名称：赤坎永安街12-26号住宅楼（土建工程）

序号	费用名称	计算基础	金额/元
1	分部分项工程费	QDF	722 360.61
1.1	建筑工程		483 494.09
1.2	装饰装修工程		238 866.52
2	措施项目费		134 282.71
2.1	安全文明施工费	AQFHWMSG	44 455.83
2.2	其他措施项目费	QTCSF	89 826.88
3	其他项目费		16 614.29
3.1	暂列金额	ZLF	
3.2	暂估价	ZGGC	
3.3	计日工	LXF	
3.4	材料检验试验费	CLJYSYF	2 167.08

续表

序号	费用名称	计算基础	金额/元
3.5	总承包服务费	ZBF	
3.6	预算包干费	YSBGF	14 447.21
3.7	工程优质费	GCYZF	
3.8	索赔费用	SPFY	
3.9	现场签证费用	XCQZFY	
3.10	其他费用	QTFY	
4	规费		1 881.64
4.1	工程排污费	QDF+QSF+QTF	
4.2	施工噪音排污费	QDF+QSF+QTF	
4.3	防洪工程维护费	QDF+QSF+QTF	873.26
4.4	危险作业意外伤害保险费	1.3×775.68	1 008.38
5	税金	1+2+3+4	29 868.50
6	含税工程总造价	1+2+3+4+5	905 007.75
合计（大写）：玖拾万伍仟零柒元柒角伍分			

分部分项工程量清单与计价表

工程名称：赤坎永安街 12-26 号住宅楼（土建工程）

序号	项目编号	项目名称	项目特征描述	计量单位	工程数量	金额/元	
						综合单价	合价
		一、建筑工程					483 494.09
1	010101001002	平整场地	① 土壤类别：综合 ② 弃土运距：投标人自行考虑	m^2	195.500	2.49	486.80
2	010101003003	挖基础土方	① 土壤类别：三类土 ② 基础类型：筏板基础 ③ 挖土深度：2 m ④ 弃土运距：10 km	m^3	483.219	27.96	13 510.80
3	010103001004	土（石）方回填	① 土质要求：一般土壤（外购土） ② 密实度要求：按规范要求，夯填	m^3	344.816	31.61	10 899.63
4	010301001002	砖基础	① 砖品种、规格、强度等级：MU10 红砖、240 mm×115 mm×53 mm ② 基础类型：筏板基础 ③ 砂浆强度等级：M7.5 水泥砂浆	m^3	12.546	303.41	3 806.58
5	010302001004	实心砖墙	① 砖品种、规格、强度等级：MU7.5 红砖、240 mm×115 mm×53 mm ② 墙体类型：混水砖外墙 ③ 墙体厚度：180 mm ④ 砂浆强度等级：M5 混合砂浆	m^3	93.573	357.37	33 440.18

续表

序号	项目编号	项目名称	项目特征描述	计量单位	工程数量	金额/元 综合单价	合价
6	010302001005	实心砖墙	①砖品种、规格、强度等级：MU7.5红砖、240 mm×115 mm×53 mm ②墙体类型：混水砖内墙 ③墙体厚度：180 mm ④砂浆强度等级：M5混合砂浆	m³	25.224	346.83	8 748.44
7	010302001006	实心砖墙	①砖品种、规格、强度等级：MU7.5红砖、240 mm×115 mm×53 mm ②墙体类型：混水砖内墙 ③墙体厚度：120 mm ④砂浆强度等级：M5混合砂浆	m³	48.073	357.32	17 177.44
8	010302006003	零星砌砖	①名称、部位：蹲位（卫生间） ②砖品种、规格、强度等级：MU7.5红砖、240 mm×115 mm×53 mm ③形状截面：见施工图 ④勾缝要求：不勾缝 ⑤砂浆强度等级：M5水泥砂浆	个	9.000	228.95	2 060.55
9	010302006004	零星砌砖	①名称、部位：砖砌栏板（阳台） ②砖品种、规格、强度等级：MU7.5红砖、240 mm×115 mm×53 mm ③形状截面：厚度3/4砖 ④勾缝要求：不勾缝 ⑤砂浆强度等级：M5水泥砂浆 ⑥高度：900 mm	m	25.830	81.98	2 117.54
10	010303002001	成品烟道	类型：成品烟道（最小规格）	m	27.000	46.35	1 251.45
11	010303004002	砖水池、化粪池	①池外围尺寸：5 300 mm×1 750 mm×1 650 mm ②做法：详见水施08，砖砌化粪池#3不行车 ③砂浆强度等级：M5水泥砂浆	座	1.000	4560.63	4 560.63
12	010401006001	垫层	混凝土强度等级：C10普通商品混凝土20石	m³	20.184	336.58	6 793.53
13	010401001001	带形基础（楼梯基础）	混凝土强度等级：C15普通商品混凝土20石	m³	0.544	355.93	193.80
14	010401003002	满堂基础	混凝土强度等级：C30普通商品混凝土20石	m³	103.729	385.85	40 023.83
15	010402001005	矩形柱	混凝土强度等级：C25普通商品混凝土20石	m³	54.163	379.56	20 558.11
16	010402001006	矩形柱	①柱截面尺寸：构造柱 ②混凝土强度等级：C25普通商品混凝土20石	m³	1.778	380.38	676.32

续表

序号	项目编号	项目名称	项目特征描述	计量单位	工程数量	综合单价	合价
17	010405001002	有梁板	混凝土强度等级：C25 普通商品混凝土 20 石	m³	116.109	355.94	41 327.84
18	010405008001	雨篷、阳台板	混凝土强度等级：C25 普通商品混凝土 20 石	m³	6.330	402.78	2 549.60
19	010406001002	直形楼梯	混凝土强度等级：C25 普通商品混凝土 20 石	m²	61.470	73.01	4 487.92
20	010407001003	其他构件（女儿墙压顶）	混凝土强度等级：C25 普通商品混凝土 20 石	m³	2.853	422.22	1 204.59
21	010407002001	散水、坡道	① 混凝土强度等级：C10 普通商品混凝土 20 石 ② 厚度：10 cm	m²	39.240	32.43	1 272.55
22	粤010407004002	地坪	① 地坪厚度：10 cm ② 混凝土强度等级：C10 商品混凝土	m²	174.702	44.47	7 769.00
23	010416001007	现浇混凝土钢筋	钢筋种类、规格：Ⅰ级、圆钢 Φ10 mm 内	t	7.457	5302.72	39 542.38
24	010416001008	现浇混凝土钢筋	钢筋种类、规格：Ⅱ级、螺纹钢 Φ12～14 mm	t	6.852	5 256.20	36 015.48
25	010416001009	现浇混凝土钢筋	钢筋种类、规格：Ⅱ级、螺纹钢 Φ16～25 mm	t	16.722	5 099.45	85 273.00
26	010416001010	现浇混凝土钢筋	钢筋种类、规格：Ⅰ级、圆钢 Φ10 mm 内 箍筋	t	10.583	5 526.68	58 488.85
27	010416001011	现浇混凝土钢筋	电渣压力焊（柱纵筋 Φ16 mm 以上）	个	868.000	16.84	14 617.12
28	010416002002	预制构件钢筋	钢筋种类、规格：Ⅰ级、圆钢 Φ10 mm 内	t	0.015	5 302.67	79.54
29	010702002004	屋面涂膜防水	① 找平层：屋面 1:2.5 水泥砂浆 20 mm 厚 ② 防水做法：涂膜防水 聚氨酯二遍 2 mm 厚 ③ 保护层：屋面 1:2.5 水泥砂浆 20 mm 厚 ④ 墙边卷起 300 mm	m²	208.163	52.95	11 022.23
30	010702003001	屋面刚性防水	① 混凝土强度等级：C20 细石商品混凝土 10 石 ② 厚度：平均 35 mm 厚	m²	182.260	21.66	3 947.75
31	010703001002	卷材防水	① 防水部位：卫生间地面及墙高 400 mm ② 找平层：地面 1:2.5 水泥砂浆 20 mm 厚 ③ 防水做法：涂膜防水 三元乙丙橡胶卷材	m²	48.770	56.06	2 734.05

续表

序号	项目编号	项目名称	项目特征描述	计量单位	工程数量	综合单价	合价
32	010803001003	保温隔热屋面	① 部位：屋面 ② 隔热方式：隔热砼块 ③ 隔热材料品种及规格：C20预制细石混凝土板 500×500×40(Φ4双向@150 mm) ④ 黏结材料：M5水泥石灰砂浆 ⑤ 填缝材料：1∶2.5水泥砂浆	m²	149.214	45.95	6 856.38
		二、装饰装修工程					238 866.52
33	020102002003	块料楼地面	① 找平层材料种类、厚度：1∶2.5水泥砂浆40 mm厚(会审1) ② 面层材料品种、规格：防滑砖 300 mm×300 mm ③ 嵌缝材料种类：白水泥浆 ④ 部位：厨、厕地面	m²	64.561	68.85	4 445.02
34	020102002004	块料楼地面	① 找平层材料种类、厚度：1∶2.5水泥砂浆20 mm厚 ② 面层材料品种、规格：抛光砖 500 mm×500 mm ③ 嵌缝材料种类：白水泥浆 ④ 部位：户与户间过道	m²	36.626	90.38	3 310.26
35	020101001002	水泥砂浆楼地面	① 部位：首层走道及公共部位 ② 面层厚度、砂浆配合比：地面1∶2.5水泥砂浆20 mm厚	m²	174.702	11.86	2 071.97
36	020106002001	块料楼梯面层	① 找平层砂浆配合比、厚度：素水泥浆一遍、20 mm厚1∶2.5水泥砂浆 ② 黏结层厚度、砂浆配合比：10 mm厚1∶2水泥砂浆 ③ 面层材料品种、规格：500 mm×300 mm防滑地砖 ④ 嵌缝材料种类：水泥浆擦缝	m²	61.470	109.46	6 728.51
37	020101001003	水泥砂浆楼地面(散水)	面层厚度、砂浆配合比：1∶2水泥砂浆20 mm厚	m²	39.240	12.30	482.65
38	020204003007	块料墙面	① 墙体类型：红砖墙 ② 部位：外墙 ③ 底层厚度、砂浆配合比：20 mm厚1∶2.5水泥砂浆打底 ④ 挂贴方式：粘贴 ⑤ 面层材料品种、规格、颜色：外墙纸皮砖 60 mm×120 mm(通体砖)	m²	795.995	87.08	69 315.24

续表

序号	项目编号	项目名称	项目特征描述	计量单位	工程数量	综合单价	合价
39	020206003005	块料零星项目	①墙体类型：红砖墙 ②部位：外墙 ③底层厚度、砂浆配合比：20 mm 厚 1∶2.5 水泥砂浆打底 ④挂贴方式：粘贴 ⑤面层材料品种、规格、颜色：外墙纸皮砖 60 mm×120 mm(通体砖)	m²	43.910	116.46	5 113.76
40	020201001002	墙面一般抹灰	①部位：女儿墙内侧 ②底层厚度、砂浆配合比：15 mm 厚 1∶2.5 水泥砂浆打底 ③面层厚度、砂浆配合比：5 mm 厚 1∶2.5 水泥砂浆光面	m²	68.602	16.80	1 152.51
41	020204003003	块料墙面	①墙体类型：红砖墙 ②部位：厨房、卫生间 ③底层厚度、砂浆配合比：刷界面处理剂、15 mm 厚 1∶2.5 水泥砂浆打底 ④贴结层厚度、材料种类：水泥膏 ⑤挂贴方式：粘贴 ⑥面层材料品种、规格、品牌、颜色：瓷砖 200 mm×300 mm ⑦磨光、酸洗、打蜡：棉纱清洁表面	m²	351.848	64.93	22 845.49
42	粤020201004002	墙面底层抹灰	①底层抹灰材料种类、厚度：1∶1∶6 水泥石灰砂浆 15 mm 厚 ②部位：内墙面	m²	1 712.449	11.42	19 556.17
43	020203001001	零星项目一般抹灰	①部位：压顶面 ②底层厚度、砂浆配合比：15 mm 厚 1∶2.5 水泥砂浆打底 ③面层厚度、砂浆配合比：5 mm 厚 1∶2.5 水泥砂浆光面	m²	24.508	50.66	1 241.56
44	020301001002	天棚抹灰	①基层类型：现浇混凝土板 ②抹灰厚度、材料种类、砂浆配合比：刷水泥浆一道、10 mm 厚 1∶1∶6 水泥石灰砂浆底、5 mm 厚 1∶2.5 水泥石灰砂浆面	m²	854.835	15.00	12 822.53
45	020107001001	金属扶手带栏杆、栏板	①扶手材料种类、规格：Φ75 mm 不锈钢管 ②栏杆材料种类、规格：Φ32 mm 不锈钢管 规格间距详大样 ③弯头材料种类、规格：Φ75 mm 不锈钢 ④安装部位：楼梯	m²	20.690	217.86	4 507.52

续表

序号	项目编号	项目名称	项目特征描述	计量单位	工程数量	综合单价	合价
46	020402001003	金属平开门	① 门类型：(成品)普通型防盗门 ② 门编号：M1021 ③ 五金材料：门锁、拉手	m²	2.022	244.00	493.48
47	020402005002	塑料门	① 门类型：塑料平开门 ② 门洞尺寸：M1 700 mm×2 100 mm ③ 五金材料：普通合页、弓背拉手、插销	m²	12.573	96.20	1 209.48
48	020401001010	镶板木门	① 门类型：全板镶板木门 ② 门洞尺寸：M2 800 mm×2 100 mm ③ 五金材料：普通合页、弓背拉手、插销 ④ 防护材料种类：框外侧刷稀柏油2遍 ⑤ 油漆品种、刷漆遍数：刮桐油灰腻子2遍，调和漆2遍	m²	14.449	164.38	2 375.13
49	020401001009	镶板木门	① 门类型：全板镶板木门 ② 门洞尺寸：M4 1 000 mm×2 200 mm ③ 五金材料：普通合页、弓背拉手、插销 ④ 防护材料种类：框外侧刷稀柏油2遍 ⑤ 油漆品种、刷漆遍数：刮桐油灰腻子2遍，调和漆2遍	m²	16.956	165.37	2 803.95
50	020401001008	镶板木门	① 门类型：全板镶板木门 ② 门洞尺寸：M5 1 500 mm×2 000 mm ③ 五金材料：普通合页、弓背拉手、插销 ④ 防护材料种类：框外侧刷稀柏油2遍 ⑤ 油漆品种、刷漆遍数：刮桐油灰腻子2遍，调和漆2遍	m²	8.754	165.81	1 451.48
51	020401001011	镶板木门	① 门类型：全板镶板木门 ② 门洞尺寸：M6 790 mm×2 300 mm ③ 五金材料：普通合页、弓背拉手、插销 ④ 防护材料种类：框外侧刷稀柏油2遍 ⑤ 油漆品种、刷漆遍数：刮桐油灰腻子2遍，调和漆2遍	m²	5.210	164.63	857.69

续表

序号	项目编号	项目名称	项目特征描述	计量单位	工程数量	金额/元	
						综合单价	合价
52	020402001004	金属平开门	① 门类型：(成品)普通型防盗门 ② 门编号：M7 ③ 五金材料：门锁、拉手	m²	2.322	244.00	566.68
53	020402001005	金属平开门	① 门类型：(成品)普通型防盗门 ② 门编号：M8 ③ 五金材料：门锁、拉手	m²	28.882	244.00	7 047.15
54	020406001016	金属推拉窗（无亮）	① 窗类型：铝合金无亮推拉窗 M6 连窗 ② 窗洞尺寸：910 mm×1 400 mm ③ 材料种类：1.2 厚 ④ 玻璃品种、厚度：平板玻璃 5 mm 厚	m²	3.678	450.53	1 657.25
55	020406001012	金属推拉窗（无亮）	① 窗类型：铝合金无亮推拉窗 GC1 ② 窗洞尺寸：900 mm×600 mm ③ 材料种类：1.2 厚 ④ 玻璃品种、厚度：平板玻璃 5 mm 厚	m²	11.406	447.62	5 105.42
56	020406001014	金属推拉窗（无亮）	① 窗类型：铝合金无亮推拉窗 GC2 ② 窗洞尺寸：680 mm×600 mm ③ 材料种类：1.2 厚 ④ 玻璃品种、厚度：平板玻璃 5mm 厚	m²	0.370	482.86	178.90
57	020406001001	金属推拉窗（带亮）	① 窗类型：铝合金带亮推拉窗 C1 ② 窗洞尺寸：1000 mm×1 500 mm ③ 材料种类：1.2 厚 ④ 玻璃品种、厚度：平板玻璃 5 mm 厚	m²	9.981	457.61	4 567.54
58	020406001002	金属推拉窗（带亮）	① 窗类型：铝合金带亮推拉窗 C2 ② 窗洞尺寸：12 00 mm×1 500 mm ③ 材料种类：1.2 厚 ④ 玻璃品种、厚度：平板玻璃 5 mm 厚	m²	22.359	457.57	10 230.81
59	020406001003	金属推拉窗（带亮）	① 窗类型：铝合金带亮推拉窗 C3 ② 窗洞尺寸：1 500 mm×1 500 mm ③ 材料种类：1.2 厚 ④ 玻璃品种、厚度：平板玻璃 5 mm 厚	m²	41.057	457.21	18 771.67

续表

序号	项目编号	项目名称	项目特征描述	计量单位	工程数量	金额/元	
						综合单价	合价
60	020406001009	金属推拉窗(带亮)	① 窗类型：铝合金带亮推拉窗 C4 ② 窗洞尺寸：2 400 mm×1 500 mm ③ 材料种类：1.2 厚 ④ 玻璃品种、厚度：平板玻璃 5 mm 厚	m²	31.355	457.39	14 341.46
61	020406001015	金属推拉窗（带亮）	① 窗类型：铝合金带亮推拉窗 C5 ② 窗洞尺寸：4 800 mm×1 500 mm ③ 材料种类：1.2 厚 ④ 玻璃品种、厚度：平板玻璃 5 mm 厚	m²	21.036	455.96	9 591.57
62	020506001008	抹灰面油漆	① 基层类型：墙面一般抹灰面 ② 腻子种类：成品腻子粉 ③ 刮腻子要求：清理基层，修补，砂纸打磨，满刮腻子 2 遍	m²	238.397	6.66	1 587.72
63	020506001009	抹灰面油漆	① 基层类型：天棚面一般抹灰面 ② 腻子种类：成品腻子粉 ③ 刮腻子要求：清理基层，修补，砂纸打磨，满刮腻子 2 遍	m²	365.751	6.66	2 435.90
		合 计					722 360.61

措施项目清单与计价表（一）

工程名称：赤坎永安街 12-26 号住宅楼（土建工程）

序 号	项目名称	计算基础	费率/%	金额/元
1.00	安全防护、文明施工措施费部分			
1.10	按子目计算的安全文明施工措施项目			
1.10	按系数计算的其他安全文明施工措施项目			
1.1.1	按系数计算的安全防护、文明施工措施项目费（包括文明施工、环境保护、临时设施费、安全施工费）	分部分项项目费	3.18	22 971.07
2.00	其他措施费部分			
2.10	文明工地增加费	分部分项项目费		
2.20	夜间施工增加费	分部分项人工费		
2.30	赶工措施费	分部分项项目费		
2.40	按子目计算			
	合 计			22 971.07

措施项目清单与计价表（二）

工程名称：赤坎永安街12-26号住宅楼（土建工程）

序号	项目编码	项目名称	项目特征描述	计量单位	工程量	金额/元 综合单价	金额/元 合价
1	AQFHWMSG	安全防护、文明施工措施费部分					
1.1		按子目计算的安全文明施工措施项目					
1.1.1	JSJ	综合脚手架(含安全网)		m²	1.000		
1.1.2	粤011001001001	综合钢脚手架		m²	890.700	18.33	16 326.53
1.1.2.1		搭设、挂安全网					16 325.11
1.1.2.1.1	A22-2	综合钢脚手架 高度(12.5 m以内)		100 m²	8.907	1 832.84	16 325.11
1.1.2.2		加固维修,完工拆除					
1.1.2.3		拆除后材料堆放,场内外运输					
1.1.3	NJSJ	内脚手架		m²	1.000		
1.1.4	粤011001003001	满堂脚手架(满堂基础)		m²	195.500	3.65	713.58
1.1.4.1		搭设					714.40
1.1.4.1.1	A22-26*0.5	满堂脚手架(钢管) 基本层3.6 m		100 m²	1.955	365.42	714.40
1.1.4.2		加固维修,完工拆除					
1.1.4.3		拆除后材料堆放,场内外运输					
1.1.5	粤011001004003	里脚手架		m²	775.680	5.73	4 444.65
1.1.5.1		搭设					4 445.54
1.1.5.1.1	A22-28	里脚手架(钢管) 民用建筑基本层3.6 m		100 m²	7.757	573.10	4 445.54
1.1.6	KJSJAQDBHDLDB	靠脚手架安全挡板和独立挡板		项	1.000		
1.1.7	WNLBZB	围尼龙编织布		项	1.000		
1.1.8	MBZC	模板的支撑		t	1.000		
1.1.9	XCSGWL	现场围挡		项	1.000		
1.1.10	XCSZJYJJ	现场仅设置卷扬机架		项	1.000		
1.2		按系数计算的其他安全文明施工措施项目					
2	QTCSF	其他措施费部分					
2.1	NJCQZJCC	大型机械进退场费		项	1.000	4 960.84	4 960.84

续表

序号	项目编码	项目名称	项目特征描述	计量单位	工程量	金额/元 综合单价	合价
2.1.1	9946461	履带式挖掘机每次场外运费 1 m³ 以内		元	1.000	4 960.84	4 960.84
2.2		按子目计算					
2.2.1	粤010901001002	垫层模板		m²	6.380	21.75	138.77
2.2.1.1		制安					138.78
2.2.1.1.1	A21-12	基础垫层模板		100 m²	0.064	2 168.46	138.78
2.2.2	粤010901001001	基础模板		m²	148.460	32.45	4 817.53
2.2.2.1		制安					4 817.16
2.2.2.1.1	A21-6	满堂基础模板 有梁式		100 m²	1.485	3 243.88	4 817.16
2.2.3	粤010901002006	柱模板(1.2 m内)		m²	15.960	39.66	632.97
2.2.3.1		制安					632.94
2.2.3.1.1	A21-14	矩形柱模板(周长 m) 支模高度3.6 m 内(1.2 m 内)		100 m²	0.160	3 955.85	632.94
2.2.4	粤010901002008	柱模板(1.8 m内)		m²	527.072	32.51	17 135.11
2.2.4.1		制安					17 133.02
2.2.4.1.1	A21-15	矩形柱模板(周长 m) 支模高度3.6 m 内(1.8 m 内)		100 m²	5.271	3 250.43	17 133.02
2.2.5	粤010901003004	梁模板(25 m内)		m²	530.681	36.26	19 242.49
2.2.5.1		制安					19 241.86
2.2.5.1.1	A21-25	单梁、连续梁模板(梁宽 cm) 25 以内 支模高度 3.6 m		100 m²	5.307	3 625.75	19 241.86
2.2.6	粤010901005004	板模板		m²	608.855	35.50	21 614.35
2.2.6.1		制安					21 613.27
2.2.6.1.1	A21-49	有梁板模板 支模高度 3.6 m		100 m²	6.089	3 549.56	21 613.27
2.2.7	粤010901007001	阳台、雨篷、模板		m²	43.625	43.59	1 901.61
2.2.7.1		制安					1 901.43
2.2.7.1.1	A21-64	阳台、雨篷模板 直形		100 m²	0.436	4 361.07	1 901.43
2.2.8	粤010901006001	楼梯模板		m²	61.470	111.16	6 833.01
2.2.8.1		制安					6 832.91
2.2.8.1.1	A21-62	楼梯模板 直形		100 m²	0.615	11 110.42	6 832.91

续表

序号	项目编码	项目名称	项目特征描述	计量单位	工程量	金额/元 综合单价	合价
2.2.9	粤010901010001	压顶、扶手模板		m	55.480	25.72	1 426.95
2.2.9.1		制安					1 426.87
2.2.9.1.1	A21-68	压顶、扶手模板		100m	0.555	2 570.93	1 426.87
2.2.10	粤011201001001	建筑物20 m以内垂直运输		m²	775.680	14.34	11 123.25
2.2.10.1		在合理工期内完成全部工程所需的机械台班					11 121.60
2.2.10.1.1	A23-2	建筑物20 m以内的垂直运输 现浇框架结构		100 m²	7.757	1 433.75	11 121.60
		合　　计					111 311.64

主要材料设备价格表

工程名称：赤坎永安街12-26号住宅楼（土建工程）

序号	材料设备编码	材料设备名称	规格、型号等特殊要求	单位	单价/元
1	0001001	综合工日		工日	53.00
2	0003006	综合工日	(机械用)	工日	53.00
3	0101041-0001	螺纹钢	Φ12～14 mm	t	4 600.00
4	0101041-0002	螺纹钢	Φ16～25 mm	t	4 450.00
5	0103031	镀锌低碳钢丝	Φ0.7～1.2 mm	kg	4.76
6	0103051	镀锌低碳钢丝	Φ1.5～2.5 mm	kg	4.88
7	0103091	镀锌低碳钢丝	Φ4.0 mm	kg	5.11
8	0109031	圆钢	Φ10 mm 以内	t	4 480.00
9	0109081	冷拉圆钢	Φ4 mm	t	4 390.00
10	0163011	钨棒		kg	25.00
11	0229001	麻布		m²	3.73
12	0229111	幼麻筋	（麻刀）	kg	5.88
13	0303001	镀锌螺钉	（综合）	10 个	0.13
14	0303281	木螺钉	M5×50	10 个	0.30
15	0305473	地脚		10 个	13.56
16	0307151	膨胀螺栓	M6×80 镀锌连母	10 个	3.13
17	0341001	低碳钢焊条	（综合）	kg	4.90
18	0343071	不锈钢焊丝		kg	24.50
19	0351001	圆钉	（综合）	kg	4.36

续表

序号	材料设备编码	材料设备名称	规格、型号等特殊要求	单位	单价/元
20	0351011	圆钉	30~45 mm	kg	5.63
21	0351021	圆钉	50~75 mm	kg	4.36
22	0359001	铁件	（综合）	kg	5.81
23	0361151	不锈钢法兰座	（装饰用）Φ59 mm	个	3.60
24	0363291	镶板、胶合板、半截、全玻璃不带纱木门扇小五金	无亮（单扇）	100 m²	385.62
25	0401013	复合普通硅酸盐水泥	P.C 32.5	t	340.00
26	0401041	白色硅酸盐水泥	P.C 32.5	t	480.00
27	0403021	中砂		m³	50.00
28	0405041	碎石	10	m³	60.00
29	0409031	生石灰		t	350.00
30	0409061	素土		m³	22.00
31	0409321	石膏粉		kg	1.10
32	0413001	标准砖	240 mm×115 mm×53 mm	千块	375.00
33	0501001	杉原木	（综合）	m³	757.12
34	0503051	松杂板枋材		m³	1 313.52
35	0503211	枕木		m³	960.00
36	0503261	垫木		m³	1 313.52
37	0503301	定型板	1 000×500×15 mm	件	7.30
38	0503311	松杂直边板		m³	1 232.31
39	0505121	防水胶合板	模板用 18	m²	37.90
40	0601011	平板玻璃	5	m²	29.50
41	0661021-0001	釉面砖	200 mm×300 mm	m²	22.50
42	0662001-0001	纸皮通体瓷砖	粒径 60×120 mm	m²	35.50
43	0662011-0001	防滑砖	300 mm×300 mm	m²	33.00
44	0662021-0001	瓷质抛光砖	500 mm×500 mm	m²	63.10
45	0665011	瓷质梯级砖	600 mm×300 mm	m²	22.20
46	0665031	瓷质梯级砖	600 mm×150 mm	m²	27.70
47	0901001	杉木门窗套料		m³	1 551.49
48	1023081	不锈钢扶手	Φ76 mm×1.2	m	54.79
49	1101241	腻子粉	成品（一般型）	kg	1.90
50	1103251	酚醛红丹防锈漆		kg	11.50
51	1103601	聚氨酯甲料		kg	8.11
52	1103611	聚氨酯乙料		kg	20.27

续表

序号	材料设备编码	材料设备名称	规格、型号等特殊要求	单位	单价/元
53	1105001	虫胶漆		kg	42.00
54	1111411	酚醛调和漆		kg	7.20
55	1141071	环氧树脂	（综合）	kg	29.00
56	1141111	乙酸乙酯		kg	9.00
57	1141181	清油		kg	12.00
58	1141191	松节油		kg	7.00
59	1143001	石粉		kg	0.03
60	1143201	乳液		kg	5.80
61	1157131	三元乙丙橡胶卷材		m²	29.00
62	1231061	甲苯		kg	3.28
63	1233021	隔离剂		kg	6.74
64	1235021	软填料		kg	2.97
65	1237031	氩气		m³	19.59
66	1301361	石棉垫		kg	8.80
67	1404051	不锈钢管	D32×0.8	m	15.23
68	1509021	不锈钢弯头	DN75	个	90.00
69	1513041	陶土管弯头	De150	支	8.80
70	2809001	寸方大阶砖	370×370	千块	1 429.00
71	3001001	钢支撑		kg	4.57
72	3115001	水		m³	3.33
73	8021105	C10普通预拌混凝土20石		m³	260.00
74	8021109	C15普通预拌混凝土20石		m³	270.00
75	8021115	C20普通预拌混凝土20石		m³	280.00
76	8021121	C25普通预拌混凝土20石		m³	290.00
77	8021127	C30普通预拌混凝土20石		m³	305.00
78	8033251	炉(矿)渣（综合）		m³	54.97
79	9946041	汽油	(机械用)国Ⅲ93#	kg	8.75
80	9946051	柴油	(机械用)0#	kg	7.49
81	9946071	电	(机械用)	kW·h	0.84
82	B0903011-0001	(成品)普通型防盗门		m²	244.00
83	ZC-0002	塑料门		m²	67.50
84	ZC-0006	铝合金推拉窗 带亮主材	90系列 1.2厚	m²	384.50
85	ZC-0007	铝合金推拉窗不带亮主材	90系列 1.2厚	m²	373.50
86	ZC-0008	成品烟道		m	45.00

规费和税金项目清单与计价表

工程名称：赤坎永安街12-26号住宅楼（土建工程）

序号	项目名称	计算基础	费率/%	金额/元
1	规费		100.000	1 881.64
1.1	工程排污费	分部分项目费+措施项目费+其他项目费	0.000	
1.2	施工噪音排污费	分部分项目费+措施项目费+其他项目费	0.000	
1.3	防洪工程维护费	分部分项目费+措施项目费+其他项目费	0.100	873.26
1.4	危险作业意外伤害保险费	1.3×775.68	100.000	1 008.38
2	税金	分部分项目费+措施项目费+其他项目费+规费	3.413	29 868.50

其他项目清单与计价汇总表

工程名称：赤坎永安街12-26号住宅楼（土建工程）

序号	项目名称	单位	金额/元	备注
1	暂列金额	元		以暂列金额为计算基础×100%
2	暂估价			
2.1	材料暂估价	元		
2.2	专业工程暂估价	元		
3	计日工	元		
4	总承包服务费	元		
5	索赔费用	元		
6	现场签证费用	元		
7	材料检验试验费	元	2 167.08	以分部分项目费为计算基础×0.3%
8	预算包干费	元	14 447.21	以分部分项目费为计算基础×0.2%
9	工程优质费	元		以分部分项目费为计算基础
10	其他费用	元		
	合 计		16 614.29	

第八章 工程监理招标简述

学习目标

通过本章学习，了解工程监理招标的基本情况，了解工程监理招标文件的基本组成；熟悉工程监理招标评标因素和评标标准。

能力目标

通过本章节教学，使学生能根据工程具体情况进行监理招标的评标因素和评标标准分值的设置。

一、工程监理概念

工程监理就是监理单位受建设单位的委托，对拟建工程的质量、进度、成本、安全等方面进行监督、管理的活动。

二、监理招标的特点

1．监理招标宗旨是"对监理单位综合能力的选择"

监理服务工作完成的好与坏主要取决于完善的监理服务体系，参与监理工作人员的业务能力、专长、经验、判断能力以及风险意识。

2．监理报价在选择中层次要地位

监理服务需要的是高质量的服务，监理报价太低，监理单位派出的现场管理人员可能不一定很好，由此可能导致监理过程中的监理质量和风险得不到较好的控制。

三、建设工程监理招标投标程序

监理招标投标程序与工程施工招标投标程序基本一致，同样分为三个阶段：一是招标准备阶段，二是招标投标阶段，三是决标阶段。

（一）招标准备阶段

（1）招标人确定监理内容（招标范围）。

（2）招标人自行招标的，应到工程所在地政府招标投标管理机构办理备案手续；委托代理机构招标的，应提供代理委托合同书。

（3）编制监理招标文件。

(4) 招标备案。
(5) 发布监理招标公告或发出邀标通知书。

（二）招标投标阶段

(1) 向投标人发出投标资格预审书，对投标人进行资格预审（如有）。
(2) 招标人向投标人发出招标文件，投标人组织编写投标文件。
(3) 招标人组织必要的答疑、现场勘察，解答投标人提出的问题，编写答疑文件或补充招标文件等（如有需要）。
(4) 投标人递送投标书，招标人接受投标书。

（三）决标阶段

(1) 招标人组织开标、评标、决标。
(2) 招标人确定中标单位后向招标投标办事机构提交招标投标情况的书面报告。
(3) 招标人对中标人在相关网站公示。
(4) 公示完后，招标人向投标人发出中标或者未中标通知书。
(5) 招标人与中标单位订立委托监理书面合同。
(6) 投标人报送监理规划，实施监理工作。

四、监理招标文件

监理招标文件一般由以下内容组成：
第一章　招标公告；
第二章　投标须知前附表和投标须知；
第三章　工程建设监理合同（格式）；
第四章　技术规范及要求；
第五章　投标文件格式及辅助资料。

第一章　招标公告

招标公告应真实反映工程及招标的具体内容与要求。公告内容主要包括：
(1) 工程概况、招标范围、监理服务范围及期限；
(2) 投标人资格条件；
(3) 购取招标资料办法；
(4) 本工程投标保证金；
(5) 投标文件的递交；
(6) 招标公告发布媒体；
(7) 联系方式。

第二章　投标人须知

工程施工招标文件的投标人须知与工程施工招标文件的内容格式大致相同，不同点主要表现在委托监理的范围和内容、监理投标报价说明、投标文件编制要求等内容。

1. 委托监理的范围和内容

监理机构应在其资质证书相应的资质范围内进行工程等级监理，不能超资质范围承揽业务。

（1）监理招标的范围。

监理招标发包的范围，既包括阶段范围，又包括工程范围。

① 阶段范围。

监理招标，既可以是工程项目实施阶段全过程监理招标，即把勘察、设计、施工阶段的监理为一个总标的，也可以将勘察、设计、施工监理分别单独招标；有需要还可以将施工中的土建和安装工程的监理工作分开招标。

② 工程范围。

既可以是整个工程项目进行监理招标，也可以将单项工程、单位工程监理招标。但要描述清楚项目监理的具体范围和边界以及项目实施的条件。

（2）监理内容。

监理单位在具体工程监理过程中，应按照工程建设单位的委托合同书中的具体委托内容和权力、义务履行职责。在委托监理合同委托的权限内对工程质量、进度、成本、安全等方面进行控制以及对重要设备、大宗材料采购的控制。

2. 监理投标报价说明

监理服务费的计算应按照国家发改委《建设工程监理与相关服务收费标准》（发改价格〔2007〕670号）及规定的浮动幅度进行计费。在招标文件中应清楚说明，同时还应明确招标人是否提供人员、设备和设施。若招标人为投标人在工程监理过程中免费提供人员、设备和设施的，投标人投标报价时不再考虑此部分费用。

此外，需要明确监理费的调整因素和调整方式。

3. 投标文件的编制要求

包括投标文件的组成，投标文件的格式、投标保证金、投标有效期等主要内容。投标文件包括技术标书和商务标书两部分，技术标主要包括工程监理大纲；商务标主要包括：投标承诺函、投标文件综合说明、报价表及说明、其他与评标有关的企业、人员资质、业绩、经验等资料。

第三章　工程建设监理合同（格式）

工程监理合同采用原建设部和国家工商行政管理总局联合颁布的《建设工程委托监理合同（示范文本）》GF-200-0202。由第一部分：委托监理合同；第二部分：标准条件、第三部分：专用条件构成。

组成合同文件的内容主要包括：工程委托监理合同、中标通知书、投标函、合同专用条件、合同标准条件、合同附件。

第四章　技术规范及要求

主要是指应遵守指执行《中华人民共和国建筑法》、《建设工程质量条例》等法律、法规和强制性标准；《建设工程监理规范》（GB 50319—2000）；相关的验收规范等；技术文件内容应包括：工程水文、地质、气象等资料，招标项目工程总体布置、主要工程建设项目工程量和施工总进度计划，项目结构布置、典型剖面设计图纸和文件，工程进度控制、质量控制和工程费用控制特别要求。

第五章　投标文件格式及辅助资料

（1）投标文件一般分为商务及综合部分、监理大纲及技术部分和投标人资质审查有关资料三部分。

① 商务及综合部分：包括投标函和附录、法定代表人授权委托书、报价文件、投标保证金或保函、人力资源保证措施、投标人提供的设备与设施。

② 监理大纲及技术部分：包括监理大纲，监理单位对工程的认识、理解与建议，施工难点与关键点、主要单位或分部工程监理技术措施等。

③ 投标人资质审查：适用于资格后审或涉及评标因素的资格业绩资料及其他有关情况。

（2）辅助资料。双方提供的设备、仪器与设施要求。对设备、设施、工具、物品等的使用、维修、维护与运行费用等内容作出详细说明。

五、评　标

1．选择监理公司一般原则

（1）监理单位的资质能力。

（2）实施监理任务的计划。

（3）派驻现场监理人员的素质。

2．监理招标的评标因素与评标标准

监理招标文件设置的评标因素与评标标准主要从以下几方面的合理性进行：

（1）投标人的资质。包括资质等级、批准的业务范围、人员综合情况。

（2）监理大纲。

（3）拟派项目的主要监理人员的资格、经验、业绩（重点审查总监理工程师和主要业务监理工程师）。

（4）人员派驻计划和监理人员的素质（通过学历证、职称证书和资格证书反映）。

（5）监理单位提供用于工程的检测设备和仪器或委托有关单位检测的协议。

（6）近几年监理单位的业绩及奖惩情况。

（7）监理费报价和费用组成。

（8）招标文件要求的其他情况。

3．总监理工程师的洽谈

当一项工程技术比较复杂、预计在施工过程中存在的风险（如质量控制风险、成本控制风险）可能会比较大时，可通过与拟派总监理工程师的洽谈，考查他的风险意识、对业主建设意图的理解、应变能力、管理目标的设定等素质的高低来设置其他因素。

【案例 8-1】　某工程施工监理招标评标因素与评标标准设置。

本案例在设置评标因素与标准时，注重的是总监理工程师的资格、经验与能力，监理规划大纲，投标资质及投标企业的经验、业绩，各专业监理工程师资格及业绩；而淡化了监理服务费。一般监理服务费分值不超过总分值的20%，而本案只占不到10%。

本案监理招标评标因素与评标标准分值设置见表8.1。

表8.1 评标因素与评标标准分值设置

评标内容		分值/分
投标资质等级及总体素质		10～15
监理规划大纲		10～20
监理机构	总监理工程师资格	10～20
	专业配套	5～10
	职称年龄结构等	5～10
	各专业监理工程师资格及业绩	10～15
检测仪器、设备		5～10
监理取费		6～10
监理单位业绩		10～20
企业奖惩及社会统管		5～10
总　计		100

注：表中评分内容及分值分配仅供参考，招标人可以根据工程的特点和需要进行调整。

―― 本章小结 ――

本章简述了工程施工监理招标的监理招标的特点、监理招标程序、监理招标文件组成、评标因素和评标标准的确定。

（1）监理招标的特点：监理招标主要是对监理单位综合能力的选择。

（2）监理招标程序：监理招标分为招标准备阶段、招标投标阶段、决标阶段。

（3）监理招标文件：一般由招标公告、投标须知前附表和投标须知、工程建设监理合同（格式）、技术规范及要求、投标文件格式及辅助资料组成。

（4）监理服务费：监理服务费的计算应按照国家发改委《建设工程监理与相关服务收费标准》（发改价格〔2007〕670号）及规定的浮动幅度进行计费。

习　题

一、简答题

1．选择监理公司的原则是什么？
2．工程施工监理招标的评标因素主要考虑哪些方面内容？
3．工程监理招标文件由哪些内容组成？

二、单项选择题

1．在工程监理招标评审中，评审监理费用报价的依据，按设定的评分方法对监理费用总额计算报价得分,其权重不宜过高,一般不超过( )。

A．5% B．10% C．15% D．20%

2．在工程施工监理招标文件中,( )是指导投标人编制投标文件监理大纲和报价的依据,但不作为监理合同有效文件。

A．投标人须知 B．监理大纲要求 C．合同文件 D．工程技术文件

三、多项选择题

1．在工程监理招标文件中,工程技术文件主要包括( )。

A．工程建设项目造价估算书和分项投资估算表
B．工程水文、地质、气象资料
C．招标项目工程总体布置、主要工程建设项目工程量和施工总进度计划
D．招标项目工程总体布置、典型剖面设计图纸和文件
E．工程进度控制、质量控制和工程费用控制特别要求

2．在工程监理招标文件中,商务部分包括( )。

A．投标函和附录 B．法定代表人授权委托书 C．投标保证金或投标保函
D．主要单位或分部工程监理技术措施 E．履约保函

四、案例题

某住宅建筑工程的监理采用公开招标方式选择投标人,代理机构拟采用"$A+B$"评标法进行评标。请你代招标代理机构编写该评标具体办法。

第九章　工程勘察设计招标简述

学习目标

通过本章学习，了解工程勘察设计招标的基本情况，了解工程勘察设计招标文件的基本组成；熟悉工程勘察设计招标评标因素和评标标准。

能力目标

通过本章节教学，使学生能根据工程具体情况进行工程勘察设计招标的招标文件评标因素和评标标准的设置及合理分配权重分值。

一、工程勘察设计概念

工程勘测：是指对工程建设地点的地形、地质、水文、道路条件等进行勘测，查明、分析、评价建设场地的地质地理环境特征和岩土工程条件，编制建设工程勘察文件，为工程设计提供基本资料。

工程设计：是指在批准的场地范围内对拟建工程进行详细规划、布局、设计，以保证为实现项目投资的各项经济、技术指标提供具体、详细的实施设计文件。

二、工程勘察设计招标目的

勘测设计是工程建设过程中的关键环节，而建设工程进入实施阶段的第一项工作就是工程勘测设计招标。勘测设计质量的优劣，对工程建设目标（质量目标、成本目标、进度目标）能否顺利实现起着至关重要的作用。

招标人委托勘察任务的目的：为项目选址和进行设计工作取得现场的实际依据资料。

设计招标的目的：通过设计竞争，择优确定综合指标均好的方案和设计单位，以达到拟建项目能够采用先进的技术和工艺，降低工程造价，缩短建设周期和提高经济效益的目的。

三、工程勘察设计招标特点

1．工程勘察招标的特点

大多勘察工作仅委托勘察任务而无科研要求，故委托工作大多属于用常规方法实施的内容（地形图测绘、岩土、水文勘察）。任务比较明确、具体的，可以在招标文件中给出任务的数量指标，如地质勘探的孔位、探眼数量、总钻探进尺长度等。

勘察任务可以单独委托给具有相应资质的勘察单位实施，也可以将其包括在设计招标任务中，由勘察设计单位总承包。也就是说，由具有相应能力的设计单位完成或由其选择承担勘察任务的专业勘察分包单位承包。采用总承包招标时，在合同履行过程中招标人和监理可以减少合同实施过程中可能遇到的各种协调义务，而且能使勘察工作直接根据设计需要进行，能满足设计对勘察资料精度、内容和进度的要求；必要时还可以进行补充勘察工作。

2．设计招标的特点

投标人将招标人对项目的设想变为可实施的方案。

招标人在设计招标文件中对投标人所提出的要求比较模糊，各种指标不是很明确、具体，只是简单介绍建设项目的实施条件、预期达到的技术经济指标、投资限额、进度要求等。投标人要根据招标条件、现场踏勘资料和相关文件资料，把对建设项目的设想变为可实施的初步方案，然后在投标文件中分别报出各自对项目的构思方案、实施计划和设计费用报价。招标人通过开标、评标程序对各方案进行比较，综合评定，择优确定中标方案和中标人。

四、工程勘察设计招标的内容

1．工程勘察招标的内容

由于工程建设项目的性质、规模、复杂程度以及建设地点的不同，设计前所需的勘察也各不相同。主要有下列八大类：

（1）自然条件观测。
（2）地形图测绘。
（3）资源探测。
（4）岩土工程勘察。
（5）地震安全性评价。
（6）工程水文地质勘察。
（7）环境评价和环境基底观测。
（8）模型试验和科研。

依据总体方案平面图及设计单位提出的某技术方面要求，进行勘察方案设计及施工。

2．工程设计招标的工作内容

一般工程项目的设计分为总体规划设计、方案设计（含概念设计）、初步设计和施工图设计等几个阶段进行；对技术复杂而又缺乏经验的项目，在必要时还要增加技术设计阶段。

工程设计招标一般多采用总体规划设计、方案设计（含概念设计）、技术设计招标或施工图设计招标。为了保证设计指导思想连续地贯彻于设计的各个阶段，一般由方案设计（含概念设计）中标的设计单位承担初步设计或施工图设计任务。招标人应依据工程项目的具体特点决定发包的工作范围，可以采用设计全过程总发包的一次性招标；也可以选择分单项或分专业的发包招标。

五、工程勘察设计招标应具备的条件

按照国家颁布的有关法律、法规，勘测设计招标项目应具备如下条件：
（1）具有经过审批机关批准的设计任务书或项目建议书。

（2）具有国家规划部门划定的项目建设地点、平面布置图和用地红线图。

（3）具有开展设计必需的可靠的基础资料，包括：建设场地勘测的工程地质、水文地质初步勘测资料或有参考价值的场地附近的工程地质、水文地质详细勘测资料；水、电、燃气、供热、环保、通信、市政道路等方面的基础资料；符合要求的勘测地形图等。

（4）勘察设计所需资金已经落实。

（5）有设计要求说明等。

六、工程勘察设计招标文件

工程设计投标文件一般由招标公告、投标人须知、设计条件及要求、主要合同条件、投标文件格式、附件及附图等内容。在招标文件中把以上内容分成具体章节，同时也可以把评标办法单列一章进行详细描述。

1．招标公告

招标公告格式、内容大致与施工招标文件相同，不同的是要在招标公告中写明设计费用的计费、设计补偿办法，以便招标人能够根据招标公告作出是否参与投标的决定。

2．投标人须知

设计招标文件中的投标人须知与工程招标投标人须知格式、内容基本相同，不同的是投标保证金、投标补偿费用和奖金设定及支付方式、知识产权规定等内容。

（1）投标保证金。《工程建设勘察设计招标投标办法》规定：招标文件要求投标人提交投标保证金的，保证金数额一般不超过勘察设计费投标报价的2%，最高不得超过10万元人民币。

（2）投标补偿费用和奖金。投标补偿费用是招标人用以支付给投标人参加招标活动并递交有效投标设计方案的费用补偿，该费用还应包括招标人有可能使用未中标的投标人（包括招标人有可能使用其设计方案或部分设计要素）所支付的投标补偿费用和支付方式。当估计有效投标方案较多时，招标人可以在招标文件中设置前几名作为补偿，其他则不给予补偿的条款。

（3）知识产权的范围及归属。对于知识产权问题，招标人在招标文件中设置该条款时，要考虑不侵犯他人的知识产权，同时又要注意保护自身的知识产权和知识产权的归属问题。在这个问题上，招标人在编制招标文件时，可以设置如下条款：

投标人应在其工作范围内确保其各自独立准备的全部设计文件在我国境内外没有且也不会侵犯任何第三方的知识产权（包括但不限于著作权、商标权、专利权）或专有技术或商业秘密。

招标人有权在招标标的中使用中标方案中中标人享有合法权利的著作权、专利权，对于中标方案中涉及的他人所有的知识产权，中标人有义务获得许可，否则招标人有权解除合同并要求退还已支付的费用，且招标人因此受到损害的，有权要求中标人予以赔偿。如果招标人、中标人使用未中标方案作为本项目实施方案，招标人按招标文件规定向提交方案的投标人支付使用费后，该方案的发表权、展览权、使用权归招标人和中标人共有。

3．设计条件及要求

设计条件及要求是投标人进行方案设计的纲领性、指导性文件，一般包含如下内容：

(1) 设计目的和任务。如对标的的风格、理念要求或其他。

(2) 项目综合说明。包括项目名称、建设背景、项目功能、使用性质、周边环境、交通情况、自然地理条件、气候条件空正设防要求等内容。

(3) 设计条件。包括主要技术经济指标要求、功能要求、工艺要求、用地及建设规模、建筑退红线、建筑高度、建筑密度、容积率范围、绿地率、交通规划条件、市政规划条件等要求。

(4) 设计原则、指导思想。

(5) 设计使用年限要求。

(6) 设计深度及设计成果要求。设计深度应当符合国家规定的深度要求；设计成果要求中应明确成果内容要求、编制格式要求、数量要求等。

4．主要合同条件

工程设计招标文件的设计合同（建议）一般采用标准合同范本编写合同条件，实践中设计合同范文有两种，一种是《建设工程设计合同（一）》[民用建设工程设计合同]（GF-2000-0209），另一种是《建设工程设计合同（二）》[专业建设工程设计合同]（GF-2000-0210）。

5．投标文件格式

投标文件一般包括投标商务文件、投标经济文件和投标设计技术文件。

(1) 投标商务文件。

投标商务文件主要包括投标人资质、质量管理体系、业绩、经验以及主要设计人员的资格、业绩、经验等。

(2) 投标经济文件。

投标经济文件议案包括：

① 投标报价表及分项报价表；

② 设计周期和设计进度计划；

③ 投标设计方案版权声明；

④ 设计服务承诺及建议。

(3) 投标设计技术文件。

一般包括项目设计总体说明、设计说明、主要技术经济指标表、工程建设项目造价估算书和分项投资估算表、技术论证书、设备的选型建议、方案设计图纸、展板、多媒体文件、模型等内容。

6．附件、附图

主要指为投标人编制投标文件需要的基础性资料，如工程地质勘探成果报告书、可研报告、详规条件、区位边界图、用地红线图等内容。

七、评标方法与因素的选择

招标人应在招标文件中合理、公正、科学地设置评标因素和评标方法，以利于优秀设计方案的甄别。

1．评标因素的选择

实践证明，工程项目设计招标的核心是商务因素和技术因素，其次是经济因素。应根据项目特征和要求赋予相应的分值权重。鉴于工程项目设计属于智力服务，经济因素的权重不宜太高，一般不超过15%。

（1）商务因素。

工程设计招标的商务因素一般包括投标人的设计资质等级、管理体系认证、类似项目设计业绩、拟投入的设计团队人员的资格、业绩、经验，特别是总设计师、总建筑师等人的资格、业绩、经验，投标人的设计服务承诺和建议，投标人的设计周期和设计进度安排等内容。

（2）技术因素。

工程设计招标的技术因素一般包括项目的规划设计指标、总平面布局、单体平面布置、功能分区、立体空间设计、建筑创意造型、主要技术经济指标、节能环保、交通和结构、可实施性和持续性等内容。

（3）经济因素。

工程设计招标的经济因素主要是设计费投标报价及其合理性、设计费支付进度等。

2．评标方法的选择

工程建设项目设计招标的评标方法通常采用综合评估法，通常分为初步评审和详细评审两个步骤。

初步评审主要是评标委员会专家按照招标文件规定的要求，通过无记名投票方式对投标文件进行符合性审查；通过符合性审查的投标文件进入详细审查阶段。

详细评审主要是评标委员会专家按照招标文件规定的要求，通过无记名投票方式对投标文件的商务、技术和经济的评价因素、内容进行具体的综合评估，按照综合得分从高到低进行排名，最后推荐前三名为中标候选人。

【案例 9-1】 某民用建筑住宅工程设计招标中，招标人在招标文件的商务评标因素和标准的选择时，主要从投标人的设计资质、管理体系、业绩、团队等方面考虑，其商务评标因素和标准见表 9.1。

表 9.1 某民用建筑工程设计招标商务评分因素和标准

序号	评分项目	权重值	评分标准	分项分值	得分
1	设计资质及管理体系认证	10	企业设计资质符合招标文件规定的资质等级，是否通过 ISO 质量认证并成功运行一段时间	10	
2	类似项目设计业绩	30	近年完成类似项目业绩	15	
			类似项目是否投入使用	15	
3	投标人拟投入的项目设计团队人员资格业绩情况	40	项目总设计师是否主持设计过类似工程	20	
			设计师技术水平（职称、论著、个人获奖情况）及同类工程业绩	10	
			设计组成员是否齐备	10	
4	投标人的设计周期和设计进度安排	10	工期是否合理并满足招标文件要求，为建设好本工程，设计单位提交的各项服务	10	

续表 9.1

序号	评分项目	权重值	评分标准	分项分值	得分
5	投标人的设计服务承诺和建议	10	服务承诺是否合理并满足招标文件要求，建议是否合理	10	

从表 9.1 可以看出：一方面，招标人对投标人的业绩及项目团队的资格、业绩是比较在意的；另一方面，上述内容符合设计招标商务标评标因素和标准的设置要求，有利于保证项目设计质量。

——本章小结——

本章简述了建设工程勘察设计招标的特点、工程勘察设计招标的内容、工程勘察设计招标文件的组成与内容、工程勘察设计招标评标方法与因素的选择。

（1）工程勘察招标的内容。

主要包括自然条件观测、地形图测绘、资源探测、岩土工程勘察、地震安全性评价、工程水文地质勘察、环境评价和环境基底观测、模型试验和科研。若无科研要求，工程施工勘察只包含地形图测绘、岩土工程勘察、工程水文地质勘察。

（2）工程设计招标的内容。

主要包括总体规划设计、方案设计（含概念设计）、技术设计招标或施工图设计招标。

（3）工程勘察设计招标文件的组成与内容。

一般由招标公告、投标人须知、设计条件及要求、主要合同条件、投标文件格式、附件及附图等内容组成。

在投标人须知中要特别说明投标保证金、投标补偿费用和奖金设定及支付方式、知识产权规定等内容的相关规定。

（4）工程勘察设计招标评标方法与因素的选择。

工程项目设计招标的核心是商务因素和技术因素，其次是经济因素。招标文件评标因素与标准应根据项目特征和要求赋予相应的分值权重。鉴于工程项目设计属于智力服务，经济因素的权重不宜太高，一般不超过 15%。

习 题

一、简答题

1．工程勘察设计招标应具备哪些条件？
2．工程勘察设计招标文件一般包含哪些内容？
3．工程设计招标的设计条件与要求包含哪些内容？
4．如何设置工程设计招标的评标因素？

二、单项选择题

1．《工程建设项目勘察设计招标投标办法》规定，招标文件要求投标人提交保证金的，保证金数额一般不超过勘察设计费投标报价的2%，最多不超过（　　）万元人民币。
   A．10　　B．15　　C．20　　D．30
2．在工程建设项目设计招标文件中，（　　）是招标文件的核心文件，是投标人进行方案设计的指导性和纲领性文件。
   A．投标须知　　B．设计条件及要求　　C．主要合同条件　　D．投标文件格式
3．工程建设项目设计招标的评标商务因素的核心内容为（　　）。
   A．投标人的设计资质等级和管理体系认证情况
   B．投标的类似项目业绩
   C．投标人的设计服务承诺和建议
   D．投标人拟投入的项目设计团队情况

三、多项选择题

1．工程建设项目设计招标文件一般包括（　　）。
   A．投标须知　　　　　　B．设计条件及要求　　　C．主要合同条件
   D．工程量清单　　　　　E．附件及图纸
2．工程建设项目设计招标文件的设计条件及要求中，设计条件包括（　　）、建筑高度、建筑密度、交通规划条件、市政规划条件等要求。
   A．经济技术指标要求　　B．项目功能　　　　　　C．绿地率
   D．用地及建设规模　　　E．建筑退红线

四、案例题

根据【案例9-1】的基本内容，试列出工程设计方案的设计招标评标因素和标准。

附：

编写工程招标文件应注意的事项

一、招标文件应体现工程建设项目的特点和要求

由于建设工程项目产品的多样性和要求的差异性，致使招标文件涉及较多的专业，需要满足不同专业的特点和要求。因此，招标文件的编写要由有经验的专业人士或委托与拟招标工程有相应资格的招标代理机构来完成。

编制招标文件时，一般要依据《标准工程招标文件范本》格式认真编写，招标文件应该内容完整、格式规范，以充分体现招标项目的特点和要求。

编写招标文件时必须认真阅读研究有关设计文件、技术文件，与招标人沟通、分析讨论。比如对招标项目的项目概况、性质、可研、审批或核准情况作充分熟悉，与招标人共同商定项目标段的划分、承包模式、合同计价类型、进度要求、质量要求、成本控制、评标方法等，并把这些内容充分反映在招标文件中。

二、招标文件必须明确投标人实质性响应的内容

根据工程招标投标发包工程的特性，投标人必须完全按照招标文件的格式、内容编写投标文件，并对招标文件实质性要求和条件作出响应；若投标文件没有对此作出实质性响应或

响应不全面，都可能导致投标失败。所以，招标文件中需要投标人作出实质性响应的所有内容，如招标范围、工期、质量要求、技术标准和要求、投标保证金、投标有效期等应具体、清晰、无争议，且宜以醒目的方式提示，避免使用原则性的、模糊的或者容易引起歧义的词句。

三、预防招标文件存在违法、歧视性条款

编写招标文件的人员必须熟悉和遵守招标投标的相关法律法规及行业管理办法，并及时掌握有关最新规定和有关技术标准，遵守公平、公正原则，严防招标文件中出现违法、歧视、倾向性条款来限制、排斥或保护个别潜在投标人，公平、合理规定招标人、投标人的风险责任。

招标文件编制完成后，招标单位应与招标文件编写人员或招标代理机构对招标文件的实质性内容、条款进行评审，确认招标文件不存在大的遗漏和瑕疵，以避免因招标文件的原因遭有关利害关系人的投诉。

四、保证招标文件格式、合同条款的规格一致

编制招标文件应保证格式文件、合同条款规范一致，从而保证招标文件逻辑清晰、表达准确，避免产生歧义和争议。

招标文件合同条款部分如果采用《建设工程施工合同（示范文本）》（GF-99-0201），则其中的"通用条款"原文照搬采用，不得做任何修改，而"专用条款"则应按其条款编号和内容，根据工程实际情况进行修改和补充。

合同附件可以根据工程需要选择，如工程材料全部由承包人采购供应时，则招标文件就没有"发包人供应材料设备一览表"这一附件。

五、招标文件语言要规范、简练

招标文件语言文字要规范、严谨、准确、精练、通顺，避免使用含义模糊或容易产生歧义的词语。

招标文件的商务部分与技术部分之间表达同一意思时要一致，各专业之间要相互结合与一致且应交叉校核，以确保招标文件的编制质量，保证招投标工作的顺利开展。

下篇 建设工程合同管理与索赔

第十章　建设工程施工合同管理

学习目标

了解建筑工程施工合同的概念及其特点；熟悉建筑工程施工合同的组成内容；熟悉合同主体的权利和义务，掌握工程施工合同条款的具体内容和策划的方法；熟悉合同履约过程中的合同管理的内容。

能力目标

通过本章节教学，使学生初步具有工程施工合同策划的能力；具有施工合同管理的初步意识和管理能力。

第一节　施工合同概述

一、建设工程施工合同概念

建设工程施工合同是发包人与承包人就完成具体工程项目的建筑施工、设备安装、设备调试、工程保修等工作内容，确定双方权利和义务的具体协议。施工合同是建设工程合同，在订立时应根据《中华人民共和国合同法》（下称《合同法》）及《中华人民共和国建筑法》等法律法规，遵守平等、自愿、公平、诚实信用等原则签订合同。

施工合同的当事人是发包人和承包人，双方是平等的民事主体。承发包双方签订施工合同，必须具备相应资质条件和履行施工合同的能力。承包方必须在其资质证书标明的业务范围内承接工程，发包方一般把工程发包给具有与工程相应资质等级的施工企业。

建设工程施工合同是建设工程质量控制、投资控制、进度控制的主要依据，其标的是将设计图纸变为满足功能、质量、进度、投资等发包人投资预期目的的建筑产品。

二、建设工程施工合同特点

（一）合同标的的特殊性

工程施工合同的最终产品是各类建筑产品，建筑产品具有不动性即区域性，它建造过程中往往受到自然条件、地质水文条件、社会条件、人为条件等因素的影响。这就决定了每个施工合同的标的物在某一地区进行一定量的生产，不同于其他产品可以在工厂进行批量生产，其具有单件性的特点。所谓"单件性"指不同地点建造的相同类型和级别的建筑，施工过程中所遇到的情况不尽相同，在某一个工程施工中遇到的困难在另外一个工程不一定发生，相反也是如此，其相互间具有不可替代性。

（二）合同履行期限的长期性

由于社会的不断进步，人文文化需求不断增强，对建筑功能的要求不断增多，新技术、新材料的不断涌现，致使建筑产品的施工结构变得复杂、技术难度增大、建筑材料类型多、工作量大，建设工期都较长。在较长的合同施工期内，合同双方在履行义务的过程中往往会受到各种因素的影响，如不可抗力、法律法规政策的变化、市场价格的浮动等，这样必然导致原合同约定的内容及履行产生不同程度的变化或更改，最终导致合同履行期限的延长。

（三）合同内容的复杂性

工程施工的整个过程涉及的参与主体较多，如建设单位、勘察设计单位、施工单位、监理单位、材料设备供应商等，施工合同约定的合同内容还需与其他相关合同（如设计合同、供货合同、本工程的其他施工合同等）相协调，才能使工程得以顺利实施。

（四）合同监督的严格性

由于施工合同的履行对国家经济发展、公民的工作与生活都有重大影响，因此，国家相关行政主管部门应根据各自的职权范围，依照法律、行政法规对施工合同及合同的订立和履行实行严格监督。合同监督主要是对合同主体的合法性、合同标的的合法性、合同内容的全面性、合同订立与合同履行进行监督，以保障合同主体双方、其他利益主体等的合法权益。

三、工程施工合同的作用

（1）工程施工合同是合同双方在工程施工活动中各种经济行为的依据。因为施工合同确定了工程实施和工程管理的主要目标，阐明了在工程施工整个阶段承包人和发包人的权利和义务。

（2）工程施工合同有利于协调并统一工程各参与方的行为。由于一个项目（工程）涉及的专业较多，一个项目（工程）的完成可能会由一个或者多个单位参加（如建设、施工、勘察设计、监理、材料设备供应商等），而且工程在整个施工过程中会受多方面因素影响，这就要求各参与单位在各自履行合同时进行自我规范约束。

（3）合同双方争议解决的依据。合同争议是合同双方经济利益冲突的表现形式，它通常由合同实施环境的变化、合同一方违反合同或未能正确或全面履行合同、双方对合同理解的不一致等原因引起。

第二节　《建设工程施工合同（示范文本）》组成内容

为了规范和指导合同当事人双方的行为，完善合同管理制度，解决过去施工合同中存在的合同文本不规范、条款不完备、合同纠纷多等问题，国家相关行政主管部门根据国家现有的法律、法规，结合我国工程建设实际情况编制颁布《建设工程施工合同（示范文本）》

（GF-99-0201），以下简称施工合同文本，供参考使用。

施工合同文本中的条款属推荐使用，实际中应结合具体工程的特点和业主的具体要求加以补充、修改，最终形成责任、义务明确、操作性强的合同。

一、施工合同文本的组成

施工合同文本由《通用条款》、《专用条款》、《协议书》及相关附件组成。

1．通用条款

通用条款适用于所有建筑安装工程，条款中对合同双方的权利、义务作了详细的规定，是双方履行合同的标准化条款，全文直接采用，不能对其中任何条款作任何改动，如需要改动可以在专用条款给予具体约定。

2．专用条款

根据拟招标工程的不同特点、功能要求和业主的不同需要，在专用条款中对应于《通用条款》没有给予具体约定或需要增加的条款内容可以进行细化、补充，与《通用条款》中对同一方面问题内容构成完整的约定。

3．协议书

协议书是合同双方签署的施工合同的总纲性文件，经过双方当事人的签字盖章后生效。协议书中除了标明工程概况、工程承包范围、合同工期、质量标准、合同价款、合同生效时间外，同时还明确对双方都有约束力的具体合同文件。

4．附件

施工合同文本在附件中提出了"承包人承揽工程项目一览表"、"发包人供应材料设备一览表"和"房屋建筑工程质量保修书"三个标准化附件。如果具体项目的实施采用包工包料的承包方式，则可以不使用发包人供应材料设备一览表；如果是单一工程，也可以不使用承包人承揽工程项目一览表。根据工程的具体情况和合同文件中的具体约定，附件还可以包括相关的各种保函。

根据需要还可以增加"廉政合同"和"安全生产合同"。

二、合同文件组成及解释顺序

施工合同文本协议书中明确了对合同双方具有法律约束力的施工合同组成文件，这些组成文件之间应能够相互解释、互为说明。当对同一问题的理解或解释不一致，而专用条款又没有约定时，组成施工合同的文件的优先解释顺序为：

(1) 双方签订的合同协议书。

(2) 中标通知书。

(3) 中标人的投标书及其附件。

(4) 本合同专用条款。

合同专用条款是发包人与承包人根据法律、行政法规规定，结合具体工程实际，经协商达成一致意见的条款，是对通用条款的具体化补充或修改。

（5）通用条款。

通用条款是根据法律、行政法规规定及建设工程施工的需要订立，通用于建设工程施工的条款。

（6）工程所适用的标准、规范及有关技术文件。

（7）本工程图纸。

（8）工程量清单。

（9）工程报价单价或预算书。

合同履行中，双方有关工程的洽商、变更等书面协议或文件视为本合同的组成部分。在不违反法律和行政法规的前提下，当事人可以通过协商变更合同的内容，这些变更的协议或文件的效力高于其他合同文件，且签署在后的协议或文件效力高于签署在先的协议或文件。

三、合同中相关主体的权利与义务

（一）发包人

发包人是指在协议书中约定，具有工程发包主体资格和支付工程款能力的当事人及其合法继承人。发包人可以是业主，也可以是发包人通过招标选定的总承包单位，同时也可以是与发包人合并的单位、兼并发包人的单位。

发包人在履行合同过程中的主要义务就是按照合同约定的期限和方式向承包人支付合同价款及应支付的其他款项和为施工单位提供便利。发包人应在合同中约定并按照约定的时间完成以下内容。

（1）办理土地征用、拆迁工作、平整施工场地等工作，使施工场地具备施工条件，在开工后继续负责解决上述工作遗留的问题。

（2）将施工所需水、电、通信线路从施工场地外部接驳至专用条款约定的地点范围，以保证施工期间的需要。

（3）开通施工场地与城乡公共道路间的通道，以满足施工运输的需要。

（4）向承包人提供施工场地的工程地质勘察资料，以及施工现场及毗邻区域内供水、排水、供电、供气、供热、通信、广播电视等地下管线资料，气象和水文观测资料，相邻建筑物和构筑物、地下工程的有关资料并保证其真实和准确。

（5）办理施工许可及其他所需证件、批准文件和临时用地、停水、停电、中断道路交通、爆破作业等的申请批准手续（承包人自身施工资质的证件除外）。

（6）确定水准点与坐标控制点，组织现场交验并以书面形式移交给承包人。

（7）组织承包人和设计单位进行图纸会审和设计交底。

（8）协调处理施工场地周围地形关系和邻近建筑物、构筑物（包括文物保护建筑）、古树名木等的保护工作。

（9）双方在专用条款内约定的发包人应做的其他工作。

发包人可以将其中部分工作委托承包人办理，具体委托内容由双方在专用条款中约定，招标工程必须在招标文件中予以明确。上述工作所需款额，除合同价款外，均由发包人承担。

合同约定由发包人供应材料设备的，双方在合同中还应根据以下内容约定并遵照执行。

① 双方在专用条款内约定发包人供应材料设备的结算方式。发包人供应材料设备的一览

表为供货依据。

② 发包人应根据计划安排，依照一览表内约定的材料设备提供货品，并向承包人提供产品合格证明等相关质量文件，对其质量负责。同时，在货物到货前24小时，以书面的形式通知承包人，由承包人派人与监理、发包人共同清点、建立货物检验清单，然后入库。

③ 清点后由承包人妥善保管，发包人支付相应的保管费。若出现丢失、损坏，由承包人负责赔偿。发包人未通知承包人验收，承包人不负责材料设备保管；若有丢失，由发包人负责。

④ 如果发包人供应的材料设备与一览表不符，发包人应按照专用条款的约定承担由此引起的一切后果。

⑤ 发包人供应的材料设备使用前由承包人负责检验或试验，检验或试验费用由发包人承担，检验不合格的不得使用。

发包人应按照合同约定履行义务，如发包人未能正确完成本合同约定的全部义务，导致拖延了工期和（或）增加了费用，其增加的费用由发包人承担，工期相应顺延；给承包人造成损失的，发包人应予以赔偿。

（二）承包人

承包人指在协议书中约定，被发包人接受的具有工程承包主体资格的当事人及其合法继承人。承包人按照合同规定进行施工、竣工验收并完成工程质量保修责任。承包人的工程范围由合同协议书约定或由工程项目一览表确定，并按专用条款约定的内容和时间完成以下工作。

(1) 按合同规定和监理工程师的指令实施、完成并保修合同工程。

(2) 按合同规定和监理工程师的要求提交工程进度报告和进度计划。

(3) 承担施工场地安全保卫工作，提供和维修非夜间施工使用的照明、围栏设施及要约标志。

(4) 按专用条款约定的数量和要求，向发包人提供施工场地办公和生活的房屋及设施。

(5) 遵守政府部门有关施工场地交通、环境保护、施工噪音、安全防护、文明施工等的管理规定，办理有关手续，并以书面形式通知发包人。

(6) 合同工程或其某单项工程已竣工未交付发包人之前，负责已完工程的照管工作。照管期间发生损坏的，应予以修复并承担费用；发包人要求采取特殊保护措施的，由发包人承担相应费用。

(7) 做好施工场地地下管线和邻近建筑物、构筑物（包括文物保护建筑）、古树名木的保护工作。

(8) 遵守政府部门有关环境卫生的管理规定，保证施工场地的清洁以及在交工前清理施工现场，并承担因自身责任造成的损失和罚款。

(9) 双方在专用条款内约定的承包人应做的其他工作。

承包人未能正确完成本合同约定的全部义务，导致拖延了工期和（或）增加了费用，其增加的费用由承包人承担，工期不予顺延；给发包人造成损失的，承包人应予赔偿。

（三）工程师的权利和义务

施工合同文本中的"工程师"在我国有两种含义：一是指发包人派驻工地履行合同的现

场代表（具有相应的技术职称）；二是指工程项目实施监理的监理公司委派的工程总监理工程师。

如果发包人既派驻工地代表，又委托监理机构实施工程监理的，要以书面的形式明确他们的责任与权限，两者的职责权限不得有交叉，否则将会造成现场管理混乱，不利于工程的建设及监控。

监理工程师行使合同明文规定或必然隐含的职权，代表发包人负责监督和检查工程的质量、进度、成本的控制，试验和检验承包人使用的与合同工程有关的材料、设备和工艺，及时向承包人提供工作所需的指令、批准和通知等。监理工程师无权免除合同任何一方在合同履行期间应负的任何责任和义务。

第三节　工程施工合同策划

一、建设工程合同策划概念

合同策划实质就是合同签订双方智慧、经验的一种博弈。合同双方在签订合同前对合同条款进行仔细的筹划，在合同谈判中对合同条款的设置进行讨价还价，使正式合同条款有利己方、尽量减少己方的合同责任和承担的风险范围，以便争取获得最大利润。

根据目前建设工程的发承包模式，一般采用工程量清单下的公开招标模式，而施工合同在招标阶段招标人已拟定好，是招标文件的组成部分，购买招标文件的潜在投标人只能对合同条款作出响应，否则其投标有可能被拒绝或否定。显然，在施工合同的拟订中招标人占据相当的决定权，因此，本文只就招标人在编写招标文件过程中，对合同文件及其条款的拟订进行分析。

尽管招标人对合同条款的拟订具有优先权、决定权，但也要遵循相关法律、法规的规定，合同条款要合法、合理、公平和完整，最终能使建设工程项目通过完善的合同来保证工程项目总目标的实现。

招标人在合同策划时可以从下列几个问题进行考虑：
(1) 项目应分解成几个独立合同及每个合同的工程范围；
(2) 采用何种委托方式或承包方式；
(3) 合同的种类、形式和条件；
(4) 合同重要条款的确定；
(5) 合同签订和实施时重大问题的决策；
(6) 各个合同的内容、组织、技术、时间上的协调。

二、合同策划的意义

(1) 事先决定合同各方面责任、权利和工作任务，保证整个项目的顺利实施、管理。
(2) 通过完善的合同策划，可以进一步协调合同履行关系，减少矛盾和争议，顺利地实现工程项目总目标。

三、施工合同策划

招标人对施工合同策划主要是以《施工合同示范文本》（GF-99-0201）为基础，并根据项目的特点和要求，对工程发包内容、承包方式、工程质量要求、工期、合同计价形式、工程价款、竣工结算、甲乙双方的权利和义务、质量保修、违约处理等重要合同条款预先在合同协议书、专用条款中予以明确。投标人根据招标人在招标文件中提出的要约邀请，在其提交的投标文件中提出要约，当招标人接受投标人的要约以后，在合同谈判时则不得变更其实质性内容。招标人对施工合同策划的主要条款内容表述如下：

（一）工程发包内容

招标人在拟订施工合同时，应在合同中详细明确合同包含的工程范围和内容，特别是工作界面要清楚，不然有可能出现施工各方扯皮或工作衔接不良而引起争议。

（二）承包方式

工程的承包方式主要分为工程项目总承包、专业承包、劳务承包三种形式。在具体承包方式中，又可细分为包工包料承包方式、包工包料（主要材料、设备甲方供应）承包方式、包工不包料（劳务承包）承包方式。

采用主要材料、设备甲方供应的承包方式，应在合同附件的发包人供应材料设备一览表中应予以明晰，并在合同专用条款的相应条款中约定供货时间、质量标准、货品验收及保管、结算方式。

（三）工程质量要求

建设工程质量要符合工程相关施工验收规范、技术标准和图纸要求的合格工程。如果招标人有特殊要求的，应在招标文件或合同中说明，并给予相应的成本补偿，如省、市优良工程、样板工程等。

（四）工　期

工期是建设单位根据整个项目的计划和工程的规模，依据工期定额合理确定的施工时限。招标人不得随意压缩工期。工期是以日历天计算，包含正常法定节假日。

合同中应写明开工日期、竣工日期及具体的认定方式。施工合同工期一般以现场工程师下达的开工令注明的时间为工程开工时间，以工程验收合格承包人提交验收申请的时间为竣工时间；如工程验收不合格，则以复检验收合格的时间为该工程的竣工时间。

（五）合同计价形式

通用条款中规定有三类可选择的计价方式，本合同采用哪种方式需在专用条款中说明。可选择的合同计价形式有：固定价格合同、可调价格合同、成本加酬金合同。

1．固定价格合同

固定价格合同包括固定总价和固定单价两种合同形式。固定价格合同在合同约定的风险范围内其价格不可调整，也就是说，在合同实施期间不因资源价格等因素的变化而调整价格。

(1) 固定总价合同。

固定总价合同的价格计算：以设计图纸、工程量清单（如有）、工程承包范围及相关规范等为依据，由承包方报价，最后以甲方接受的投标人的报价价格一笔包死，其特点是在约定风险范围内总价不作任何调整。招标时，招标人可能在招标文件中给出工程量清单，也可能没有给出工程量清单，承包商必须根据工程信息复核或计算工程量；若在规定的范围内工程量有漏项或计算不正确，则招标人认为其已包括在整个合同的总价中。这种合同的关键点是要把风险因素详细约定。

采用固定总价合同的，承包人承受的风险相对较大，报价时承包人在分析现有条件的情况下，还要考虑约定工程承包范围内的工程量的变化、物价的变动、气候环境的变化等因素对施工、成本的影响。

采用固定总价合同的适用条件：

① 工程设计图纸达到要求深度，图纸完整、详细、清楚。

② 合同中工程承包范围清楚明确，工程量计算准确。

③ 工程结构、技术简单，工程规模小、工期较短（一般在一年以内），承包商报价时能以一个有经验的承包商合理预见与施工相关的风险。

只有当设计变更、工程范围发生变化或事件的发生符合合同规定的调价条件时，才允许调整合同价格。

(2) 固定单价合同。

固定单价合同可以分为工程量清单综合单价合同和纯单价合同两种形式。

① 工程量清单综合单价。

估算工程量单价合同也称工程量清单下的清单单价合同，其合同价格以招标人提出的工程量清单为基础。投标人根据相关定额、资源市场价格、施工方案及企业自身条件并考虑风险，按照规定的计算模式来计算工程量清单综合单价。

工程量清单单价结算的特点：

a．工程的结算价等于中标人投标时所报的综合单价乘以实际完成的合格的永久工程量。

b．实际完成的合格的永久工程量与原清单工程量不能有太大的变化。当实际工程量变化较大时，可以对工程量的变化设定一个范围，当工程量超出此范围时，对单价作出相应调整。如有些合同规定，当实际工程量超出原估算工程量 10%时，超出部分的单价按 0.9 的系数计算。

c．当材料价格变动较大时，同样设定一个范围，当材料价格变动超出此范围时，对单价作出调整。如有些合同规定，在合同期内大宗材料价格增长超出原单价的 15%时，超出部分招标人承担 40%，中标人承担 60%。

d．这种计价方式合同的特点是甲乙双方共同分担合同履行中的风险。发包人承担工程量风险，承包人承担报价风险。

估算工程量固定综合单价合同的适用条件：

a．工期长、技术复杂、实施过程中不可预见因素发生的可能较大的工程；

b．在初步设计完成后就进行施工招标的工程；

c．施工图深度不够且比较粗糙、技术经济指标不明确的招标工程。

② 纯单价合同。

采用这种计价方式的合同，发包方只向承包方给出发包工程的有关详细工程范围和必要说明，不提供实物工程量。投标人投标时只需对给定的工程范围的分部分项工程做出报价，合同实施过程中按实际完成的工程量进行结算。

纯单价合同的适用条件：没有施工图、工程量不明、却急需开工的紧迫工程。如设计单位来不及提供正式施工图纸，或虽有施工图但由于某些原因不能比较准确地计算工程量等。

2. 可调价合同

可调价合同是针对固定价格而言，有可调总价和可调单价两种形式。可调价合同通常用于工期较长的建设工程。如工期在一年以上的工程，发包人和承包人在招投标阶段和签订合同时不可能合理预见到一年以后的物价浮动及后续政策、法规变化对合同价款的影响，为了合理分担外界因素的影响风险，应采用可调价格合同。对于工期较短的合同，专用条款内也要约定外部条件变化对施工产生成本影响可以调整合同价款的条款。

可调价格合同的计价方式与固定价格合同基本相同，只是增加了可调价的条款，因此在专用条款内应明确约定调价的计算方法。

3. 成本加酬金合同

成本加酬金合同是指发包人负责工程全部的成本（包括直接成本和间接成本），而承包人获得完成工程的酬金的计价方式。这类计价方式适用于紧急工程施工或采用新技术新工艺施工，双方对施工成本都无法预先确定和控制，为了合理分担风险而采用的计价方式。合同双方应在合同专用条款中约定成本构成和酬金计算方法。

按照酬金计算方式的不同，成本加酬金合同又可分为成本加固定比率酬金、成本加固定金额酬金、成本加奖罚式酬金、最高限价成本加固定最大酬金等形式。

（1）成本加固定比率酬金。

采用这种合同计价方式，发包人承担完成工程的实际成本，承包人按预定的酬金比率和实际成本收取酬金。工程总价的计价方式为

$$C = C_d(1 + p)$$

式中　C_d——实际成本；
　　　p——预定的酬金比率。

（2）成本加固定金额酬金。

采用这种合同计价方式时，发包人承担完成工程的实际成本，承包人的酬金按预先商定的固定金额支取。工程总价的计价方式为

$$C = C_d + F$$

式中　C——合同价格；
　　　C_d——实际成本；
　　　F——双方事先约定的酬金金额（金额为固定值）。

（3）成本加奖罚式酬金。

采用成本加奖罚式酬金合同的，双方事先合理约定工程的建造目标成本和一个固定酬金，以及承包人完成工程建造的实际成本与目标成本比较，以比较和固定酬金为基础进行酬金奖

罚。其具体可以分为三种情况：
① 实际成本=目标成本，按照原约定酬金支付承包人酬金；
② 实际成本>目标成本，承包人实得酬金=固定酬金－处罚酬金；
③ 实际成本<目标成本，承包人实得酬金=固定酬金+奖励酬金。
式中处罚酬金或奖励酬金=固定酬金×预先约定的酬金处罚或奖励百分率。
（4）最高限价成本加固定最大酬金。

采用这种计价方式的合同时，要预先确定工程的最高限价成本、投标人报价、最低成本和固定最高酬金等成本控制指标值及酬金。

① 当实际完成成本没有超过最低成本时，承包人可以得到实际成本和固定最高酬金，同时还可以与发包人按照预先约定的比例分享节约的费用。

② 如果实际成本处于最低成本和报价成本之间时，承包方只能得到实际成本和固定最高酬金。

③ 如果实际成本处于报价成本和最高限价成本之间时，承包方只能得到实际成本，不能得到固定最高酬金。

④ 如果实际成本超过最高限价成本时，承包方只能得到最高限价成本，而不能得到固定最高酬金，且要承担实际成本与最高限价成本差额的费用。

在工程实践中，究竟采用何种计价方式合同，应根据建设工程的特点，业主对工期、质量、成本费用及总体建设设想，综合考虑后确定。

（六）工程价款

工程价款由合同双方在合同中约定。如果是招标工程的，应依据招标文件和中标人的投标文件及中标通知书在合同中约定；如果非招标工程的，工程合同价款在发、承包双方认可的基础上，由发、承包双方在合同中约定。

发、承包双方应在合同条款中对下列事项进行约定；合同中没有约定或约定不明的，由双方协商确定；协商不能达成一致意见的，按照相关规范执行。

1．工程造价的计价模式

应说明本工程造价的计价范围、工程造价所包含的费用组成（如直接费、间接费、利润、税金）内容和计价模式。计价模式是指采用工料计价模式或工程量清单综合单价计价模式。综合单价又分为不完全费用单价和完全费用单价两种模式。

2．预付工程款的数额、支付时间及抵扣方式

合同中如果有工程预付款的，应在专用条款中具体约定。

（1）预付工程款数额。预付工程款额度没有统一的规定，一般是根据施工工期、建安工作量、主要材料和构配件费用占建安工作量的比例以及材料储备周期等因素经测算来确定，但一般不能超过合同价款的30%。工程预付款一般有下面几种做法：

① 招标人（或合同双方商定）在合同中约定一个预付比例，建筑工程一般不得超过当年建筑（包括水、电、暖、卫等）工程工作量的25%，大量采用预制构件以及工期在6个月以内的工程，可以适当增加；安装工程一般不得超过当年安装工作量的10%，安装材料用量较大的工程，可以适当增加；小型工程（一般指30万元以下）可以不预付备料款，直接分阶段

拨付工程进度款等。由合同双方商定在专用合同条款中给予具体约定，如10%、15%或20%等；也可以是具体数额，如300万元、1000万元等方式。

② 利用公式计算。根据主要材料（含构件等）占年度承包工程总价的比例、主要材料储备定额天数和年度施工天数等因素来确定。其计算公式是：

工程预付款数额={工程总价×主要材料比重（%）/年度施工天数}×材料储备定额天数。

工程预付款比率=（工程预付款数额/工程总价）×100%。

其中，年度施工天数按365日历天计算；材料储备定额天数由当地材料供应的路途运输天数、加工整理天数、供应间隔天数、保险天数等因素决定。

(2) 预付工程款支付时间。支付时间一般在合同签订一个月内或约定开工日前7天。

(3) 预付工程款抵扣。预付工程款抵扣方式可以按照以下方法处理：

① 根据工程的实际及施工计划，设定从某个月或某个阶段开始按照平均扣还比例从当月支付的工程款中扣回，扣完为止。例如某高层住宅工程，合同规定预付款为合同价款的15%，预付款为1 200万元，合同约定预付款从±0.000开始抵扣，平均每月按照15%的预付款额扣回。

② 从未施工的工程尚需要的主要材料及构件的价值相当于工程预付款数额时起扣，从每次中间结算或每月进度工程价款中，按照主要材料及构件比例扣抵工程价款，至工程竣工之前全部扣清。这里确定起扣点是关键，其依据是：未完施工工程所需主要材料和构备件的费用，等于工程预付款的数额。其计算公式为

$$T = P - M/N$$

式中　T——起扣点，工程预付款开始扣回的累计完成工程金额；

　　　P——承包工程合同总额；

　　　M——工程预付款数额；

　　　N——主要材料、构件所占比例。

【**案例10-1**】 某基础工程合同总额600万元，合同约定工程预付款为合同总价的20%，主要材料、构件所占比例为60%。问：工程款扣回的起扣点为多少万元？

案例分析：

(1) 工程预付款=600×20%=120（万元）；

(2) 根据公式 $T = P - M/N$，

$$T = (600 - 120/60\%) = 400 （万元）$$

则当工程完成400万元时，本项工程预付款开始起扣。

3．工程计量与进度款支付的方式、数额及时间

(1) 工程计量：工程量的正确计量是发包人向承包人支付工程进度款的前提和依据。计量和付款周期可采用按月或分段结算方式。发包人只对工程质量合格且已完的永久工程进行计量，同时还必须有监理工程师签署的工程合格文件。

① 按月结算。合同中应约定承包人每月完成工作量的计量时间和方式。如承包人应于每月25日递交上月完成的工作量报告（报告中应包含当月发生的签证或工程变更增加的工程量），发包人接到报告后7天内（或约定时间内）给予审核核定并通知承包人参与核对，双方

同意后作为计量结果。

② 按工程形象部位（目标划分）分段计量，如当工程形象进度达到±0.00以下基础及地下室、主体1~3层、4~6层时，进行中间结算付款。

（2）进度款支付时间：进度款支付周期与工程计量周期保持一致；约定支付时间，如计量后7天内、14天以内支付进度款。

（3）约定支付数额：一般每月（每次）支付工程进度款应为经工程师和业主审核计量工程价款的60%~90%，如已核工作量对应价款的80%、85%等。

4．工程价款的调整因素、方法、程序、支付及时间

合同中应约定工程价款的调整因素。因工程施工过程中会受到各种因素的干扰，引起工程的变更或工程量的增减，在合同中应预先约定工程发生变化时的工程价款调整因素、方法、程序、支付及时间。其内容具体如下。

（1）工程变更后综合单价调整。

① 新的工程量清单综合单价确定。财建〔2004〕369号第十条规定了分部分项工程量清单的漏项或非承包人原因引起的工程变更，造成增加新的工程量清单项目时，新增项目综合单价的确定原则是以已标价工程量清单为依据，具体处理原则如下：

a．合同中已有适用的综合单价时，按合同中已有的综合单价确定。但前提是其采用的材料、施工工艺和方法相同，同时也不因此增加关键线路上工程的施工时间；

b．合同中有类似的综合单价时，参照类似的综合单价确定。但前提是其采用的材料、施工工艺和方法基本相似，不增加关键线路上工程的施工时间，可就其变更后的差异部分参考类似的项目单价由发、承包双方协商新的项目单价。

c．无法找到适用和类似的项目单价时，应采用招标时的基础资料，按成本加利润的原则，由发、承包方双方协商新的综合单价。

② 工程量的增减综合单价确定。因非承包人的原因引起工程量的增减与招标文件中提供的工程量有偏差时，该偏差对工程量清单项目综合单价将产生影响，由此是否给予综合单价调整及调整方法要在合同中约定。如可以，可按照下列情况约定：

a．当工程量清单项目工程量的变化幅度在一定范围内（一般不超过10%）时，其综合单价不作调整，执行原有综合单价。如某工程施工合同约定当工程量的变化超过6%时，超出部分工程量单价按照原单价下浮10%。

b．当工程量清单项目工程量的变化幅度在一定范围以外（一般在10%以外），且其对分部分项工程费的影响超过0.1%时，其综合单价以及对应的措施费（如有）均应作调整。具体操作是由承包人对增加的工程量或减少后剩余的工程量提出新的综合单价和措施项目费，经发包人确认后调整。

（2）物价上涨的调整。若工程施工工期较长时，投标人投标报价时不能对一年或以后的材料设备的价格给予准确的判定，本着风险公担的原则，合同中应约定主要材料设备价格的变化幅度超过中标人投标报价时的一定范围值时给予调整，否则不予调整。如某工程施工合同中约定，钢材价格上涨超过投标报价时的3%时，给予调整。但这时要注意钢材价格上涨的具体时间，只有在上涨时期内工程的材料用量才给予价格调整，而不是整个工程的价格调整；人工费只有在工程造价管理机构发布的人工费调整时给予调整。这里要注意，掌握工程

的完成时间与材料、人工涨价时间是否相符。

（3）约定工程价款的调整程序。

明确工程价款调整因素后，发、承包双方应在合同中约定价款调整的时间和办理程序。可参照下面条款约定：

① 调整因素确定后 14 天内，由承包人向发包人递交调整工程价款报告。承包人在 14 天内未递交调整工程价款报告的，视为承包人自动放弃，工程价款不作调整。

② 发包人收到调整工程价款报告之日起 14 天内应给予确认或提出意见，如在 14 天内未作确认也未提出协商意见的，视为调整工程价款报告已被确认。

5．索赔与现场签证的程序、金额确认与支付时间

现场签证是工程施工过程中工程变更或工程量增加的零星事件的一种确认方式，是经过甲乙双方现场管理人员丈量、核对的，对双方都具有一定的约束力，同时也是工程施工索赔的一个重要、不可缺的证据。应在合同中对有关签证的事项给予具体约定：

（1）甲方管理人员签证的权限：现场代表权限、部门经理权限、工程总监权限、总经理权限，这样便于签证的控制，有利于成本的控制。

（2）签证的金额。现场签证一般不签具体金额，现场人员只签工程量、用工量、机械台班数、水电用量；金额由双方造价人员计算、核定。

（3）对索赔、签证时间给予失效规定，超过失效则认为受益方自动放弃等内容。如某施工合同约定，当突然事件发生处理完毕后 3 天内，承包人必须按照规定程序办理签证，该签证作为结算依据，如逾期则承包人视为自动放弃。

6．不可抗力内容、范围的确定及价格调整方法

工程施工过程中会不可避免地遇到不可抗力或自然因素的影响给施工单位增加工作量，如遇到大雨增加的排水、清理塌方工作量等。施工合同《通用条款》对不可抗力发生后当事人责任、义务、费用等划分作了详细的规定，在《专用条款》中对应给予认定或增加即可；但是达到什么样程度的自然灾害才能被认定为不可抗力，《通用条款》中没有明确，实践中双方对此因难于达成一致意见而产生争议。因此在订立此条款时，对可能发生的风、雨、雪、洪、震等自然灾害的程度应予以量化。如几级以上大风、几级以上地震、持续多少时间达到多少毫米的降水、连续停水、停电多少小时等，才可认定为不可抗力因素。

7．发生工程价款争议的解决方法及时间

工程施工过程中出现争议的情况时有发生，争议的解决方式有三种，一是双方协商解决，二是由仲裁机构仲裁，三是提交法院诉讼。实践中一般首选双方协商解决；当双方协商达不成一致意见时，可以提请仲裁机构裁定（仲裁机构可以自主选择，不受地域级别管辖限制）或选择有管辖权的人民法院诉讼（法院为工程属地法院）。

8．工程竣工价款结算编制与核对、支付及时间

合同中应约定工程竣工结算时间，一般可以参照下列方法约定。

承包人：承包人应在工程竣工验收合格及验收报告中确认的时间后某一时间（如 28 天）内，向发包人递交竣工结算报告及完整的结算资料。

承包人责任：在约定时间内承包人无正当理由未递交竣工结算报告及结算书，经发包人催促后仍未提供或没有明确答复的，由此造成的工程结算款延期支付，责任由承包人承担。

发包人：发包人应在收到承包人递交的竣工结算书某一时间内办理结算。发包人核对竣工结算时间时应根据工程规模、结算工作量约定时间期限，也可以参照财建〔2004〕369号第十四条（三）项规定的时间进行约定时间期限，具体见表10.1。

表 10.1

工程竣工结算书金额	核对时间
500万元以下	从接到竣工结算书之日起20天内
500万~2 000万元	从接到竣工结算书之日起30天内
2 000万~5000万元	从接到竣工结算书之日起45天内
5 000万元以上	从接到竣工结算书之日起60天内

发包人责任：发包人如在规定时间内无正当理由不给予办理结算支付工程款的，要按同期银行贷款利息支付未结工程款的利息及承担其他责任。

9．工程质量保修金的数额、预扣方式及时间

在合同中应当约定工程质量保修金的数额、预扣方式及时间。

（1）工程质量保修金。工程质量保修金一般为施工合同价款的3%~5%，在专用条款中约定。

（2）工程质量保修金的扣留。工程质量保修金的扣留方式有两种方式：第一种是到工程结算时一并扣留，具体方法是当工程款支付到合同金额的80%~85%时停止支付工程款，待工程竣工决算时扣留保修金后支付；第二种是从每月的工程款中按照约定比例扣留（扣留比例是工期长短而定），当扣留额达到保修金总额时停止扣留。

（3）工程质量保修金的返还。保修金可以约定一定的比例分时间段返还保修金，但发包人应在质量保修期满后一定时间（一般不超过14天），将剩余的保修金及其利息返还给承包商。

19．与履行合同、支付价款有关的其他事项

施工合同在履行过程中除上述重要条款外，还需要制订其他必要条款供合同双方遵守执行，如合同保险、保护农民工权益条款等。

【案例 10-2】 某建筑工程总公司通过招标承揽一住宅楼工程，合同约定承包合同总额为1600万元，主要材料及结构件金额占合同总额60%，预付款为合同金额的15%，预付款扣款的方法是从未施工工程尚需的主要材料及构件的价值相当于预付款额度时开始起扣，从每工程进度价款中按材料及构件比例抵扣工程价款。工程保修金为合同总额的5%，保修金从每月的工程进度款中按10%的比例扣留，直到扣完为止。开工上半年各月实际完成合同价值见表10.2。

问题：工程师如何按月支付工程款？

表 10.2　各月完成工程价值　　　　　　　　　　　　　　单位：万元

二月	三月	四月	五月	六月
100	200	250	280	180

案例分析：

（1）预付备料款＝1600×15%＝240（万元）

（2）求预付款的起扣时间点。

开始扣回预付款时的合同价值：1600－(240÷60%)＝1600－400＝1200（万元）

当累计完成合同价值为1200万元后，开始扣预付款。

（3）工程保修金总额：1600×5%=80（万元）。

（4）二月完成工程价值100万元。

本月应扣留保修金：100×10%=10（万元）

本月结算实际应支付工程款：100－10＝90（万元）

（5）三月完成工程价值200万元，累计完成工程价值300万元。

本月应扣留保修金：200×10%=20（万元）

本月结算实际应支付工程款：200－20=180（万元）

（6）四月完成工程价值250万元，累计完成工程价值550万元。

本月份应扣保修金：250×10%=25（万元）

本月份结算实际应支付工程款：250－25＝225（万元）

（7）五月份完成工程价值280万元，累计完成工程价值830万元。

本月份应扣保修金：280×10%=28（万元）

累计扣留保修金83万元，超出保修金总额的80万元，故本月应扣留保修金25万元。

本月份结算实际应支付工程款：280－25=255（万元）

第四节　施工合同谈判与订立

一、建设工程施工合同的谈判

建设工程施工时间较长，施工过程中有许多风险存在，当这些风险事件发生时产生的损失由谁来承担或如何分担，成为合同双方签订合同时必须考虑的问题，因为条款一旦确定并写进合同，就对合同双方产生约束力。合同双方为了维护自己的利益，减少分担风险责任，签订合同前都要进行合同条款的讨价还价，最终形成一致意见，这就叫合同谈判。

合同谈判的重点就是如何减少或避免风险，使合同签订在合法、公平、合理的基础上。

（一）合同谈判的环境

目前，建设工程的发包有两种情形：一是招标发包，二是非招标发包。

1．必须招标发包的工程

必须招标的工程，其施工合同条件是招标人在编制招标文件时就已经确定的，并附在招标文件中发给潜在投标人。投标人投标前须对施工合同条款进行研究后再认同，因一旦递交投标文件并在其投标文件中对招标文件的实质性内容作出响应，中标后就必须根据招标文件和中标人的投标文件签订合同，双方签订合同后便不能就合同条款作出实质性的改变了。

招标投标法第四十六条规定，招标人和中标人应按照招标文件和中标人的投标文件订立书面合同。招标人和中标人不得再另行订立背离合同实质性内容的其他协议。

2．非招标发包工程

主要是国家法律、法规规定的必须招标的工程范围以外的工程，该类工程由业主自行确定发包形式。此类工程承包商与业主谈判过程中，可以就工程的技术、施工工艺、合同条款等进行实质性谈判，业主根据与各承包商谈判结果进行比较，最后选择承包人。其中的合同条件是双方通过谈判确定的。

（二）合同谈判的内容

合同谈判的内容一般要根据工程的发包方式来确定，通常会涉及合同的商务经济方面和技术方面的有关条款。下面是可能涉及的有关内容。

（1）承包内容和范围的确认；
（2）技术要求、技术规范和技术方案；
（3）价格调整条款；
（4）合同款支付方式；
（5）工期和维修期；
（6）争端的解决；
（7）其他有关改善合同条款的问题。

（三）合同谈判的准备工作

1．成立谈判班子

双方参与谈判的人员要具有一定的谈判经验，熟悉工程相关法律、法规，熟悉本工程的基本情况（包括技术、经济）。谈判小组一般由技术人员、预算人员、财务人员、法律人员组成。

2．谈判前的资料准备

俗话说不打无准备之战，做到知己知彼，方能取得预期效果。事先掌握与合同谈判有关的各种有利资料，如对方的资信状况、履约能力、发展阶段、项目由来及资金来源、土地获得情况、项目目前进展情况等；如在前期有接触的，还有达成意向书、会议纪要、备忘录等。具体分成下列几种情况：

（1）确定谈判目标。对于招标发包的工程，要明确根据招标文件、合同条款的缺陷内容，提出修改意见或补充，以使合同更加完善；对于非招标发包的工程，根据己方利益，结合法律法规提出自己认为合理的条款。

(2) 准备原招标文件中的合同条件、技术规范及投标文件、中标函等文件，以及准备向对方提出的建议条款、内容等资料。

(3) 准备好谈判时对方可能索取的资料以及估计对方可能提出的各种问题，在此基础上准备好适当的资料论据，如法律、法规、行业惯例等，以便对这些问题作出恰如其分的回答。

(4) 准备好能够证明自己能力和资信程度等的资料，使对方能够确信自己具备履约能力和诚意。

3．谈判会议的具体事务的安排

(1) 时间；
(2) 地点；
(3) 议程安排。

（四）谈判程序

1．一般讨论

开始时双方之间相互交换意见，畅谈对项目建设的各种建议，提出自己的合同设想，经过初步的交谈，形成大体的目标的一致性，为下一步详细谈判做好准备。

2．技术谈判

当大体目标形成一致意见之后，进入技术性谈判阶段。本阶段中，主要对原合同（初拟合同）中技术方面的条款进行讨论，包括工程范围、界面划分、施工条件、施工方案、施工进度、质量检查、技术规范、技术标准、竣工验收等。

3．商务谈判

商务谈判主要是对原合同（初拟合同）中商务方面的条款进行讨论，包括工程合同价款、支付条件、支付方式、预付款、货币风险的防范、合同价格的调整、履约保证、保留金等。

4．合同拟订

谈判进行到最后阶段，在双方均已表明了各自的观点，对谈判过程中的原则性问题基本求得一致意见，双方就此可以草签合同。然后，由一方对草签合同进行整理形成正式合同，双方对正式合同经认真审查无意见后，签订正式合同。

以上论述的程序内容主要适合非招标发包的工程项目。

对于招标发包的工程项目，合同谈判的余地非常小，其合同谈判主要体现在：工程界面的进一步细化，工程款的支付时间及其他非实质性内容。

二、工程施工合同的签订

签订合同是合同双方对招标文件和中标人的投标文件内容的确定和整理。合同签订的一般规定：

(1) 招标人和中标人应当自中标通知书发出之日起 30 天内，按照招标文件和中标人的投标文件订立书面合同。招标人和中标人不得自行订立背离合同实质性内容的其他协议。

(2) 合同依法订立后,即时生效。

(3) 合同生效后,任何一方无权擅自变更或解除合同,如有特殊情况需要变更或解除,必须向对方提交书面文件,在双方协商一致的前提下,方能变更或解除合同;若因变更合同给对方造成损失的,提出一方当事人应当向对方予以赔偿,解除合同必须按法律规定和合同约定承担相应责任。

(4) 任何一方违反合同规定,不履行约定的义务应承担相应的法律责任,双方都有过错的,分别承担相应的法律责任。

第五节 工程施工合同履约管理

一、建设工程合同履约概念

工程合同履约是指工程施工合同签订生效后,发包方和承包方根据合同规定的时间、地点、方式、内容及标准等要求,各自完成合同义务的行为。

工程合同一经签订即具有法律效力,对双方当事人对合同约定的义务的履行具有法律约束力,如果任何一方当事人违反合同约定而给对方造成损失时,都应当承担赔偿责任。

二、建设工程施工合同履行原则

合同的履行是《合同法》的核心内容,当事人应当遵循诚实信用原则,根据合同的性质、目的和交易习惯履行通知、协助、保密等义务,按照合同的约定全面履行自己的义务。

1. 全面履行原则

《合同法》第60条中规定了合同的全面履行原则,要求当事人按合同约定的标的及质量、数量,合同约定的履行期限、履行地点、适当的履行方式、全面完成合同义务。在合同履行过程中,合同当事人除应尽通知、协助、保密等义务之外,还应当为合同的履行提供必要的条件以及防止损失扩大。《民法通则》第114条规定:当事人一方因另一方违反合同受到损失的,应及时采取措施防止损失的扩大;没有及时采取措施致使损失扩大的,无权就扩大的损失要求赔偿。

2. 协作履行原则

协作履行原则是指当事人不仅有义务履行己方义务,同时应当负有协助对方当事人履行合同的约定。

合同履行过程中,双方应当"互谅、互助、尽可能为对方履行合同义务提供相应的便利条件"。本着共同的目的,互相监督检查,及时发现问题,平等协商解决,以保证工程建设目标的顺利实现。

3. 实际履行原则

签订合同后,当事人应按照合同约定履行义务,任何一方违约时,不能以支付违约金或赔偿损失的方式来代替合同的履行，守约方要求继续履行的，应当继续履行。

4．诚实信用原则

当事人在签订和履行合同时，应实事求是、以善意的方式行使权利和履行合同义务，不应以欺骗的方式、隐瞒事实真相获取利益。

5．情事变更原则

《合同法司法解释二》第二十六条规定："合同成立以后客观情况发生了当事人在订立合同时无法预见的、非不可抗力造成的不属于商业风险的重大变化，继续履行合同对于一方当事人明显不公平或者不能实现合同目的，当事人请求人民法院变更或者解释合同的，人民法院应当根据公平原则，并结合案件的实际情况确定是否变更或者解除。"

（1）变更合同。变更合同可以使合同双方的权利义务重新达到平衡，使合同的履行变得公正、合理。变更时，可以对合同的主要条款进行变更，如合同标的数额的增减、标的物的变更、履行方式等。

（2）解除合同。根据案件的具体情况并结合适用情势变更原则的具体规定，如果变更合同尚不能消除双方显失公平的结果，就可以解除合同。

三、施工合同控制

（一）合同控制概念

指合同主体在工程施工过程中，根据图纸、相关规范、标准及各种方法和手段对整个实施过程进行全面的有效控制，以保证工程实施按照预先制订的计划和标准进行，顺利地实现预定的目标。

（二）合同交底

1．合同交底概念

合同交底是建设工程合同管理的重要制度，是指施工单位（承包人）的合同签订人员或合同管理人员在对合同的主要内容作出陈述、解释和说明的基础上，使各执行部门和执行人员熟悉合同中的主要内容、各种规定、管理程序，了解承包人的合同责任和工程范围、各种行为的法律后果等，从而保证承包人正确履行合同和防范合同风险。

2．合同交底主要内容

合同交底应是在对合同进行详细分析基础上，对合同的核心内容，特别是关系到合同能否顺序实施的技术、经济核心条款进行的交代清楚的一种工作。合同交底一般包括以下主要内容：

（1）工程概况及合同工作范围；
（2）合同关系及合同涉及各方之间的权利、义务与责任；
（3）合同工期及阶段工期目标，目标控制的网络表示及关键线路说明；
（4）合同质量控制目标及合同规定执行的规范、标准和验收程序；
（5）合同对本工程的建造质量、原材料、设备采购、验收的规定；

（6）成本控制目标，特别是合同价款的支付及调整的条件、方式和程序；
（7）合同双方争议问题的处理方式、程序和要求；
（8）合同双方的违约责任；
（9）索赔事件的处理策略；
（10）合同风险的内容及防范措施；
（11）合同档案管理的要求。

根据上述内容，合同管理人员可以通过合同交底卡的形式来进行交底，做到一目了然。表10-3是某建筑公司对××住宅楼工程施工合同的合同交底卡。

3．合同交底作用

（1）合同交底有利于项目相关管理人员充分了解合同，避免不了解或对合同理解不一致带来工作上的失误而导致利益的损害。

（2）合同交底有利于合同当事人提前发现合同问题，进一步完善合同风险防范措施，使合同风险的事件得以提前控制。

（3）合同交底有利于承包人从高层到执行层人员清楚明白各自权利的界限、义务和工程范围、工作的程序和各种行为的法律后果，可有效防止由于权利义务的界限不清引起的内部职责争议和外部合同责任争议的发生，提高合同管理的效率。

4．合同交底程序

合同交底是施工单位（承包人）公司合同管理人员向项目部成员陈述合同意图、合同要点、合同执行计划的过程。实际工作中合同交底必须做到全面、全员、全过程的交底。所谓全面交底就是对合同涉及的所有部门要交底；对项目所涉及的所有合同内容要交底，包括招标文件、投标文件、合同文本、其他承诺等。所谓全员交底是指涉及施工管理的所有人员包括公司本部、项目部和公司各职能部门的有关人员。所谓全过程交底是指从合同签订至合同实施整个施工过程都要交底。如在施工过程中，当出现工程变更或材料补充、材料替换时要进行交底。施工单位合同交底通常可以按下列三个层次进行：

（1）施工单位总部向工程项目部交底。

施工单位合同谈判和签订人员或合同管理人员向项目负责人及项目合同管理人员进行合同交底，全面介绍合同背景、合同工作范围、合同目标、合同执行要点及特殊情况处理，并解答项目负责人及项目合同管理人员提出的问题，最后形成书面合同交底记录。

（2）项目负责人向项目职能部门负责人交底。

项目负责人或由其委派的合同管理人员向项目部职能部门负责人进行合同交底，陈述合同基本情况、合同执行计划、各职能部门的执行要点、合同风险防范措施等，并解答各职能部门提出的问题，最后形成书面交底记录。

（3）项目部职能部门负责人向其所属执行人员交底。

项目部各职能部门负责人向其所属执行人员进行合同交底，陈述合同基本情况、本部门的合同责任及执行要点、合同风险防范措施等，并答所属人员提出的问题，最后形成书面交底记录。

项目部各职能部门将交底情况反馈给项目部合同管理人员，由其对合同执行计划、合同管理程序、合同管理措施及风险防范措施进行进一步修改完善,最后形成合同管理文件,送公司合同管理部门存档和下发各执行人员,指导其施工活动。

合同交底必须有记录,出席人员签字后存档。

【案例 10-3】 某建筑公司通过招标承接某房地产公司一高层商住楼,该工程占地面积 2 235 m²,地下一层,地上 28 层,其中裙楼三层,总建筑面积 16 250 m²,框架剪力墙结构。开工前施工单位技术部门进行了图纸交底,合同管理部门组织相关人员逐级进行该工程的合同交底。根据合同分析及合同内容,该公司合同交底的内容见表 10.3。

表 10.3 某建筑公司合同交底表(卡)

序号	项目名称	交底内容					
1	工程概况	工程地址	××路×号	建筑面积	16 250 m²	承包范围	土建、安装
		结构形式	框剪结构	承包模式	包工包料	合同造价	2 380 万元
		合同签订时间	2009.6.1	签约地点	××市××房地产公司办公楼内		
2	业主资料	发包方全称	××房地产公司			单位性质	有限公司
		合作程度	首次合作	资信状况	良	现场联系人	×××
3	发包方权责(特殊条款)	① 现场协调; ② 提供标高定位的基准点线; ③ 审批乙方施工方案,组织图纸会审					
4	承包方权责(特殊条款)	① 遵守施工管理规定,办理施工所需手续; ② 编写施工方案及进度计划; ③ 审批乙方施工方案,组织图纸会审					
5	工 期	总工期	380 日历天	开工时间	×年×月×日	竣工时间	×年×月×日
		节点工期	裙楼工期 125 日历天				
		工程罚款	延期罚款 5 000 元/天		工期奖励	无	
		工期顺延条款	业主责任及不可抗力情况下可以顺延				
6	质 量	合同质量等级	合格		争创目标	优良	
		质量罚款	造成损失由乙方赔偿		质量奖励	无	
		质量保修期	按照合同规定		预留保修金	总造价 4%	
7	合同价款	合同定价模式	按工程量清单投标报价计价				
		价款调整方式	按实计算工程量				
		价款调整内容	设计变更、技术核定单、现场签证				
8	工程款支付	备料款比例	5%	付款办法	按月进度	结算完成付款比例	95%
		付款方式	按月进度付款额的 80%支付,预付款从±0.000 起扣,平均每月按 15%扣回				
		保修金比例	4%	保修金期限	按合同规定		
		未按期付款权限	我方承诺在甲方资金困难时暂不停工但不超过二个月				

续表 10.3

序号	项目名称		交底内容		
9	材料采购	甲供材料	无		
		材料定价方式	按造价站发布同期价格信息调整		
		甲供材料结算方式	无		
		乙供材料	工程所需材料均由乙方采购		
10	竣工验收	实际竣工时间规定	如验收通过，以完工日期为竣工日期		
11	竣工结算	结算资料提供约定	结算资料提交后一个月内		
		结算期限约定	竣工后 60 天内		
12	现场管理	标准化工地标准	以甲方现场管理规定为准	奖罚	无
		文明工地标准	以甲方现场管理规定为准	奖罚	无
13	合同条款时效约定	合同签定后自动生效，付款完毕后自行终止			
14	签证管理	按合同约定审批程序执行			
15	违约责任	严格执行合同规定			
16	合同附件及其他	安全协议			
交底小结：①项目各成员应以合同条款及公司有关规定为依据，加强项目造价、安全、质量、进度、合约管理；②注意经常、及时办理现场签证等可追加工程款手续					

合同交底人：×××　　　　　　　　　　　　　　　交底方式：　　　会议

被交底人：×××、×××、×××　　　　　　　　交底时间：　　年　月　日

（三）施工合同实施管理

建筑工程施工周期往往比较长，在整个施工过程的施工活动会受到各种因素的影响和干扰，使原来制订的计划和目标可能发生偏离（或较大偏离）。这时就要通过合同的管理，减少偏离或使偏离在可控允许范围内，以保证项目目标的顺利实现。

施工合同实施管理主要是针对整个施工过程中的施工准备阶段、施工过程阶段、竣工阶段的工程质量、进度、投资和安全的有效管理。

1．施工准备阶段的合同实施管理

（1）施工合同质量控制。

① 施工图纸及相关资料。发包人应按照合同规定的份数和时间提供施工图纸及有关资料（如设计院图集、工程地质勘探资料）；若承包人需要增加图纸套数，发包人应代为复制，复制费用由承包人承担。

② 图纸会审。施工单位内部先要组织有关人员进行图纸会审，对会审结果进行整理，然后参与招标人、监理机构组织的三方图纸会审，把图纸问题在会审时得以解决。

③ 施工单位根据招标文件及其投标问价和其他相关资料编制施工组织设计方案，并报送工程师审批。

④ 准备与工程施工验收相关的规范、技术标准。

⑤ 施工现场的施工条件。施工现场的三通或五通或七通条件是否具备，设备机械场外运输道路是否具备等要与建设方沟通。

⑥ 做好施工水准点、坐标控制点的交验工作和资料的保存。

（2）施工合同进度控制。

① 合同约定工期。合同约定施工开工日期、竣工日期和总工期，但实际开工日期应以工程师下达的开工指令书标明的开工日期为准；承包人应按照开工日期准时开工并开始计算工期。

② 延期开工。

a．承包人要求的延期开工。承包人因各种因素的影响不能按时开工时，应在不迟于协议书约定的开工日前 7 天内，以书面的形式向业主或监理工程师提出延期开工的申请并说明理由。业主或监理工程师在接到延期开工申请后 48 小时内应给予答复是否同意延期，如在规定时间内未给予答复的，视为同意承包人延期开工的申请要求，工期相应顺延；如果在规定时间内业主或工程师明确不同意承包人延期开工的申请要求，则工期不予顺延。

b．发包人原因的延期开工。由于发包人的原因致使承包人不能按时开工，工程师应以书面形式通知承包人推迟开工，发包人应赔偿承包人因此造成的损失并相应顺延工期。

（3）施工合同成本控制。

① 工程预付款。合同约定给付工程预付款的，发包人应按规定的时间和数额支付预付款。

发包人不按照合同约定的时间和数额支付预付工程款时，承包人可以在约定的预付时间 7 天后向发包人发出要求预付的通知。发包人收到通知后仍不能按要求预付，承包人可在发出通知后 7 天停止施工，发包人应从约定应付之日起向承包人支付应付款的贷款利息，并承担因此造成承包人损失的违约责任。

② 预付款保函。如合同约定有预付工程款且需要办理预付工程款保函的，承包人需根据对应数额及保函的期限到开户银行办理保函手续并提交给发包人。

（二）施工阶段合同实施管理

施工阶段是将设计图纸变成实体产品的主要阶段，是物体功能形成的重要过程，合同双方尤其要注重此阶段的合同实施管理。

1．施工合同质量控制

（1）施工单位企业质量管理。

承包单位应当建立合同完善的质量保证体系，使工程项目的全部合同事件处于受控状态，以保证合同目标的实现。

承包单位应当成立现场项目管理部，制订本工程的质量管理制度。明确项目经理、总工程师、技术负责人的工作职责；现场施工管理人员（施工员、质量员、安全员、资料员）和特殊工种人员必须持证上岗。现场使用的仪器、设备必须经检测合格、做好记录后方可使用。

(2) 材料设备质量管理。

工程使用材料设备的供应形式有两种：一是由承包人负责采购；二是由发包人负责全部或部分采购。应在合同专用条款中明确材料设备采购人和采购范围。

① 承包人负责供应材料设备时的质量控制。

a．材料设备的质量验收。承包人应按照标准与规范、设计要求和其他技术要求采购，并提供产品合格证明，对材料设备质量负责。承包人应在材料设备到货前24小时内，以书面形式通知发包人和监理工程师，由承包人与发包人在监理工程师的见证下共同清点并办理相关手续。

b．材料设备不符合要求时的责任。承包人采购的材料设备与设计要求、标准与规范不符时，承包人应按监理工程师要求的时间运出施工场地，重新采购符合要求的产品，承担由此发生的费用，工期不予顺延。当工程师没有按约定时间到场验收，事后或使用后发现材料设备不符合要求时，承包人须重新更换或拆除或修复，并承担费用损失，但由此造成的工期延误则可以相应顺延。

c．承包人使用代用材料。承包人需要使用替换材料的，应向监理工程师提出申请，经监理工程师认可并取得发包人批准后才能使用，由此引起合同价款的增减由造价工程师与发包人、承包人协商确定；协商不能达成一致的，由造价工程师暂定，通知承包人并抄报发包人。

d．材料设备在使用前检验或试验。承包人应按工程师的要求对材料设备进行检验或试验，不合格的不得使用，检验、试验费用由承包方承担。

对于需要进行见证取样试验的材料设备，承包人应在见证取样前24小时通知监理工程师参加见证取样检验。如果监理工程师或其委派的代表不能按时到场参加检验，监理工程师应至少提前24小时发出延期检验指令并书面说明理由，且延期不得超过48小时。如果监理工程师或其委派的代表未发出延期检验指令也未能按时到场检验，承包人可自行检验，并认为该检验是在监理工程师在场的情况下完成的。检验完成后，承包人应立即向监理工程师提交检验数据的有效证据，以便监理工程师认可检验结果。

② 发包人负责供应材料设备时的质量控制。

发包人应按照批准的施工进度计划和承包人的使用申请，按合同的材料设备供应一览表的品种、规格、型号、数量、质量标准将材料设备按时运抵施工现场，并组织到货清点。

a．发包人供应材料设备的现场验收。

• 发包人应按一览表的约定提供材料设备，并向承包人提供产品合格证明，对其质量负责。

• 发包人在其所供应的材料设备到货前24小时内，应以书面形式通知承包人，由承包人派人与发包人共同清点并按承包人的合理要求堆放。

清点的工作主要包括外观质量检查、对照发货单证进行数量清点并检查（如外观有无损坏）、大宗建筑材料进行必要的抽样检验（物理、化学试验）等。

b．材料设备接收后移交承包人保管。发包人供应的材料设备经双方共同清点接收后，由承包人妥善保管，发包人支付相应的保管费用（如合同中规定此项保管费已包含在单价中，则不另外计费）。因承包人的原因发生损坏、丢失的，由承包人负责赔偿。发包人不按规定通知承包人验收，发生的损坏丢失由发包人承担责任。

c．发包人供应的材料设备与约定不符时的责任。

发包人供应的材料设备与一览表不符时，发包人应按照下列规定承担相应责任：

- 材料设备的单价与一览表不符时，由发包人承担所有价差；
- 材料设备的品种、规格、型号、质量标准与一览表不符时，承包人可以拒绝接受保管，由发包人运出施工场地并重新采购；
- 材料设备的品种、规格、型号、质量标准与一览表不符时，经发包人同意，承包人可代为调剂替换，由发包人承担相应费用；
- 到货地点与一览表不符时，由发包人负责运至一览表指定地点；
- 供应数量少于一览表约定的数量时，由发包人补齐；多于一览表约定数量时，发包人负责将多出部分运出施工场地；
- 到货时间早于一览表约定时间时，由发包人承担因此发生的保管费；到货时间迟于一览表约定的供应时间时，由发包人赔偿因此造成的承包人损失，造成工期延误的，工期相应顺延。

d．材料和设备的使用前检验。

为了防止材料和设备在现场储存时间过长或保管不善而导致质量的降低，应在用于永久工程施工前进行必要的检查试验，特别是保质期较短的材料使用前必须要进行检验。

发包人供应的材料设备进入施工现场后需要在使用前检验或者试验的，由承包人负责检查试验，费用由发包人负责。按照合同对质量责任的约定，每次检查试验通过后，仍不能解除发包人供应材料设备存在的质量缺陷责任。即承包人检验通过之后，如果又发现材料设备有质量问题时，发包人仍应承担重新采购及拆除重建的追加合同价款，并相应顺延由此延误的工期。

（3）工程质量验收管理。

承包人应当按照《建设工程质量管理条例》的规定，严格按照设计图纸、技术标准、技术规范以及监理工程师依据合同发出的指令施工，不得擅自修改工程设计，不得偷工减料，保证工程施工质量，随时接受监理工程师的检查检验，并为监理工程师的检查、检验提供便利和协助。

① 不符合质量要求的处理。

当工程质量按照图纸、相关验收标准验收，工程质量达不到约定标准，承包人应拆除和重新施工，直到符合约定标准为止。具体处理方式可以按照下列方法处理：

a．因承包人的原因达不到规定标准的，由承包人承担返工费用，工期不予顺延。

b．因发包人的原因达不到规定标准的，由发包人承担返工的全部合同价款，工期相应顺延。

c．因双方原因达不到规定标准的，分清双方责任的大小，按照责任比例由双方分别承担损失（费用和工期）。

② 施工过程中的检查和返工。

工程质量达不到约定标准的部分，工程师一经发现，可要求承包人拆除和重新施工。承包人应按工程师及其委派人员的要求拆除和重新施工，承担由于自身原因导致拆除和重新施工的费用，工期不予顺延。

经过工程师检查、检验合格的工程，后来又发现因承包人原因出现质量问题，承包人应承担责任、赔偿发包人的直接损失，工期不应顺延。

（4）隐蔽工程与重新检验。

发承包双方对需要进行中间验收的单项工程和部位应在合同中予以约定，同时约定进行检查、试验的时间和程序；承包人应为检验和试验提供便利条件。

a．检验程序。

- 验收通知。

工程具备隐蔽条件或达到专用条款约定的中间验收部位，承包人应先进行自检，并在隐蔽或中间验收前48小时内以书面形式通知工程师验收。通知包括隐蔽和中间验收的内容、验收时间和地点。承包人应准备验收记录，并提供必要的资料和协助。

- 隐蔽验收。

工程师接到承包人的验收通知后，应在通知约定的时间与承包人共同进行检查或试验。检测结果合格，经工程师在验收记录上签字后，承包人可进行工程隐蔽和继续施工；若验收不合格，承包人应在工程师限定的时间内修改后重新验收。

如果监理工程师不能按时参加验收，应至少提前24小时发出延期验收指令并书面说明理由，延期不得超过48小时。如果监理工程师或其委派的代表未发出延期验收指令也未能到场验收，承包人可自行验收，并认为该验收是在监理工程师在场的情况下完成的。验收完成后，承包人应立即向监理工程师提交验收数据的有效证据，以便监理工程师认可验收记录。

经工程师验收，工程质量符合标准、规范和设计图纸等要求，验收24小时后，工程师不在验收记录上签字的，视为工程师已经认可验收记录，承包人可进行隐蔽或继续施工。

b．重新检验。

当工程师对某部分的工程质量有怀疑，可要求承包人对已经隐蔽的工程进行重新检验。承包人接到通知后，应按要求进行剥离或开孔，并在检验后重新覆盖或修复。

重新检验表明质量合格，发包人承担由此发生的全部追加合同价款，赔偿承包人损失，并相应顺延工期；检验不合格，承包人承担发生的全部费用，工期不予顺延。

2．施工合同进度控制

工程开工后，承包人应当按照工程师、业主批准的施工计划安排施工，工程师据此来控制施工进度，保证工程进度目标的实现。

（1）按计划施工。

工程开工后，承包人应按照批准的施工进度计划组织施工，接受工程师对进度的检查、监督。承包人在总计划的指导下，制订周或旬、月度、季度、年计划。工程师每月至少应检查承包人的进度计划执行情况一次，承包人应提交一份上月进度计划执行情况和本月的施工方案及措施。

（2）承包人修改进度计划。

实际施工过程中，承包人的实际进度与批准的计划进度不符时，承包人应及时修改进度计划并报工程师，修改的进度计划经工程师确认后方可执行。

由承包人自身的原因造成工程实际进度滞后的，承包人承担工期延误和费用损失。工程师不对确认后的改进措施效果负责，这种确认并不是工程师对工程延期的批准，而仅仅是要求承包人在合理的状态下施工。因此，如果修改后的进度计划不能按期完工，承包人仍应承担相应的违约责任。

(3) 暂停施工。

在施工过程中，会受到诸多外部因素和内部因素的影响导致工程暂停施工，从而造成工期的延误和费用的损失。合同双方应做好相关管理工作，尽量避免工程暂停施工而给工程建设（特别是商业工程建设）造成直接、间接损失。

① 工程师指示的暂停施工。

根据现场的实际情况，监理工程师认为确有必要暂停施工时，应向承包人发出暂停施工令，并在 48 小时内提出处理意见。承包人应按监理工程师的指令停止施工，并妥善保护已完工程。监理工程师在发出暂停施工通知后的 48 小时内提出书面处理意见，承包人根据工程师的处理意见进行相应的处理。

上述实际情况主要包括（但不限于）：政策法规的变化导致工程停、缓建；地方临时性要求在某一时段内不允许施工，如每年的高考时间，学校周边的工地暂停施工；施工质量不合格的暂停施工；继续施工可能危及现场或毗邻地区建筑物或人身安全；发生不可预见的危险物或文物需要现场保护的暂停施工或后续施工条件不具备连续施工的暂停施工等。

② 暂停施工责任。

a．承包人原因的暂停施工。

因发包人原因造成暂停施工的，由发包人承担所发生的费用，工期相应顺延，并赔偿承包人因而造成的损失。当发生下面两种情况时，承包人有权视情况暂停施工，发包人承担相关责任。

- 延误支付预付款。发包人不按时支付预付款，承包人在约定时间 7 天后向发包人发出预付通知。发包人收到通知后仍不能按要求预付，承包人可在发出通知后 7 天停止施工；同时，发包人应从约定应付之日起，向承包人支付应付款的贷款利息。

- 拖欠工程进度款。发包人不按合同规定及时向承包人支付工程进度款且双方又未达成延期付款协议时，导致施工无法进行，承包人可以停止施工，且由发包人承担违约责任。

b．承包人原因的暂停施工。

- 承包人某种失误或违约造成，或应由承包人负责的必要暂停施工。

- 承包人为合同工程的施工调整部署，或为合同工程安全而采取必要的技术措施所需要的暂停施工。

- 因现场气候条件（除不可抗力停工外）导致的必要暂停施工。因承包人原因造成暂停施工的，由承包人承担发生的费用，工期不予顺延。

c．不可抗力引起的暂停施工。

不可抗力事件发生后，承包人应立即通知发包人和监理工程师，并在力所能及的条件下迅速采取措施，尽力减少损失，发包人应协助承包人采取措施。因不可抗力事件导致费用增加和工期顺延的，由双方按《通用条款》26.3 条规定分别处理。

③ 暂停施工处理程序。

承包人根据工程师的处理意见实施处理，达到预期效果后可向监理工程师提交复工报审表要求复工。工程师应当在收到复工通知后的 48 小时内给予相应的答复。如果工程师未能在规定的时间内提出处理意见或收到承包人复工要求后 48 小时内未予答复的，承包人可以自行复工。

（4）工期延误。

施工过程中，由于社会条件、人为条件、自然条件等五大因素的影响，可能导致不能按时竣工延误工期。实际工程发生延误工期时是否应给承包人合理延长工期，应依据合同条款规定的责任来判定。

① 可以顺延工期的条件。

按照施工合同范本《通用条款》相关条款的规定，以下原因造成的工期延误，经工程师确认后工期相应顺延：

a．发包人不能按专用条款的约定提供开工条件；

b．发包人不能按约定日期支付工程预付款、进度款，致使工程不能正常进行；

c．工程师未按合同约定提供所需指令、批准等，致使施工不能正常进行；

d．设计变更和工程量增加；

e．一周内非承包人原因停水、停电、停气造成停工累计超过8小时；

f．不可抗力；

g．专用条款中约定或工程师同意工期顺延的其他情况。

② 工期顺延的确认程序。

承包人在工期可以顺延的事件发生后14天（或合同约定时间）内，应将延误的工期向工程师提出书面报告，工程师在收到报告后14天内予以确认答复，逾期不予答复的，视为报告要求已经被确认。

3．施工合同成本控制

成本控制是工程建设参与单位在工程质量符合要求、进度满足计划要求的基础上的重点控制工作，在实践中一般寻求质量、进度、成本三者的平衡管理。施工过程中施工合同成本管理主要从以下几方面进行：

（1）设计变更的管理。

设计变更往往会引起工程量的增加，成本的增加、工期的延长，故进行工程设计变更要慎重考虑。设计变更包括发包人要求的设计变更、承包人要求的设计变更。

a．发包人要求的设计变更。

发包人要求的设计变更一般表现在对建筑功能的需要的变更，发包人应提前14天以书面形式向承包人发出变更通知。变更涉及结构安全时应由原设计单位提供变更的相应图纸和说明或经原设计单位书面同意，发包人委托有相应资质的设计单位进行设计变更。

由于变更致使承包人工程成本的增减和由此造成承包人的损失由发包人负责，并相应顺延工期。

b．承包人要求的设计变更。

承包人要求的设计变更一般表现在工程遇到不可预见的地质条件或地下障碍、或者是承包人为了加快施工进度、节约工程成本向发包人提出变更，如材料的换替等。另一种是承包人对某一工艺等提出合理化建议，以节约建造成本的变更。这种变更须经工程师同意，未经工程师同意承包人不得擅自更改或换用。施工中承包人不得因施工方便而要求对原工程设计进行变更。

发包人同意采用承包人的合理化建议的，所发生费用和获得收益的分担或分享，由发包人和承包人另行约定。

(2) 变更价款的确定。

确定变更价款时，应维持承包人投标报价单内的竞争性水平。变更价款的确定按照合同约定执行。

① 综合单价确定。当设计变更与工程量清单项目特征描述不一致时，发、承包双方应按照实际施工项目特征重新确定综合单价。如招标时，某现浇混凝土构件项目描述混凝土强度等级为 C20，但施工中发包人变更混凝土强度等级为 C30，这时就应该重新确定综合单价。

工程变更综合单价的确定具体方法详见本章第三节"施工合同策划"有关内容。

② 措施费确定。

a．原措施费中已有的措施项目，按原措施费得组价方法调整；

b．原措施费中没有的措施项目，由承包人根据措施项目变更情况，提出适当的措施费变更，经发包人确认后调整。

(3) 工程量的确认。

工程量的确认是工程款计算支付的基础，按照工程量清单进行招标发包的清单工程量是暂估量，实际施工完成的工程量可能与其有差异，所以支付工程款时应当根据承包人实际完成的工程量计算工程款，发包人计算支付前应当核实承包人实际完成的工程量。

发、承包双方应根据合同约定进行工程的计量。当双方在合同中没有约定具体的计量时间、程序、方法和要求时，按如下方法办理：

① 承包人应每月末或合同约定的工程段完成后向发包人或工程师提交上月或上一工程段已完永久工程量的报告。报告内容应包括上期完成的各项工作内容和工作量。

② 发包人、工程师应在接到报告后 7 天内，按设计图纸（含设计变更）核实已完工程量，并应在计量前 24 小时通知承包人，承包人应提供便利条件并派人按时参加。

工程师收到承包人报告后 7 天内未进行计量的，从第 8 天起，承包人报告中开列的工程量即视为已被确认，作为工程价款支付的依据。

③ 计量结果。

a．如发、承包商均同意计量结果，则双方签字确认。

b．如果承包人收到通知后不参加计量核对，则由发包人、工程师核实的计量认为是对工程量的正确计量，并作为工程价款支付的依据。若工程师不按约定时间通知承包人，致使承包人未能参加计量，工程师单方计量的结果无效。

c．如发包人、工程师未在规定的核对时间内进行计量核对的，承包人提交的工程量视为发包人已经认可，作为结算工程量。

d．属于承包人超出设计图纸范围（包括超挖、涨线）的工程量不予计量。

e．如承包人不同意发包人核实的计量结果，承包人应在收到上述结果后 7 天内向发包人提出，申明承包人认为不正确的详细情况。发包人收到后 2 天内重新核对有关工程量的计量，或予以确认，或将其修改。

(4) 工程款的支付。

承包人应在每个付款周期末（每月末或合同约定的工程段完成后），向发包人递交进度款支付申请报表，报表应详细说明本期发包人应支付承包人的工程进度款的款项计算内容和相关证据。

① 支付条件。

发、承包人应在合同中约定工程进度款的支付条件，符合相关条件后再支付款。如合同无具体约定时，可以根据下列支付条件提供：

a．质量合格条件。工程计量必须是质量合格的，对于工程质量不合格的部分一律不予支付。

b．符合合同条件。一切支付均需要符合合同约定的要求，例如，工程预付款的支付款额要符合合同规定的数量，支付的条件应符合合同规定的条件，即承包商提供履约保函和预付款保函之后才予以支付工程预付款。

c．变更项目必须有工程师的变更通知。工程变更必须按照合同约定的时间、程序办理签证或洽商。没有工程师的指示承包商自主进行变更的，该变更不予支付费用。

d．支付金额必须大于期中支付证书规定的最小限额。合同条件约定，如果在扣除保留金和其他金额之后的净额少于投标书附录中规定的期中支付证书的最小限额时，工程师没有义务开具任何支付证书。不予支付的金额将按月结转，直到达到或超过最低限额时才予以支付。

② 工程进度款的款项计算内容：

a．经过确认核实的完成工程量对应工程量清单或报价单的相应价格计算应支付的工程款。

b．设计变更应调整的合同价款。

c．本期应扣回的工程预付款。

d．根据合同允许调整合同价款原因应补偿承包人的款项和应扣减的款项。

e．经过工程师批准的承包人索赔款等。

③ 发包人的支付责任。

发包人应在双方计量确认后14天内向承包人支付工程进度款。

（三）竣工验收阶段合同管理

竣工阶段的主要工作是竣工验收和竣工结算。承包人按照合同约定的范围和施工图纸要求、技术标准施工完毕，应当申请组织验收并交付使用。《建筑法》第六十一条规定："建筑工程经验收合格后，方可交付使用；未验收或者验收不合格的，不得交付使用。"《建筑法》第十八条规定："发包单位应当按照合同约定，及时拨付工程款项。"因此，工程竣工经验收合格后，发、承包双方应在合同约定的时间内办理竣工结算；合同无约定的，参照财建〔2004〕369号第十四条（三）项规定的时间执行。

1．竣工验收

（1）竣工验收需满足的条件。

竣工验收是工程施工的最后一个环节，承包人根据国家法律、法规规定和合同约定，工程完工后须申请工程竣工验收。工程竣工验收需满足如下条件：

① 已完成合同约定的施工范围和工程设计图纸要求的各项内容。

主要指"承包人承揽工程项目一览表"或合同协议书标明的工程具体承包范围的内容（包括设计变更或签证洽商的附加内容）和设计文件所确定的内容。

② 工程质量符合有关工程建设强制性标准。

主要指工程质量应符合国家现行法律、法规及行业标准要求，根据相应工程验收规范进行验收，符合相关要求。

③ 有工程使用的主要建筑材料、建筑构配件和设备合格证及必要的进场试验报告。

用于工程中的材料、构配件和设备经检测、试验必须符合国家规定的现行相关标准，不符合标准的不得用于工程中。

④ 勘察、设计单位对勘察、设计文件及施工过程中由设计单位签署的设计变更通知书进行确认。

⑤ 有公安消防、环保等部门出具的认可文件或准许使用文件。

⑥ 有完整的技术档案和施工管理资料。

⑦ 有施工单位签署的工程质量保修书。

⑧ 竣工验收报告。

施工单位提出工程竣工报告，工程竣工报告应经项目经理和施工单位有关负责人审核签字。

⑨ 工程监理评价报告。

监理单位对工程进行质量评价，出具完整的监理资料，并提出工程质量评价报告。工程质量评价报告应经总监理工程师和监理单位有关负责人审核签字。

(2) 竣工验收程序。

工程竣工验收程序在实践中一般分竣工初步验收和正式验收两个程序进行，具体如下：

① 竣工初步验收。

a．程序：先由施工单位内部组织自查、自评。认为工程符合相关要求后，填写工程竣工报验单，并将全部竣工资料报送项目监理机构，申请竣工验收。

b．监理机构收到竣工报验单后，在规定时间内总监理工程师组织各专业监理工程师对竣工资料及各专业工程的质量情况进行全面检查，对检查出的问题，应督促施工单位及时整改。对需要进行功能试验的项目（包括单机试车和无负荷试车），监理工程师应督促施工单位及时进行试验，并对重要项目进行监督、检查，必要时可请建设单位和设计单位参加；监理工程师应认真审查试验报告单并督促施工单位搞好成品保护和现场清理。

经项目监理机构对竣工资料及实物全面检查、验收合格后，由总监理工程师签署工程竣工报验单，并向建设单位提出质量评估报告。

② 竣工正式验收。

发包人收到竣工验收报告后28天内组织勘察、设计、施工、监理、质量监督机构及相关专家组成的验收组进行验收。其具体程序如下：

a．发包人、承包人、勘察、设计、监理单位分别向验收组汇报工程合同履约情况和在工程建设各个环节执行法律、法规和工程建设强制性标准的情况；

b．验收组审阅建设、勘察、设计、施工、监理单位提供的工程档案资料；

c．对工程实体质量进行现场的观感检查、验收。

d．经过检查、检验后，验收组形成工程竣工验收意见（包括合格、不合格或对不符合规定部分内容的整改意见）。

当参与工程竣工验收的发包人、承包人、勘察、设计、施工、监理等各方不能形成一致意见时，应报当地建设行政主管部门或监督机构进行协调，待意见一致后，重新组织工程竣工验收。

③ 提前竣工。

施工过程中甲方因故需提前竣工，经双方协商，签订协议，作为合同一部分。把要求提前竣工的时间、赶工措施、发包人提供的条件，承包人为保证工程质量、安全所采取的措施，所追加的价款及付款等，作为协议的组成部分。

④ 甩项工程。

因特殊原因，发包人要求部分单位工程或工程单位须甩项竣工时，双方应另行订立甩项竣工协议，明确双方责任和工程价款的支付方法。

(3) 竣工结算。

① 竣工时间的确定。

工程竣工验收后进行竣工结算，结算时须确定竣工时间。一般在合同中已对工程开工、竣工时间的进行了约定，如合同无约定或拟订合同时可参照以下情况执行：

a. 实际竣工日期：工程竣工验收通过后，承包人送交竣工验收报告的日期为实际竣工日期。工程按发包人要求修改后通过竣工验收的，实际竣工日期为承包人修改后提请发包人验收的日期。

b. 合同工期：合同工期指协议书中写明的工期与经过工程师确认应给予承包人顺延工期之和。

c. 实际工期：从开工日起到上述确认为竣工日期之间的日历天数。开工日正常情况下为专用条款内约定的日期，也可能是由于发包人或承包人要求延期开工，经工程师确认的日期。

② 竣工结算程序。

a. 承包人递交竣工结算报告。

工程竣工验收报告经发包人认可后28天内，承包人向发包人递交竣工结算报告及完整的结算资料。

b. 发包人的核实和支付。

发包人自收到竣工结算报告及结算资料后28天内进行核实，给予确认或提出修改意见。发包人认可竣工结算报告后，及时办理竣工结算价款的支付手续。

c. 移交工程。

承包人收到竣工结算价款后14天内将竣工工程交付发包人，施工合同即告终止。

③ 竣工结算的违约责任。

a. 发包人的违约责任。

• 发包人收到竣工结算报告及结算资料后28天内无正当理由不支付工程竣工结算价款的，应按承包人同期向银行贷款利率支付拖欠工程价款的利息，并承担违约责任。

• 发包人收到竣工结算报告及结算资料后28天内不支付工程竣工结算价款的，承包人可以催告发包人支付结算价款。发包人收到竣工结算报告及结算资料后在规定时间内仍不支付的，承包人可以与发包人协议将该工程折价，也可以由承包人向人民法院申请将该工程依法拍卖，承包人就该工程折价或者拍卖的价款优先受偿。

b. 承包人的违约责任。

工程竣工验收报告经发包人认可后28天内，承包人未能向发包人递交竣工结算报告及完整的结算资料，造成工程竣工结算不能正常进行或工程竣工结算价款不能及时支付时，如果发包人要求交付工程，承包人应当交付；发包人不要求交付工程，承包人仍应承担保管责任。

(四) 工程保修

1. 工程质量保修范围和内容

工程质量保修范围和内容在合同条款中约定，一般包括：地基基础工程；主体结构工程；屋面防水工程；有防水要求的卫生间、浴室和墙体工程；供热与供冷系统；电气管线、给排水管道；其他双方约定的项目。

2. 质量保修期

保修期从竣工验收合格之日起计算。当事人双方应针对不同的工程部位，在保修书内约定具体的保修年限。

《建设工程质量管理条例》明确规定了在正常使用条件下的最低保修期限。

3. 质量保修责任（保修期内）

(1) 属于保修范围、内容的项目，承包人应在收到保修通知7天（或合同约定时间）内保修。如承包人不履行保修或保修不及时，发包人有权委托其他施工单位进行保修，保修费用从质保金中支付。

(2) 发生紧急事件，承包人应立即保修（抢修）。

(3) 发生结构安全问题，应立即上报建设行政主管部门，在原设计单位或具有资质等级的设计单位提出方案后，由承包人实施保修。

(4) 保修完成后，由发包人组织验收。

4. 保修费用

在保修期内正常使用的情况下，由于工程质量本身的质量缺陷的保修，费用由承包人承担；由于非正常使用或不可抗力引起的保修，由发包人承担。

5. 质保金的返还

一般按照一定比例分期（扣除因质量缺陷保修费用）返还。双方可以在合同中约定质保金的返还时间和每次返还的比例或质保期满后一次返还。

【案例10-4】 某工程项目，建设单位与施工单位签订了施工承包合同，合同中规定钢材由建设单位指定厂家，施工单位负责采购，厂家负责运输到工地，并委托了监理单位实行施工阶段的监理。当第一批钢材运到工地时，施工单位认为是由建设单位指定的钢筋，在检查了产品合格证、质量保证书后即可以用于工程，反正如有质量问题均由建设单位负责，而监理工程师认为必须进行材质检验。此时，建设单位现场项目管理代表正好到场，认为监理工程师多此一举，但监理工程师坚持必须进行材质检验，可施工单位不愿进行检验，于是监理工程师按规定进行了抽检，检验结果达不到设计要求，遂要求对该批钢筋进行处理，建设单位现场管理代表认为监理工程师故意刁难，要求监理单位赔偿损失，并支付试验费用。

问题：

(1) 施工单位的做法是否正确？并说明理由。

(2) 如施工单位将该批钢材用于工程中造成质量问题，其是否有责任？说明理由。

(3) 若该批钢材用于工程中造成质量问题，建设单位是否有责任？说明理由。

(4) 材料的损失由谁承担？试验费由谁承担？

(5) 该批钢材应如何处理？

案例评析：

(1) 不正确。对到场的材料施工单位有责任必须进行抽样检验。
(2) 有责任。施工单位对用于工程的材料必须确保其质量。
(3) 没有。建设单位只是指定厂家，采购是由施工单位负责的。
(4) 材料的损失由厂家承担，试验费用由施工单位承担。
(5) 退场或降低等级使用。

—— 本章小结 ——

本章对建设施工合同作了比较详细地阐述，包括合同概述、合同文件组成内容、合同策划、合同谈判及合同施工履约管理。合同文件组成内容、合同策划、合同施工履约管理是本章的重点。

(1) 合同文件组成：《建设工程施工合同（示范文本）》（GF-99-0201）由《通用条款》、《专用条款》、《协议书》及附件组成。《通用条款》适用于所有建筑安装工程，《专用条款》对应于《通用条款》根据工程具体情况给予明确约定，《协议书》是施工合同的总纲性文件，经过双方当事人的签字盖章后生效。附件包括"承包人承揽工程项目一览表"、"发包人供应材料设备一览表"和"房屋建筑工程质量保修书"三个标准化附件。

(2) 合同策划。重点对双方权利、义务和责任进行策划、明确。

(3) 合同施工履约管理。施工准备阶段、施工阶段、竣工阶段的合同管理，各阶段的合同管理包括质量管理、进度管理和成本管理。

习 题

一、简答题

1．组成施工合同文件有哪些？
2．《施工合同文本》规定发包人的权利义务有哪些？
3．施工合同策划应该考虑哪些内容？
4．施工合同交底一般包含哪些内容？
5．简述施工阶段合同管理的内容。

二、单项选择题

1．根据我国《施工合同文本》规定，对于具体工程的特殊要求，可通过（   ）约定发承包双方的权利和义务。

　　A．通用条款　　　B．专用条款　　　　C．监理合同　　D．协议书

2．某些紧急工程，特别是灾后修建工程，只能采用（   ）合同。

　　A．可调价的总价　　B．不可调价的总价　　C．单价　　D．成本加酬金

3．在施工合同中，属于承包人应当完成的工作是（   ）。

　　A．保护施工现场地下管线　　B．办理土地征用

C．进行设计交底　　　　　　D．协调处理施工现场周围地下管线的保护

4．组成施工合同文件的以下部分可以互为解释、互为说明。当出现含糊不清或矛盾时，具有第一优先解释顺序的文件是（　　）。

A．合同专用条款　　B．投标书　　C．协议书　　D．合同通用条款

5．在下列合同文件中，（　　）具有优先解释效力。

A．合同履行中工程洽商协议　　B．合同通用条款

C．图纸　　　　　　　　　　　D．合同专用条款

6．在施工过程中，发包人供应的材料设备在用于永久工程的施工前需重新检验的，（　　）。

A．检验由发包人负责，费用由承包人承担

B．检验由发包人负责，费用由发包人承担

C．检验由承包人负责，费用由承包人承担

D．检验由承包人负责，费用由发包人承担

7．施工的竣工验收应当由（　　）负责组织。

A．发包人　　　B．承包人　　C．工程师　　D．监理单位

三、多项选择题

1．《建设工程施工合同文本》的附件包括（　　）等。

A．协议书　　　B．通用条款　　C．工程质量保修书

D．专用条款　　E．发包人供应材料设备一览表

2．组成施工合同的文件包括（　　）等。

A．招标公告　　B．协议书　　　C．中标通知书

D．图纸　　　　E．工程量清单

3．按照《建设工程施工合同文本》规定，在施工中由于（　　）造成工期延误，经发包人代表确认，竣工日期可以顺延。

A．承包人未能及时调配施工机械　　B．发生不可抗力

C．雨季天数增多　　　　　　　　　D．工程量变化和设计变更

E．一周内非承包人原因停电、停水、停气等造成停工累计超过8小时

4．《建设工程施工合同文本》规定，对于在施工中发生不可抗力，（　　）发生的费用由承包人承担。

A．工程本身的损害　　　　B．发包人人员伤亡

C．造成承包人设备、机械的损坏停工

D．所需清理修复费用　　　E．承包人人员伤亡

5．发包人供应的材料设备进入施工现场后需要在使用前检验或者试验的，由（　　）。

A．承包人负责检查试验　　B．发包人负责检查试验

C．费用由发包人负责　　　D．费用由承包人负责

E．检验通过后，如果又发现材料设备有质量问题时，发包人仍应承担重新采购

四、案例题

某工程项目系一钢筋混凝土框架机构多层办公楼，施工图纸已齐备，资金来源已落实，现场已完成三通一平工作，满足开工条件。该工程由业主自筹资金，实行邀请招标发包。

业主要求工程于2007年5月15日开工,至2008年5月14日完工,总工期1年,共计365天。按国家工期定额规定,该工程的定额工期为395个日历天。合同约定该工程的质量等级为合格,业主要求尽量达到优质。达到优质则业主另付施工单位合同价3%的优质优价奖励费。

问题:

(1) 本工程向招标管理部门申请招标前,业主应取得以下哪几项批准手续及证明:

① 已列入地方基建计划,取得当地计划行政主管部门的计划批文;
② 建设工程投资许可证;
③ 建设用地规划许可证;
④ 施工许可证;
⑤ 房屋产权证;
⑥ 契税完税证明。

(2) 根据该工程的具体条件,业主在合同策划时选用何种计价方式合同比较合适,说明理由。

(3) 本工程预付款双方约定为合同价款的12%,工程保修金为合同价款的5%。请你协助业主拟订预付款支付、扣回及保修金的扣留条款。

案例鉴赏

通过本案例鉴赏,可以进一步透彻理解工程施工合同的主要内容以及施工合同策划的重点。掌握如何根据工程的特点和业主的经营要求,在合同中对合同双方的权利、义务及违约责任等给予明确、具体和合理的规定。

【背景】2004年某民营房地产公司在南昌开发一高档楼盘,该楼盘占地约220亩(1亩=667 m²),建筑总面积为16.78万m²,均为多层和小高层住宅,地下为联通的阳光地下停车场。该楼盘的建筑设计由WY建筑设计室、小区绿化景观由贝尔高林公司担纲设计,房产公司力图将其打造为南昌市具有欧陆风情、都市闲情生活方式的楼盘。该项目采用谈判发包方式进行发包,根据公司运营情况、楼盘进展及市场情况,项目部门经过反复讨论,最后完成合同条款的拟订。

下面把该合同条款的主要部分内容摘录给同学们鉴赏,希望大家能从中得到合同策划的某些启示。

一、工程质量目标

1. 工程质量标准

全部单位工程应达到市级优良及以上,且项目入伙3个月后,保证工程质量有效的总投诉率<120条/每百户的有效投诉率(有效投诉率以业主到物业公司报修且属于工程质量缺陷为准);其中,渗漏有效投诉率<0.1条/每户的有效投诉率,墙体开裂有效投诉率<0.1条/每户的有效投诉率,装修有效投诉率<0.3条/每户的有效投诉率,电气有效投诉率<0.1条/每户的有效投诉率,给排水有效投诉率<0.1条/每户的有效投诉率。

2. 具体节点细部工程质量要求:

(1) 抹灰工程的砂浆搓毛不能有色差;阳角需有成品塑料护角或其他保护措施。

(2) 砖砌体内外必须满勾缝。
(3) 墙体开槽必须采用机械开槽，槽宽≥60 mm时必须挂设钢丝网，宽度不小于200 mm。
(4) 砂浆找平、抹灰必须有防空鼓、防裂、防漏措施。
(5) 外墙砖砌与梁、柱结合处必须顶钢丝网，宽度300 mm。
(6) 外墙凸出墙面的线条、楼梯、窗眉等部位做成成品滴水槽。
(7) 地下室、屋面、卫生间、厨房、窗户周边、外墙等无渗漏。

3．工程质量验收

工程质量验收标准以国家现行工程施工质量验收标准为依据，要求验收达到合格。

4．工程质量有争议的责任

(1) 双方对工程质量有争议时，由双方同意的工程质量检测机构鉴定，所需费用及因此造成的损失，由责任方承担；双方均为责任方的，由双方根据其责任分别承担。

(2) 工程质量达不到预定标准的部分，甲方一经发现，应要求乙方拆除和重新施工，乙方应按要求拆除和重新施工，知道符合预定标准。因乙方原因达不到约定标准，由乙方承担拆除和重新施工的费用，工期不予延期。

(3) 工序检验过程中，如主控项目达不到检验要求，根据情况每处处以200~500元的处罚，同时乙方负责返工直至达到验收要求。

二、进度目标

(1) 进度要求见附件8-4（略）。
(2) 乙方的施工进度应符合以下节点要求，否则按本合同协议书第十条相关规定处理：
① 一标段。
a．1—1#、1—2#、1—3#楼节点部位：施工至±0.00、三层结构封顶、主体、竣工验收；
b．1—4#、1—6#楼节点部位：施工至±0.00、五楼结构封顶、主体结构封顶、竣工验收；
② 二标段。1—8#、1—9#、1—10#楼节点部位：施工至±0.00、十三层结构封顶主体结构封顶、竣工验收；

三、工程造价

1．合同价款的确定

本工程价款为包人工、包材料、包机械、包工期报、包质量、包安全、包文明施工、包验收的包干价；按国家规定，由乙方缴纳的各种税收及其他费用已包含在本工程造价内，由乙方向税收等部门缴纳。

2．工程款支付

(1) 具体见招标文件中"工程款支付及履约保证金返还方式"。
(2) 乙方均须向甲方提供项目所在地税务机关认可的正式发票，否则由甲方负责代扣代缴税前税费。

3．工程进度款的核实

在乙方完成本合同规定的控制工期的分段工程的前提下，乙方申请工程进度款。
(1) 乙方向甲方递交已完工程量统计表及已完工程形象进度表。
(2) 乙方根据甲方确认的已完工程量编制进度预算报表；甲方核实后支付工程进度款。
(3) 进度与质量挂钩，报送工程进度报表时附上监理及甲方人员签署的分项工程质量验收意见。若所报工程量达不到验收规范要求，甲方有权暂缓支付该支付该部分工程款。

四、设计变更和签证

1．一般规定

（1）在工程变更时，发生的费用无法根据变更文件进行计量的，乙方应在变更工程持续实施过程中向甲方、监理提供现场签证并填写签证单；变更工程被隐蔽无法计量的，甲方有权拒绝签证。

（2）办理签证时，乙方应提供经甲方确认的有关方案或数据原件。签证单原件一式两份，双方各持一份。

（3）现场签证单统一使用甲方指定的现场签证单格式，此单由施工单位填写，甲方审核并加盖甲方、乙方公章方为有效，违反本要求的签证单无效。

（4）为避免签证出现混乱、重复结算，乙方在办理签证时必须明确每份签证的具体原因、施工部位、施工时间、签证单的编号等，否则不予办理。

（5）设计变更、现场签证、甲方要求增加项目，甲方要统一编号后全部按甲方盖章认可为准。

2．签证时效

（1）甲方对工程进行变更导致合同价款调整的，乙方应在接到甲方联系单、设计变更单15天内编制补充预算并提交给甲方（补充预算必须含详细工程量计算书及价款），否则视为无效。如变更导致合同价款调增，乙方逾期上报视为乙方放弃补偿要求；如导致合同价款调减，甲方有权从合同价款中扣除相应调减价款。

（2）乙方应在收到设计变更15天内，向甲方提交此变更的补充预算，甲方一般应在接到补充预算15天内将上报的补充预算审核完毕。

3．变更的计价原则：

（1）合同中已有适用于变更工程的价格，按合同已有价格计算变更合同价款；合同中只有类似于变更工程的价格，可以参照类似价格变更合同价款；合同中没有适用或类似于变更的工程的价格，由双方协商解决，不能协商确定的交由工程定额管理部门仲裁确定。

（2）双方约定单项设计变更增减价款在2 000元以内的，不予计价。

五、材料、设备

1．乙方采购材料、设备

（1）施工主要材料和设备（甲方供应的材料设备及甲方指定品牌的限价材料除外），乙方均需向甲方送报三家以上供应商的资料，其中包括材料设备样品、各种质量证明和其他有关技术资料，经甲方审核并封样后方可采购，且必须在报送产品范围内选择；未报甲方确认的材料设备，按甲方掌握价格的90%进行结算。

（2）所有材料和设备必须符合设计要求、验收标准相关规定，所有材料和设备均由乙方负责送检测部门进行检测（乙方应将检测单位报甲方批准，甲方有权指定有资质的检测单位），材料的送检抽样必须在施工现场进行，且须由甲方或监理在场监督，送检合格后方能使用。

（3）甲方指定样板或品牌的材料和设备，进货时按样板质量验收，如发现不符合样板质量要求或未按照指定的品牌进行采购，除按甲方掌握的该材料成本价计入结算外，并由乙方按材料款的20%向甲主支付违约金或要求乙方重新订货，由此造成的一切损失由乙方负责。

(4) 乙方所提供的各种材料计划量应控制在定额范围内，材料用量以竣工结算为准。由于乙方少报或多报计划量造成的工期、质量及相关费用等损失由乙方承担。

(5) 材料、设备限价（限价价格已含采购保管费）

2．甲方供应材料设备

(1) 甲方供材料设备是指由甲方直接和厂家或材料设备供应商签订供货合同，支付合同货款，材料设备供应商卸货，乙方负责材料设备的场内倒运、验收及保管，并对供货数量负责。

(2) 甲方应在材料设备进场前 24 小时通知乙方，货物运到现场后，乙方应安排适当通道及卸货位置，并在到货后的 2 小时内组织验收收货。逾期未验收的，视为乙方已认可甲方验收结果，如材料设备损坏、丢失、二次搬运则由乙方承担全部责任。

(3) 乙方应在图会审后 30 天内编制属制属甲方供应的设备的供货计划，包括数量、规格、到货时间，上报甲方审核，乙方不及时上报或上报数量或规格有误，因此引起的一切责任均由乙方负责。由于设计变更引起的甲供材料设备数量、规格的变化，乙方应在收到变更通知 5 天内书面通知甲方。

另外，所有与乙方施工工程有关的材料设备（包括甲供材料设备）到货后，乙方应进行详细验收并对该产品的质量问题向甲方负责。

六、竣工结算

(1) 在通过工程竣工验收、办理完工程交接手续及竣工资料移交手续后 30 天内，乙方向甲方递交竣工结算报告及完整的结算资料，结算资料必须符合甲方审核要求，甲方收到完整的竣工结算资料后 60 天内完成审核。

(2) 为方便双方核对，减少核对时间，乙方上报的结算额，不得高出最终审定的结算额的 5%；否则，向甲方支付超额 10% 的违约金，并在结算工程总价款中扣除。

七、工程移交

(1) 乙方应在竣工后 10 天内撤出全部临建、施工人员、机械设备和剩余材料（除收尾工程所需的以外），并将所有承包范围内的工程清理干净。如果乙方不能及时拆除或清理，造成的费用及责任由乙方承担。

(2) 乙方应填移交书，经甲方及物业公司验收通过后，视为工程移交完毕；乙方逾期未向甲方移交，造成甲方向业主交楼时间延误，造成的费用和责任由乙方承担。

(3) 工程在未移交甲方之前，乙方负责维修；如甲方提前使用，因损坏发生的维修费用由甲方承担。

(4) 工程竣工验收并达到合同验收要求，乙方不得因经济纠纷而拒绝交付工程。

第十一章　建设工程施工索赔

学习目标

了解工程施工索赔的概念和产生索赔的原因及其分类；熟悉索赔的程序和方法；掌握工期索赔、费用索赔成立的条件及其工期、费用索赔计算。

能力目标

通过本章节教学，使学生能够根据具体事件的发生是否具备索赔条件的分析能力；具备施工索赔的基本能力。

第一节　建设工程施工索赔概述

一、施工索赔的概念

索赔是当事人双方在履行合同过程中根据合同约定，为维护自身合法利益向对方（责任方）提出经济补偿或工期补偿的一种正当行为。《中华人民共和国民法通则》第111条规定："当事人一方不履行合同义务或履行合同义务不符合合同约定条件的，另一方有权要求履行或者采取补救措施，并有权要求赔偿损失。"

合同索赔权利的享有往往是双向的，可以是承包人向发包人提出，也可以是发包人向承包人提出。一般情况，习惯把承包商向业主提出的索赔称为"施工索赔"；而把业主对承包商的索赔称为"反索赔"。

二、索赔特征

（1）索赔是合理补偿。索赔是一种合法的正当权利诉求，是经济补偿行为，是双方依据合同规定条款的一种履约方式。

（2）索赔是双向的。发、承双方均可以因非自身原因向责任方提出索赔。在工程实践中，发包人索赔的概率较小而且主动性大，同时发包人的索赔可以通过扣拨工程款、扣保证金等方式实现对承包人的索赔，其索赔主动性、成功性大；而承包人对发包人的索赔则往往比较困难，需要的证据要非常充分和及时。

（3）索赔事件发生的真实性。只有实际发生了经济损失或权利损害，一方才能向责任对方索赔。经济损失是指发生了因对方因素或规定责任造成合同以外的额外支出。如人工费、机械费、管理费等额外支出；权利损害是指虽然没有经济上的损失，但造成了一方权益上的损害，如由于恶劣的气候条件对工程进度的不利影响等不可抗因素，承包人有权要求延长工期等事件。实际发生了经济损失或权利损害两者可以独立存在或同时发生存在。

三、引起工程施工索赔事件内容

因建设工程的施工工期较长，在工程建设过程中可能发生各种影响工程施工变化的事件，导致合同当事人为完成任务而增加经济支出或工期延长，造成经济损失，从而产生索赔。产生工程项目索赔的事件原因非常多且复杂，主要有以下几方面：

1．不可抗力事件产生的索赔

建筑工程在整个施工过程中受自然条件、社会条件的不可预见因素的影响，而且这些事件的发生是一个有经验的承包商无法预见的，当这些事件发生后会导致工程成本和工期的增加，从而引起索赔。

不可抗力事件是一个有经验的承包商也无法预料的事件，这种事件通常分为自然事件和社会事件。

自然事件：主要是不利的自然条件和客观障碍。指施工中遭遇到的实际自然条件比招标文件中所描述的更为困难和恶劣，是一个有经验的承包商无法预测的不利条件和人为障碍，导致了承包商为完成任务必须花费更多的时间和费用，在这种情况下，承包商可以向业主提出索赔要求。如在施工过程中发生了地震、放射性污染、核危害等人力不可抗拒的自然灾害和风险，或出现流沙泥、地质断层、地下文物或构筑物等因素，都可能使工程造价发生变化而引起施工索赔。

社会事件：包括国家政策、法律的变更、战争等。

2．工程变更引起的索赔

在工程施工过程中，由于设计的原因、项目环境的改变、发包人改变建筑功能、或为了节约成本、或为加快施工进度等，使工程项目的建设费用发生变化，从而产生工期、人工、材料、机械等方面的索赔。

3．由于物价上涨、货币及汇率变化产生的索赔

物价上涨的因素，导致人工费、材料费、施工机械费的不断增长，造成工程成本大幅度上升，承包商的利润受到严重影响而引起承包商提出索赔要求。FIDIC施工合同条件中规定，如果在投标截止日期前的28天（基准日）以后，工程施工所在国政府或其授权机构对支付合同价格的一种或几种货币实行限制或货币汇兑限制，业主应补偿承包商因此而受到的损失。

4．拖欠支付工程款产生的索赔

如果业主不按照合同约定的时间支付中期工程进度款或最终工程款，承包商可据合同约定或法律、法规的规定，向业主索赔拖欠的工程款并索赔利息，督促业主迅速偿付。对于故意严重拖欠工程款，承包商可以按照法定程序向工程属地人民法院提起诉讼。

5．不依法履行施工合同产生的索赔

在履行施工合同的过程中，往往因一些意见分歧和经济利益的驱动等人为因素，使合同

双方都不严格执行合同文件而引起的索赔。

如业主不正当地终止工程，会导致承包人已购材料、设备的损失及人员窝工或无计划的撤离造成损失，从而引起承包人提出索赔。这种情况下承包商有权要求补偿损失，其数额是承包商在被终止工程中的人工、材料、机械设备的全部支出，以及各项管理费用、保险费、贷款利息、保函费的支出（减去已结算的工程款）合理利润的损失。

四、工程施工索赔事件的分类

1．按索赔有关当事人的不同分类

（1）承包人与发包人之间的索赔。主要是有关工程量计算、变更工期、质量和价格方面的争议，也有中断或终止合同等其他违约行为的索赔。

（2）总承包人与分包人之间的索赔。与第一项大致相似，但大多数是分包商向总承包商索要付款或赔偿及总承包人向分包商罚款或扣留支付款等。

（3）发包人或承包人与贷货商、运输人间的索赔（属商贸方面的争议，如质量不符合技术要求、数量缺短、交货拖延、运输损坏等）。

（4）发包人或承包人与保险人间的索赔。指被保险人受到灾害、事故或其他损害或损失、按保险单向其投保的保险人索赔。

2．按索赔目的分类

（1）工期索赔。主要是指非承包人自身原因而导致关键线路施工进度的延误，承包人要求发包人合理延长工期、推迟竣工日期的一种时间补偿。

（2）经济索赔。主要是指承包人要求发包人补偿非自身责任事件发生造成承包人费用增加的一种经济补偿。

3．按索赔依据分类

（1）合同内索赔。索赔以合同文件作为依据，当发生了合同规定给承包人以补偿的干扰事件时，承包人根据合同规定提出索赔要求。这是最常见的索赔。

（2）合同外索赔。索赔所涉及的内容难以在合同文件中找到依据，但可以从合同条文引申（隐含）含义中和合同适用法律或政府颁发的有关法规中找到索赔的依据。

（3）道义索赔。指由于承包人失误（如报价失误、环境调查失误等）或发生承包人应负责的风险而给承包人造成重大的损失，无论在合同文件内、外都找不到索赔依据，发包人从道义上给予承包人适当补偿。发包人是否给予承包人道义补偿，要视事情发生的性质和承包人的实际损失及发包人的意愿。

4．按索赔事件的性质分类

（1）工期拖延索赔。

由于发包人未能按合同规定提供施工条件，如未及时交付设计图纸、技术资料、场地、道路等，或非承包人原因发包人指令停止工程实施，或其他不可抗力因素作用等原因，造成工程中断或工程进度放慢，使工期拖延，承包人对此提出索赔。

(2) 不可预见的外部障碍或条件索赔。

如果在施工期间,承包人在现场遇到一个有经验的承包人通常不能预见到的外界障碍或条件,如地质与预计的(发包人提供的资料)不同,出现未预见到的岩石、淤泥或地下水等。

(3) 工程变更索赔。

由于发包人或工程师指令修改设计、增加或减少工程量、增加或删除部分工程、修改实施计划、变更施工次序,造成工期延长和费用损失,承包人对此提出索赔。

(4) 工程终止索赔。

由于某种原因,如不可抗力因素影响、发包人违约,使工程被迫在竣工前停止实施,并不再继续进行,使承包人蒙受经济损失,因此提出索赔。

(5) 其他索赔。如货币贬值、汇率变化、物价和工资上涨、政策法令变化、发包人推迟支付工程款等原因引起的索赔。

5．按索赔的处理方式分类

(1) 单项索赔。单项索赔是针对某一干扰事件提出的索赔。此类索赔的处理是在合同实施过程中,干扰事件发生时或发生后立即进行,并在合同规定的索赔有效期内向发包人提交索赔意向书和索赔报告。

(2) 总索赔。又叫一揽子索赔或综合索赔。这是在国际工程中经常采用的索赔处理和解决方法。一般在工程竣工前,承包人将工程过程中未解决的单项索赔集中起来,提出一份总索赔报告。合同双方在工程交付前或交付后进行最终谈判,以一揽子方案解决索赔问题。这种索赔可能因为业主代表(或监理工程师)得更换或时间长,对某事件产生遗忘,索赔起来争议多,成功率相对较低。

五、建设工程索赔成立的条件

承包商向业主提出索赔,必须有正当的索赔理由,对正当的索赔理由的说明必须有可靠的证据。当合同一方向另一方提出索赔时,要有正当的索赔理由,且有索赔事件发生时的有效证据,并在合同约定的时限内提出。故索赔成功要具备下面三个要素:

(1) 正当的索赔理由。如事件的发生已造成了承包人成本的额外支出或工期损失,且发生损害的索赔事件按合同约定不属于承包人的行为责任或风险责任。

(2) 有效的索赔证据。指与索赔有关的证明文件和资料,如合同文件、签证单、变更通知书、各类纪要等。

(3) 在合同约定的时限和规定的程序提交索赔意向通知和索赔报告。索赔事件发生后,承包方应在合同约定的时间内提出索赔意向,如合同无约定时参照相关规定执行。

第二节 工程施工索赔程序与要求

建筑工程施工索赔主要发生在承包商与发包商之间,本文主要就承包商的索赔和发包商的索赔具体步骤和主要工作内容进行论述。

一、承包商的索赔

承包商的索赔也称施工索赔。索赔基本程序包括索赔提出意向的通知、提交索赔报告、索赔报告的评审和索赔谈判等步骤。

1．提出索赔意向通知

索赔事件发生后，承包人应按照合同相关条款规定的时间内提出索赔意向通知书，向监理工程师和业主声明对此事件提出索赔。发包人应按合同约定的时间对承包人提出的索赔意向进行答复和确认。若双方在合同中对此索赔意向通知未作具体约定时，按下列办法处理：

（1）承包人应在索赔事件发生后 28 天内向发包人发出索赔意向的通知；否则，承包人将丧失索赔权利，无权获得追加付款，竣工时间不得延长。

（2）承包人应保持证明索赔可能需要的现场、记录等，供发包人检查并确认责任。

（3）发包人确认引起的索赔事件后，准备详细的索赔证据等有关资料。

索赔意向通知书内容包含（不限于）以下四个方面：

① 事件发生情境：事件发生的时间和情况的描述。

② 合同依据的条款：双方签订的合同文件、相关法律法规规定的可以索赔的权利。

③ 对该事件发展动向的分析，如是否有继续扩大的可能性和损失的估算。

④ 该事件对工程成本和工期造成影响的严重程度。

2．递交索赔报告要求

（1）索赔有效期。在发包人确认索赔事件后，承包人应在合同约定的实效内向发包人提交一份详细的索赔报告。若双方在合同中对此报告未作具体约定时，按下列办法处理：

① 在发包人确认索赔事件后 42 天内，承包人应向发包人提交一份详细的索赔报告，包括索赔依据、要追加的付款和工期的全部资料。

② 如果索赔事件的影响持续存在，承包人应按照工程师要求的时间间隔，定期陆续报出每一时间段内的索赔要求和累计索赔金额及后续证据资料。

承包人应在索赔事件产生的影响结束后 28 天内，递交一份最终索赔报告。

（2）索赔的形式。

索赔分为单项索赔和综合索赔两种形式。

① 单项索赔：就是采取每事一索赔的方式，即在每一索赔事件发生后，递交一份索赔通知书，编报索赔报告书，要求承包人单独支付该项索赔款。

单项索赔是施工索赔通常采用的形式，它避免了多项索赔的相互影响与制约，而且时间短、事件记忆清楚、证据资料容易收集和完整，索赔也比较容易获得成功。

② 综合索赔：又称总索赔，俗称一揽子索赔。即对整个工程（或某项工程）中所发生的数起索赔事项，综合在一起进行索赔。这种索赔影响因素较多，成功率相对较低。实践中只有当施工过程受到严重干扰时，承包人的实际施工活动发生较大变化，无法为索赔保持准确而详细的成本记录资料，新、旧费用也无法分清的情况下才采用的索赔方式。

采用综合索赔时，承包人须合理说明并提供完整资料证明以下内容：

a．索赔报价是合理的；

b．实际发生的总成本是合理的；

c．索赔事件责任非承包商责任；
d．计算实际损失的方法是唯一的。

（3）索赔报告编制内容。

① 事件背景。概述事件发生的日期和详细过程；描述承包人为该索赔事项付出的努力和附加开支；承包人最终的具体索赔要求。

② 索赔所依据的合同条款、法律法规；用于说明自己有索赔权，这是索赔能否成立的关键。

③ 费用计算。索赔申请单、费用索赔款项的额度、各种费用清单一览表及费用计算资料。

④ 工期延期计算。工期索赔清单一览表及计算过程资料；

⑤ 与索赔事件相关的文件证明资料。引用的每个证据要有效力或可信程度，对重要的证据资料附以图、文字说明或其他证件。

3．索赔报告处理

监理工程师在收到承包人送交的索赔报告后，对承包商递交的索赔报告进行认真分析、评审，并于28天内给予答复，如果有必要可以要求承包人进一步补充索赔理由和证据。如果工程师在28天内既未予答复，也未对承包人作进一步要求的，则视承包人提出的该项索赔要求已经认可。

当工程师确定的索赔额或工程范围超过其权限范围时，必须报请业主批准。

业主首先根据事件发生的原因、责任范围、合同条款审核承包商的索赔申请和工程师的处理报告，再依据工程建设的目的、投资控制、竣工投产日期要求以及针对承包人在施工中的缺陷或违反合同规定等的有关情况，决定是否批准工程师的处理意见，而不能超越合同条款的约定范围。

4．索赔谈判

当工程师、业主处理经过认真分析提出不同意见时，约请承包人进行洽谈，协商双方都能接受的赔偿结果。如果双方洽商不成，承包人有权提交仲裁解决。当承包人接受最终的索赔处理决定时，索赔事件的处理即告结束。

二、反索赔（发包人的索赔）

《建设工程施工合同示范文本》规定，承包人未能按合同约定履行自己的各项义务或发生错误而给发包人造成损失时，发包人也应按合同约定承包人索赔的时限要求，向承包人提出索赔。反索赔主要体现在事件的发生责任在于承包人，其主要索赔内容包括工期延误的索赔、质量不符合要求的索赔、承包商不履行合同义务索赔。

1．工期延误索赔

在工程项目施工过程中，由于多方面的原因，往往使竣工日期拖后，影响到业主对该工程的利用，给业主带来经济损失，按惯例，业主有权对承包商进行索赔，即由承包商支付误期损害赔偿款。业主在确定误期损害赔偿费用的费率时，一般要考虑以下因素：

（1）业主盈利损失；

（2）由于工程拖期而引起的贷款利息增加；
（3）工程拖期带来的附加监理费；
（4）继续租用原建筑物或租用其他建筑物的租赁费；
（5）已售工程对准业主的赔偿。

2．质量不符合要求的索赔

当承包商施工质量不符合合同要求、使用的设备和材料不符合合同规定或在缺陷责任期未满以前承包商在规定的期限内未完成缺陷修补，业主雇请其他单位来完成修补工作，发生的成本和利润由承包商担负。

3．承包商不履行合同义务索赔

如果承包商未能按照合同履行义务，如不按时支付指定分包商的工程款、不按照合同条款指定的项目投保并保证保险有效，业主可以投保并保证保险有效，且其所支付的必要的保险费可在应付给承包商的款项中扣回。

如承包商不正当的放弃工程或者业主合理终止承包商的承包，则业主有权从承包商手中收回由新的承包商完成工程所需要的工程款与原合同未付部分的差额。

若双方在合同中未约定发包人向承包人提出索赔的时间、程序和要求时，可按下列规定办理：

（1）发包人应在确认引起索赔的事件发生后28天内向承包人发出索赔通知；否则，承包人免除该索赔的全部责任。

（2）承包人在收到发包人的索赔报告后28天内，应作出回应，表示同意或不同意并附具体意见；如在收到发包人的索赔报告后28天内，未向发包人作出答复，视为该项索赔报告已经认可。

第三节　索赔文件及索赔注意事项

一、索赔文件

索赔文件也称索赔报告，是索赔一方向被索赔方以书面形式提出的一种要求和主张。

在合同履行过程中，一旦出现索赔事件，承包商应该按照索赔文件的构成内容，及时向业主提交索赔报告。一般索赔报告（主要指单项索赔）包括标题、索赔事件描述、索赔依据、索赔要求、索赔计算书、附件等部分。

1．索赔报告标题

标题要求能够简要、准确地概括索赔的核心内容，使对方一看就明了，如"关于××事件的索赔"。

2．索赔事件描述

主要包括事件发生时间、发生的工程部位、原因和经过、影响范围以及承包商采取的防止事件扩大的具体措施、事件持续时间、最终结束影响的时间、事件处置过程中有关主要人员办理的有关事项等内容。

3．索赔的依据

索赔的依据主要是组成工程项目的合同文件及有关法律、法规规定。在索赔报告中承包人位应明确合同中每一索赔部分引用的具体条款或法律、法规规定，说明自己就此事件有权利且应获得经济补偿或工期延长。

4．索赔要求

是指索赔事件造成损失，承包商要求补偿的金额及工期。

5．索赔计算书

包括经济赔偿额和工期展延计算。施工单位必须指明计算依据及计算资料，利用计算依据及计算资料合理计算证实索赔金额和工期，保证计算所索赔的金额及工期的真实性、合理性。主要描述损失费用、工期延长的计算基础、计算方法、计算公式及详细计算过程和计算结果。

6．附　件

指索赔文件中所列举的事实、理由、影响等各种证明文件、证据、图表文字说明等。

施工单位在索赔文件后应附完善的证据，能够有力地支持或证明索赔理由、索赔事件的影响、索赔值的计算。

二、索赔证据

（1）合同文件。

包括招标文件、中标人的投标文件、工程施工合同及附件、中标通知书、发包人认可的施工组织设计、工程图纸、技术规范、发包人提供的水文地质、地下管网资料、红线图、坐标控制点资料等。

（2）各种施工记录。

包括施工日志、工长工作日志、备忘录、晴雨表等。施工中发生的影响工期或工程资金的所有重大事情均应写入备忘录存档。

（3）工程有关施工部位的照片及录像等。

（4）工程项目有关各方往来文书。

工程各项往来信件、电话记录、指令、信函、通知、答复等。有关工程的来往信件内容常包括具体工程进展情况的总结以及与工程有关的当事人，尤其是这些信件的签发日期对计算工程延误时间具有很大的参考价值。

（5）工程会议纪要。

工程各项会议纪要，协议及其他签约、定期与业主代表的谈话资料等。

（6）业主或监理发布的各种书面指令和确认书。

（7）有关各时期的天气的温度、风力、雨季等气象资料。

（8）投标前业主提供的各种工程资料。

（9）施工现场记录。

工程各项有关设计交底记录、变更图纸、变更施工指令等及送达的份数、日期记录、工程材料和机械设备的采购、订货、运输、验收、使用方面的凭据及材料供应清单、合格证书、工程送电、送水、道路开通封闭的日期及数量记录、工程停电、停水和干扰事件影响的日期及恢复施工的日期等。

（10）业主或监理签认的签证。

承包人要求预付通知、工程量核实确认单。

（11）工程财务资料。

工程结算资料和有关财务报告，如工程预付款、进度款拨付的数额及日期记录、工程结算书、保修单等。

（12）各种检查验收报告和技术鉴定报告。

由业主（监理）签字的工程检查和验收报告反映出某一单项工程在某一特定阶段的竣工程度，并记录了该单项项竣工的时间和验收的日期，如质量验收单、隐蔽工程验收单、验收记录、竣工验收资料、竣工图。

（13）各类财务凭证。

包括购料订单收讫发票、收款票据、设备使用单据，注销账应付支票、账目图表、总分类账、财务信件、经会计师核证的财务决算表、工程预算、工程成本报告书。工人或雇请人员的薪水单据应按日期编存归档，薪水单上费用的增减能揭示工程内容增减的情况和开始的时间。

（14）其他。

包括分包合同、物价批数、国家有关影响工程造价工期的文件、规定等。

三、索赔注意事项

由于一般工程投资大、工期长、施工环境因素变化大，施工过程中存在许多不可预见、不可抗拒的因素，索赔事件随时都有可能发生。当索赔事件发生后，施工单位应如何做到索赔成功，可以从以下方面考虑。

（一）熟悉合同文件、合同条款及法律规定

在合同文件相关条款中规定了发包人、承包人的责任、义务；工程总进度、阶段性进度；质量要求；工程进度款、预付款的支付方法及其他。承包人要善于利用合同中的这些条款及合同、法规明示或默示的有利条款，当符合索赔的事件发生时能进行合理索赔。

（二）把握索赔时效

建设工程施工中，索赔事件随时都有可能发生，当索赔事件发生时，承包人应当按照合同中规定的索赔程序和索赔时限提出索赔；否则，如果承包人错过索赔时效，发包人有权利认为承包人自动放弃索赔权利而拒绝补偿。

如果合同中没有明确规定时，可依据 FIDIC 施工合同条件的规定：当索赔事件发生后的 28 天内，承包人应向发包人提出索赔通知；承包人应在索赔意向通知提交后的 28 天内，或工程师可能同意的其他合理时间，向监理工程师递交详细索赔报告。

实践证明，承包人最好当月完成索赔、采用单项索赔的成功率较高。

【案例 11-1】 建设单位甲与施工单位乙就某工程签订的施工合同文件中，对施工过程中发生的变更、签证等索赔事件，明确规定："本工程所有的签证必须在该事件发生后的 14 天内，由承包人向发包人提交工程价款变更报告，以此确定工程价款的变更，逾期提交的，视为承包人自动放弃签证索赔的权利。"

当施工企业在工程将近完工时，向建设单位递交了涉及价款 800 多万元的索赔报告，并附有签证文件。

建设单位收到承包人的索赔报告并进过审核后，建设单位在规定的时间内回复。回复的内容是这样的："我司收悉并予审核贵公司于 2009 年 12 月 3 日送来的索赔报告，根据总承包合同相关条款之规定，对于此前发生的超过 14 天的变更事项，贵单位在目前阶段已经丧失了获取签证价款索赔的权利。本着合作和尊重事实的态度，我方愿意就一些责任清楚、事实确凿的个别签证事项给予认可，以'让步'的形式给予补偿 100 万元，详见附件。若贵单位以此为借口而以消极的态度应对工程验收，我方将以合同条款规定进行反索赔，一旦发展到诉讼地步，我司将收回本函所作出的全部让步，已经过了索赔时效的签证，我司将全部拒绝签认。我司拥有的质量、工期索赔权，我司不会放弃。"

最后承包方仔细权衡了双方证据、合同条款及相关法律规定，最终只能以默认而告终。

（三）注重证据收集

建筑工程施工工期长，索赔事件在各个阶段均有可能发生，施工单位自进场施工开始，就要注重收集、制作、保留有效证据，且证据必须有工程师、发包人代表签认。承包人只有持有效证据，同时在合同规定的索赔程序和时间内办理索赔才能获取补偿。

1．有效证据

根据《民事诉讼法》第六十三条的规定，证据主要有书证、物证、视听资料、证人证言、当事人陈述、鉴定结论和勘验笔录等。

（1）书证。指以文字、符号、图表等记载或表达的内容来证明事件事实的证据。工程施工索赔书面证据主要有：合同文本、招标文件、投标文件、图纸、工程说明、各种施工指令、工程签证、来往函件、会议纪要、变更指令、验收报告、施工日记、晴雨表等。

实际上，大部分合同中规定作为承包人索赔的证据均要转化为"签证"或"洽商"文件的书证形式，结算时承包人只有提供"签证"或"洽商"证据和索赔文件才能获得合理的经济、工期的补偿。"签证"或"洽商"是承包人工程索赔的重要证据。

签证是指施工图纸、工程量清单中没有或漏项，而实际施工中又发生的一种证明文件。它是工程发包方与承包方双方协商一致的结果，具有法律效力，可以直接或者与签证对应的履行资料一起作为工程进度款支付与工程结算的依据。作为有效的签证必须具备以下要件：

① 签证主体必须为乙方与甲方或甲方委托的监理双方当事人，签证单上只有一方当事人签字不是签证，签证是一种互证。

② 甲、乙双方必须对行使签证权利的人员进行必要的授权，缺乏授权的人员签署的签证单一般不具有效力。

③ 签证的内容必须涉及工期顺延和（或）费用的变化等内容。

④ 签证双方必须救涉及工期顺延和（或）费用的变化等内容协商一致，通常表述为双方一致同意、甲方同意、甲方批准等。

洽商是指工程实施过程中就工程的变更通过甲乙双方协商一致，正确解决甲方、乙方经济补偿的协议文件。

实践中，许多合同文件中规定工程的变更估计的变更金额超出一定范围时，所有的变更文件涉及的经济补偿都必须通过洽商文件的形式进行工程款的结算。

（2）物证。具有客观存在的外形、重量、规格、特征等。工程索赔的物证是事件发生前后的影像。

【案例 11-2】 某房地产公司开发一别墅楼盘，原设计别墅后门采用钢架造型雨棚，当施工单位把所有的钢架安装完毕后，开发商修改雨棚设计，由原来的钢架雨棚修改为混凝土面贴西瓦。之后施工单位办理了签证手续，甲方现场代表签证。但结算时造价工程师拒绝支付钢架制作、拆除费用，理由是钢架拆除后，甲方没有收到被拆除的钢架，所以认定施工单位尚未安装钢架。

类似这种事件，施工单位必须让发包方签收拆除物品，为索赔留存有力证据。

（3）视听资料。指利用照片、录像或录音反映出的形象或声音来证明事件真实的证明材料。上例中如果施工单位在拆除钢架前拍照或录像，并在签证单上写明，则索赔成功率就会大很多。

（四）描述事实准确

索赔报告、签证等对事件描述基本准确、数据计算准确，数据不要背离事实，给对方一个诚实的好印象，这样索赔成功的概率会大些。

（五）做好索赔谈判准备

索赔谈判是一项艰难的过程，要求谈判者有较强的谈判能力、熟悉业务、熟悉相关合同条款，掌握相当的谈判经验。不管是谁，谈判前应当做好与谈判相关的准备工作。谈判之前可以从以下几个方面考虑：

（1）分清发生索赔事件的责任方。如作为业主，设计、监理、业主指定分包商责任均有可能成为承包方索赔的理由。

（2）掌握充分的依据。除合同外，是否还有其他法律规定的索赔情由？

（3）索赔证据的完备性。索赔既要有足够的证据也要完备。如是否在合同约定的时限内提出索赔？事件发生后承包人是否采取积极减损措施？索赔数额计算方式是否客观、合理？

（4）谈判人员的组成要科学。理想组合由具有丰富经验、谈判能力较强的领导领队，熟悉工程实务的项目工程师、了解合同体系的造价工程师共同参与。

第四节　施工索赔的计算

工程施工过程中发生干扰事件而引起计划工期的改变和工程成本的增加不可避免。干扰事件发生后，承包人根据干扰事件发生的干扰后果进行分析并提起索赔，最明显的目的就是获得工期延误补偿和获得为消除干扰事件损失的补偿。

一、工期延误索赔计算

工期索赔一般采用分析法进行计算，其主要依据合同规定的总工期计划、进度计划，以及双方共同认可的对工期修改文件，调整计划和受干扰后实际工程进度记录。如施工日记、工程进度表等，施工单位应在每个月底以及在干扰事件发生时，分析对比上述资料，以发现工期拖延以及拖延原因，提出有说服力的索赔要求。

（一）网络图分析法

网络分析法是利用经工程监理、发包人确认的工程进度计划的网络图（包括总进度计划、分部分项工程进度计划图），分析干扰事件是否在关键线路上，只有发生在关键线路上的延误事件才能够获得工期延误补偿。但要注意关键线路并不是固定不变的，原来处于关键线路上的工作可能随着进度而变成非关键线路的工作，原来处于非关键线路上的工作可能随着进度变成关键线路的工作。网络分析就是通过分析干扰事件发生前、发生后网络计划之间的差异而计算工期索赔值的，通常适用于各种干扰事件引起的工期索赔。

（二）比例类推法

当某些干扰事件发生时，常常影响到某些单项工程、单位工程或分部分项工程的工期，从而影响总工期，此时可采用简单的比例类推方法。比例类推方法可分为两种情况：

1．按工程量进行比例类推

当计算出某一分部分项工程的工期延长后，还要把局部工期转变为整体工期，此时可以用局部工程的工作量占整个工程工作量的比例来折算。

【案例 11-3】 某工程基础施工中，出现了不利的地质障碍，业主指令承包人进行处理，土方工程量由原来的 2 760 m³ 增至 3 280 m³，原工期定为 45 天。因此承包人可提出工期索赔值为：

$$工期索赔值 = 原工期 \times (额外或新增加工程量/原工程量)$$
$$= 45 \times [(3\ 280 - 2\ 760)/2\ 760] = 8.5 \text{ 天} \approx 8（天）$$

若原合同中规定 10% 范围内的工程量增加为承包人应承担的风险时，则

$$工期索赔值 = 原工期 \times (3\ 280 - 2\ 760 - 2\ 760 \times 10\%)/2\ 760$$
$$= 45 \times (3\ 280 - 2\ 760 \times 110\%) / 2\ 760 = 4（天）$$

2．按造价进行比例类推

若施工中出现了很多大小不等的工期索赔事由，较难准确地单独计算且又麻烦时，可经双方协商，采用造价补偿比较法确定工期补偿天数。

【案例 11-4】 某工程合同总价为 1 000 万元，总工期为 24 个月，现业主指令增加额外工程 90 万元。则承包人提出的工期索赔为：

工期索赔值＝原合同工期×额外或新增加工租价格/原合同价
24×90/1 000＝2.16月≈2（个月）

（三）直接法

有时干扰事件直接发生在关键线路上或一次性地发生在一个项目上,造成总工期的延误,这时可通过施工日志、变更指令等资料,完成变更工程所用的实际增加时间为"工期索赔值"。如果承包人按工程师的书面工程变更指令,完成变更工程所用的实际工时即为工期索赔值。

二、费用索赔计算

（一）费用索赔计算原则

1．实际损失原则

依据干扰事件引起的承包商的实际损失等原则。

2．合同原则

依据合同有关条款，分清责任。业主在审核承包商的索赔报告时应注意：
（1）应扣除承包商自己责任造成的损失；
（2）符合合同规定的补偿条件，扣除承包商应承担的风险；
（3）合同规定的计算基础。合同中的人工费单价、材料费单价、机械费单价、各种费用的取值可作为索赔值计算的基础。

3．合理原则

工程量计量符合实际，计费方式、方法合理、取费合理。成本核算合规则。

（二）索赔费用组成

索赔费用的主要组成部分同工程款的计价内容相似，包括直接费、分包费、间接费和利润。

1．直接费

一般包括人工费、材料费、施工机械使用费。

（1）人工费。

工程费用的人工费包括施工人员的基本工资、津贴、加班费、奖金以及法定的劳保福利等费用。索赔费用中的人工费是指完成合同之外的额外工作所花费的人工费用，包括非承包商责任的工效降低所增加的人工费用、超过法定工作时间加班劳动、法定人工费增长、非承包商责任工程延期导致的人员窝工费和工资上涨费等。

（2）材料费。

材料费的索赔包括材料实际用量超过计划用量而增加的材料费和材料价格上涨两方面。材料费中应包括运输费、仓储费以及合理的损耗费用。如果由于承包商管理不善，造成材料损坏、失效，则不能列入索赔计价。为了证明材料单价的上涨，承包商应提供可靠的订货单、采购单或官方公布的材料价格调整指数。

（3）施工机械使用费。

施工机械使用费的索赔包括由于完成合同外工作增加的机械使用费、非承包商责任工效降低增加的机械使用费、由于业主或监理工程师原因导致机械停工的窝工费。

施工机械使用费的计算，包括承包人自有机械的使用费，一般按台班折旧费计算；租赁机械设备的租赁费，一般按实际租金和调进调出费的分摊计算。索赔一般不能按台班费计算，因台班费中包括了设备使用费。

2．分包费

分包费索赔指的是分包商的索赔费用，一般包括分包费、分包工程增加费、工程增加相应的管理费。按人工、材料、机械使用费增加计算基本索赔费用。实际操作中，分包商的索赔应如数列入总承包商的索赔费用总额内。

3．间接费

索赔间接费主要包括工地管理费、保函手续费、保险费、临时设施费、咨询费、交通设施费、代理费、利息、税金、总部管理费及其他费用。

（1）工地现场管理费。

索赔费用中的现场管理费是指承包商完成合同范围额外工作、索赔事项工作以及工期延长期间的现场管理费，包括管理人员工资、办公、通信、交通费等。但如果对部分工人窝工损失索赔时，因其他工程仍然进行，可能不予于计算工地管理费索赔。

（2）工地管理费。

工地管理费包括管理人员工资、通信费、办公费、差旅费等。

4．利　息

利息索赔主要是指发包人延迟支付工程款的利息，包括索赔款利息、工程变更和工程延期增加投资的利息、错误扣款的利息等。

5．总部管理费

总部管理费是企业总部为企业的经营运作提供支持和服务所发生的各项管理费用。索赔款中的总部管理费主要指的是工程延期期间所增加的管理费，包括总部职工工资、办公设施、办公用品、财务管理、通信设施以及总部领导人员赴工地检查指导工作等相关开支。施工索赔中总部管理费的计算主要有两种：

（1）按照投标书中总部管理费的比例（总部管理费比例实践中一般为3%～8%）计算。

$$总部管理费＝合同中总部管理费比率（\%）\times 索赔总额$$

或

$$总部管理费＝合同中总部管理费比率(\%)\times(直接费索赔款额+现场管理费索赔款额等$$

（2）日费率分摊。以工程延期的总天数为基础，计算总部管理费的索赔额，计算步骤如下：

$$该工程的每日管理费＝该工程向总部上缴的管理费\div 合同施工天数$$
$$总部管理费＝该工程的每日管理费\times 工程延期的天数$$

6．利　润

索赔利润的款额与中标人投标报价单中的利润率一致。一般来说，索赔利润的条件是由于工程范围的变更、文件有缺陷或技术性错误、业主未能提供现场等，承包商可以提起利润索赔。对于工程暂停的索赔，由于利润通常是包括在每项实施工程内容的价格之内的，而延长工期并未影响削减某些项目的实施，也未导致利润减少，所以工程暂停不能索赔利润。

（三）索赔费用计算法

索赔费用计算方法与工程项目报价相似，先计直接费（人工、材料、机械、交通费等），然后计算应分担在该事件上的管理费、利润等间接费。

索赔费用的计算方法有实际费用法、总费用法和修正的总费用法。

（一）实际费用法

实际费用法是实际工程索赔时比较常用的一种计算方法。这种方法的计算原则是以承包商为完成某项索赔事件所支付的实际开支为基础，向业主要求费用补偿。

计算时，在额外直接费的基础上，再加上应得的间接费和利润即承包商应得的索赔金额。采用工程量清单报价时，以增加的工程量乘以相应工程的综合单价即为索赔金额。由于实际费用法所依据的是实际发生的成本记录或单据，所以在施工过程中，要准确地积累记录资料，作为索赔的有力证据。

（二）总费用法

总费用法就是当发生多次索赔事件以后，重新计算该工程的实际总费用，再从实际总费用减去投标报价时的估算总费用，即为索赔金额，即

$$索赔金额 = 实际总费用 - 投标报价估算总费用$$

不少人对采用该方法计算索赔费用持批评态度，因为实际发生的总费用中可能包括承包商的原因，如施工组织不善而增加的费用；同时，投标报价估算的总费用也可能为了中标而过低。所以，这种方法只有在难以采用实际费用法时才采用。

（三）修正的总费用法

修正的总费用法是对总费用法的改进，即在总费用计算的原则上，去掉那些不合理的因素，使其更合理。修正的内容如下：

（1）将计算索赔款的时段局限于受到外界影响的时间，而不是整个施工期。

（2）只计算受影响时段内的某项工作所受影响的损失，而不是计算该时段内所有施工工作所受的损失。

（3）与该项工作无关的费用不列入总费用中。

（4）对投标报价费用重新进行核算：按受影响时段内该项工作的实际单价进行核算，再乘以实际完成的该项工作的工程量，得出调整后的报价费用。

按修正后的总费用计算索赔金额的公式如下：

$$索赔金额 = 某项工作调整后的实际总费用 - 该项工作的报价费用$$

修正的总费用法与总费用法相比，有了实质性的改进，它的准确程度已接近实际费用法。

【案例 11-5】 某建筑公司（乙方）于某年 4 月 20 日与某厂（甲方）签订了修建建筑面

积为 3 000 m² 工业厂房（带地下室）的施工合同。乙方编制的施工方案和进度计划已获监理工程师批准。该工程的基坑施工方案规定：土方工程采用租赁一台斗容量为 1 m³ 的反铲挖掘机施工。甲、乙双方合同约定 5 月 11 日开工，5 月 20 日完工。在实际施工中发生如下几项事件：

① 因租赁的挖掘机大修，晚开工 2 天，造成人员窝工 10 个工日；

② 基坑开挖后，因遇软土层，接到监理工程师 5 月 15 日停工的指令，进行地质复查，配合用工 15 个工日；

③ 5 月 19 日接到监理工程师于 5 月 20 日复工令，5 月 20 日～22 日，因罕见的大雨迫使基坑开挖暂停，造成人员窝工 10 个工日；

④ 5 月 23 日用 30 个工日修复冲坏的永久道路，5 月 24 日恢复正常挖掘工作，最终基坑于 5 月 30 日挖坑完毕。

问题：

(1) 简述工程施工索赔的程序。

(2) 建筑公司对上述哪些事件可以向厂方要求索赔，哪些事件不可以要求索赔，并说明原因。

(3) 每项事件工期索赔各是多少天?总计工期索赔是多少天？

分析与解答：

(1) 根据《建设工程施工合同（示范文本）》规定的施工索赔程序如下：

① 索赔事件发生后 28 天内，向工程师发出索赔意向通知；

② 发出索赔意向通知后的 28 天内，向工程师递交经济损失补偿和（或）延长工期的索赔报告及有关详细资料；

③ 工程师在收到承包人送交的索赔报告和有关资料后，于 28 天内给予答复，或要求承包人进一步补充索赔理由和证据；

④ 工程师在收到承包人送交的索赔报告和有关资料后 28 天内未给予答复或未对承包人作进一步要求，视为该项索赔已经认可；

⑤ 当该索赔事件持续进行时，承包人应当阶段性向工程师发出索赔意向，在索赔事件终了后 28 天内，向工程师提供索赔的有关资料和最终索赔报告。

(2) 根据索赔成立条件：

事件①：索赔不成立。因该事件发生原因属承包商自身责任。

事件②：索赔成立。因该施工地质条件的变化是一个有经验的承包商所无法合理预见的。

事件③：索赔成立。这是因特殊反常的恶劣天气造成工程延误。

事件④：索赔成立。因恶劣的自然条件或不可抗力引起的工程损坏及修复应由业主承担责任。

(3) 索赔工期计算

事件②：索赔工期 5 天（5 月 15 日～19 日）

事件③：索赔工期 3 天（5 月 20 日～22 日）

事件④：索赔工期 1 天（5 月 23 日）

共计索赔工期为：5+3+1＝9（天）

【案例 11-6】 某公司新建住宅楼，通过公开招标确定了施工单位，合同价款形式为固定价格合同，施工合同按 1999 年建设部颁发的建设工程施工合同示范文本为基础签署。

施工进度计划已经达成一致意见。合同规定，由于甲方责任造成施工窝工时，窝工费用按原人工费、机械台班费 60%计算。

在专用条款中明确 6 级以上大风、大雨、大雪、地震等自然灾害按不可抗力因素处理。工程师应在收到索赔报告之日起 28 天内予以确认；工程师无正当理由不确认时，自索赔报告送达之日起 28 天后视为索赔已经被确认。

在施工过程中出现下列事件：

① 因业主不能及时提供图纸，使工期延误 10 天，10 人窝工；

② 因施工机械故障，使工期延误 8 天，5 人窝工；

③ 因外部供电故障，使工期延误 3 天，20 人窝工；

④ 因下大雨，工期延误 7 天，20 人窝工。

根据双方商定，人工费定额为 32 元/工日，机械台班费为 2 000 元/台班。

根据上述约定，乙方索赔报告中提出工期补偿 28 天，费用补偿 10 650 元（所有事件窝工费用及机械费用之和）索赔的要求。

问题：

（1）乙方上述要求是否合理？为什么？

（2）经工程师认定的索赔工期为多少天？

（3）如果工程师未在收到报告后 28 天内给予答复意见或确认，工期延长多少天？结算时费用补偿为多少？

分析解答：

（1）事件①合理，理由该事件是由于甲方的延误造成的；

事件②不合理，机械故障是乙方自身原因造成的；

事件③可以索赔工期，但费用不能索赔，因外部供电故障不属于甲方责任；

事件④根据合同约定，工期可以索赔，但费用不能索赔，因大雨属于不可抗力。

（2）工程师认定的索赔工期为 20 天。

（3）工期延长 28 天，费用为 10 650 元。

—— 本章小结 ——

本章对常见的工程施工索赔进行了综合阐述，包括施工索赔概述、工程施工索赔程序、索赔文件及索赔注意事项、施工索赔的计算等内容。

（1）施工索赔概述重点阐述了工程施工索赔事件内容和索赔事件的分类。

引起施工索赔事件：发生不可抗力事件索赔、工程变更、物价上涨、货币及汇率变化、拖欠支付工程款、不依法履行施工合同。

（2）工程施工索赔程序包括承包商索赔和招标人索赔的程序与方法。

索赔程序分为四个步骤：有效时限内发出索赔意向通知、提交索赔报告、评审索赔报告、谈判解决。

（3）索赔文件及索赔注意事项包括索赔事件成立的条件和索赔证据。

索赔文件包含：索赔报告标题、索赔事件描述、索赔的依据、索赔要求、索赔计算书、附件。

（4）施工索赔的计算包括工期索赔计算、费用索赔计算。

习　题

一、简答题

1．产生施工索赔原因有哪些？施工索赔有哪些分类？
2．施工索赔的程序包含哪些步骤与内容？索赔成功注意些什么？
3．索赔费用如何计算？

二、单项选择题

1．承包人在索赔事项发生后的（　　）天以内，应向工程师正式提出索赔意向通知。
　　A．14　　　　B．21　　　　C．28　　　　D．30

2．下列关于建设工程索赔的说法，正确的是（　　）。
　　A．承包人可以向发包人索赔，发包人不可以向承包人索赔
　　B．索赔按处理方式的不同分为工期索赔和费用索赔
　　C．工程师在收到承包人送交的索赔报告的有关资料后28天未予以答复或未对承包人作进一步要求，则视该项索赔已经认可
　　D．索赔意向通知发出后的14天内，承包人必须向工程师提交索赔报告及有关资料

3．索赔是指在合同的实施过程中，（　　）因对方不履行或未能正确履行合同所规定的义务或未能保证承诺的合同条件实现而遭受损失后，向对方提出的补偿要求。
　　A．业主方　　　　B．第三方　　　　C．承包商　　　　D．合同中的一方

4．在施工过程中，由于发包人或工程师指令修改设计、修改实施计划、变更施工顺序，造成工期延长和费用损失，承包商可提出索赔。这种索赔属于（　　）引起的索赔。
　　A．地质条件的变化　　B．不可抗力　　C．工程变更　　D．业主风险

5．索赔可以从不同角度分类，如按索赔事件的影响分类，可分为（　　）。
　　A．单项索赔和综合索赔
　　B．工期拖延索赔和工程变更索赔
　　C．工期索赔和费用索赔
　　D．发包人和承包人、承包人与分包人之间的索赔

6．（　　）是索赔处理的最主要依据。
　　A．合同文件　　　　B．工程变更　　　　C．结算资料　　　　D．市场价格

三、多项选择题

1．建设工程索赔按所依据的理由不同可分为（　　）。
　　A．合同内索赔　　　B．工期索赔　　　C．费用索赔
　　D．合同外索赔　　　E．道义索赔

2．承包商向业主索赔成立的条件包括有（　　）。
　　A．由于业主原因造成费用增加和工期损失
　　B．由于工程师原因造成费用增加和工期损失
　　C．由于分包商原因造成费用增加和工期损失

D. 按合同规定的程序提交了索赔意向
E. 提交了索赔报告

3. 承包商可以就下列（　　）事件的发生向业主提出索赔。
A. 施工中遇到地下文物被迫停工
B. 施工机械大修，误工3天
C. 材料供应商延期交货
D. 业主要求提前竣工，导致工程成本增加
E. 设计图纸错误，造成返工

四、案例题

1. 某高层建筑工程，计划开工日期为2000年6月5日，竣工日期为2002年10月20日，合同内约定按月进度支付工程款，每月25号递交当月工程支付报告，在统计报告递交后14天内甲方审定并支付工程进度款的90%。工程按期开工，工程进展顺利，在工程进行到主体结构施工时，出现了下述问题：

2. 三层结构部分完成时，承包人按合同约定，及时向甲方提交了已完工作量统计报告，但是甲方未按合同约定的付款方式和期限支付工程进度款，乙方在此情况下开始停工，直到甲方支付工程进度款和违约赔偿金后乙方才开始复工，工期耽误了180天。

3. 甲方按合同约定支付了工程进度款，乙方按正常管理方式恢复施工。在工程施工到12层时，发生了不幸的事故，某一脚手架工人在施工时因未按规定使用安全设施，不慎从脚手架上坠落，造成死亡，施工单位及时向甲方和国家安全生产管理部门通报，因此工期耽误了20天。

问题：

(1) 事件1中承包商是否可以向甲方提出工人窝工索赔和施工单位在停工期间保护管理施工现场所发生的费用索赔？

(2) 事件2中承包商是否可以向甲方提出工期索赔，为什么？

(3) 如果本工程合同工期为300天，甲方批准工期可以延长180天，本工程实际完工工期为多少天？因事件2造成工期延长20天，甲方是否可以向承包商提出因工期延长20天所增加发生的现场管理费的索赔要求？

案例鉴赏

本案例主要是根据施工合同的规定对实际施工中工程索赔及费用的计算，同学们通过本案例能够从中得到一定的课内实习锻炼，真正掌握施工索赔及索赔费用计算的方法，初步具有工程索赔的意识和能力。

【背景】

工程概况：某职业学院修建教工住宅楼工程，该工程为砖混结构，六层，建筑面积为 2 324.97 m^2，其中，2.2 m 高以下的架空层 194.72 m^2，1～6 层为 2 130.26 m^2，平均每户为 88.76 m^2。招标计划工期为180日历天，投标工期为180日历天，实际工期为178日历天。

某建筑工程公司通过投标取得该项目的承包权。根据合同约定，工程施工中发生变更，必须通过签证及索赔程序，承包人才能获得索赔，发包人才能支付变更工程款。该项目在施

工过程中发生了变更,承包人根据合同规定及时办理了签证及索赔手续。

某建筑工程公司的投标总报价:1 273 218 元。

分部分项工程量清单计价合计:807 115.09 元。

措施项目清单计价合计:253 150.86 元。

暂估价:30 000 元。

其中:安全文明施工费 63 593 元。

规费 69 284 元

中标人的投标报价工程量清单与计价表具体如表 11.1~表 11.3 所示。

表 11.1 分部分项工程量清单与计价

工程名称:某职业学院教工住宅楼

序号	项目编码	项目名称	项目特征描述	计量单位	工程数量	金额/元	
						综合单价	合价
A.1 土(石)方工程							
1	010101001001	平整场地	Ⅱ、Ⅲ类土综合,土方就地挖填找平,建筑物首层四周每边扩大 2 m	m²	431.12	4.03	1 737.41
2	010101003001	挖基槽土方	四类土,条形基础,垫层底宽按图纸尺寸,挖土深度 2 m 以内,余土运距 200 m	m³	300.57	70.76	21 268.33
3	010101003002	挖基坑土方	四类土,基坑,垫层 1.45 m 见方,挖土深度 2 m 以内,余土运距 200 m	m³	28.91	79.74	2 305.28
4	010103001001	土方回填	利用挖基础土方回填,夯实(碾压),密实要求达到Ⅲ类土的硬度	m³	158.47	25.69	4 071.09
5	010103001002	余土外运	人力运输,运距 200 m	m³	171.01	21.19	3 623.70
分部小计							33 005.83
A.3 砌筑工程							
6	010301001001	砖基础	M10 水泥砂浆条形基础,深度 2 m 以内,MU15 页岩砖 240 mm×115 mm×53 mm;防潮层铺设	m³	144.77	268.58	38 882.33
7	010301001002	墙基防潮层	1:3 水泥砂浆,加 5%防潮层	m²	56.92	13.41	763.30
8	010302001001	实心砖墙	M10 水泥砂浆砌实心墙,MU15 页岩砖 240 mm×115 mm× 53 mm,墙体厚度 240 mm	m³	73.51	302.63	22 246.33

续表 11.1

序号	项目编码	项目名称	项目特征描述	计量单位	工程数量	综合单价	合价
						金额/元	
			A.3 砌筑工程				
9	010302001002	实心砖墙	M10 混合砂浆砌实心墙，MU15 页岩砖 240 mm×115 mm×53 mm，墙体厚度 240 mm	m³	379.88	303.50	115 293.58
10	010302001003	实心砖墙	M7.5 混合砂浆砌实心墙，MU15 页岩砖 240 mm×115 mm×53 mm，墙体厚度 240 mm	m³	226	300.51	67 915.26
11	010302001004	实心砖墙	M10 混合砂浆砌实心墙，MU15 页岩砖 240 mm×115 mm×53 mm，墙体厚度 115 mm	m³	0.47	341.12	160.33
12	010302001005	实心砖墙	M10 混合砂浆砌实心墙，MU15 页岩砖 240 mm×115 mm×53 mm，墙体厚度 115 mm	m³	4.26	341.86	1 456.32
13	010302001006	实心砖墙	M7.5 混合砂浆砌实心墙，MU15 页岩砖 240 mm×115 mm×53 mm，墙体厚度 115 mm	m³	2.13	339.28	722.67
14	010306002001	砖砌明沟	沟内净宽 240 mm，C10 混凝土垫层，厚度 100 mm，砌筑砂浆 M10 水泥砂浆，1∶2.5 水泥砂浆抹面	m	98.54	57.88	5 703.50
			分部小计				253 143.61
			A.4 混凝土及钢筋混凝土工程				
15	010401006001	混凝土基础垫层	C10 砾石混凝土，宽度不等，按图示尺寸，厚度 100 mm	m³	29.04	272.19	7 904.40
16	010401002001	独立基础	C20 混凝土独立柱基础，425#水泥，中粗砂，砾石最大粒径 40 mm	m³	6.88	258.53	1 778.69
17	010402001001	矩形柱	柱高 1.8 m，240 mm×240 mm 截面，C20 混凝土，425#水泥，中粗砂（干净），砾石最大粒径 40 mm	m³	3.64	350.32	1 275.16

续表 11.1

序号	项目编码	项目名称	项目特征描述	计量单位	工程数量	金额/元 综合单价	合价
A.4 混凝土及钢筋混凝土工程							
18	010402001002	构造柱	柱高 18.6 m，每层高 2.8 m，240 mm×240 mm 截面，C20 混凝土，425# 水泥，中粗砂（干净），砾石最大粒径 40 mm	m³	72.62	384.89	27 950.71
19	010403001001	基础梁	C20 混凝土，梁底标高、截面均见结构施工图	m³	16.05	276.82	4 442.96
20	010403002001	矩形梁	梁底高程和梁的截面详见施工图纸，C20 混凝土，425# 水泥，中粗砂（干净），砾石最大粒径 40 mm	m³	27.43	295.70	8 111.05
21	010403004001	圈梁	梁底高程和梁的截面详见施工图纸，C20 混凝土，425# 水泥，中粗砂（干净），砾石最大粒径 40 mm	m³	72.27	366.94	26 518.75
22	010403005001	过梁	梁底高程和梁的截面详见施工图纸，C20 混凝土，425# 水泥，中粗砂（干净），砾石最大粒径 40 mm	m³	2.71	390.49	1 058.23
32	010416001001	现浇混凝土钢筋	圆钢，直径 6 mm，箍筋	t	5.238	5 623.71	29 456.99
33	010416001002	现浇混凝土钢筋	圆钢，直径 8 mm，箍筋	t	2.198	4 938.45	10 854.71
34	010416001003	现浇混凝土钢筋	圆钢，直径 8 mm	t	13.042	4 646.44	60 598.87
35	010416001004	现浇混凝土钢筋	圆钢，直径 10 mm	t	0.86	4 369.47	3 757.74
36	010416001005	现浇混凝土钢筋	圆钢，直径 12 mm	t	0.126	4 455.45	561.39
37	010416001006	现浇混凝土钢筋	螺纹钢，直径 12 mm	t	13.33	4 551.45	60 670.83
38	010416001007	现浇混凝土钢筋	螺纹钢，直径 14 mm	t	5.733	4 419.18	25 335.16
39	010416001008	现浇混凝土钢筋	螺纹钢，直径 16 mm	t	0.638	4 355.50	2 778.81
40	010416001009	现浇混凝土钢筋	螺纹钢，直径 18 mm	t	0.498	4 289.67	6 136.26
41	010416001010	现浇混凝土钢筋	螺纹钢，直径 20 mm	t	1.215	4 245.92	5 158.79
合计								

表 11.2 措施项目清单与计价表(一)

工程名称:某职业学院教工住宅楼

序号	项目名称	计算基础	费率/%	金额/元
1	安全文明施工费	定额人工费+机械费= 242 963+103 405+3 745=350 113	18.36	64 281
2	夜间施工费			
3	二次搬运费			
4	大型机械进出场费			
5	施工排水			
…	…	…	…	…
10	各专业工程的措施项目			
10.1	垂直运输机械			
10.2	脚手架			
合 计				

表 11.3 措施项目清单与计价表(二)

工程名称:某职业学院教工住宅楼

序号	项目编码	项目名称	项目特征描述	计量单位	工程数量	金额/元	
						综合单价	合价
1		外脚手架	双排(含斜道、上料平台),高 18.6 m	m²	320.18	10.27	3 288.25
2		里脚手架	里脚手架,楼层高度 2.8 m	m²	2 360.35	2.30	5 428.81
3		安全网	外架四周满挂安全网	m²	2 357.74	2.76	6 507.36
4		卷扬机	靠近外挂,钢管搭设	座	1.00	1 600.00	1 600.00
分部小计							16 824.42
1	AB001	现浇混凝土独立基础	独立柱基础,组合钢模板	m²	25.52	37.37	953.68
2	AB002	现浇钢筋混凝土柱	矩形柱,断面 350 mm×350 mm,柱高 1 800 mm,四周支模并固定,组合钢模板及支撑	m²	41.58	40.36	1 678.17
3	AB003	构造柱	两向支模并固定,层高 2.8 m,檐高 18.6 m	m²	639.47	40.36	25 809.01
4							
…	…	…	…	…	…	…	…
分部小计							155 909.45
合 计							172 733.86

关于提高住宅楼架空层的通知

院筹字〔2008〕第 06 号

×××建筑公司：

　　根据职工要求，经院领导研究，设计同意，将院职工住宅楼架空层由原来设计的 1.8 m，提高到 2.18 m；门 M1 和 M3 由原来的 1.4 m，提高到 1.76 m；门联窗 MC1 由原来的 1.4 m，提高到 1.76 m，但窗的大小不变，混凝土楼梯梯级由原来设计的每级高为 138.5 mm，提高到每级 167.69 mm。其设计变更后所增加的费用，由我单位负责，工期不增加。

某职院住宅楼筹建处
2008 年 3 月 4 日

现场签证表

工程名称：××住宅楼工程

施工部位	院指定位置	日期	2008 年 3 月 20 日
××院筹建处： 　　根据 2008 年 3 月 4 日你院院筹字〔2008〕第 06 号提高住宅楼架空层的高度，经我方计算，并经你方核实应支付价款金额为捌仟肆佰伍拾叁元，¥8 453.00，请予核准。 　　附：1.签证事由及原因：为提高住宅架空层高度，方便出入，由原来的 1.8 m，提高到 2.18 m。 　　2.附工程数量及费用计算式：见附件一。 　　　　　承包人（章）××建筑工程公司 　　　　　承包人代表： 　　　　　日期：2008 年 4 月 10 日			
复核意见： 　　你方提出的此项签证申请经复核： 　　同意此项签证，签证金额的计算，由造价工程师复核。 监理工程师： 日期：2008 年 4 月 13 日	复核意见： 　　经根据〔2008〕第 06 号通知及投标人投标报价表和合同规定，经复核计算，金额为捌仟肆佰伍拾叁元，¥8 453.00 元。 造价工程师： 日期：2008 年 4 月 15 日		
审核意见： 　　同意此项签证，价款与本月工程进度款同期支付。 　　　　　发包人（章）院住宅楼筹建处 　　　　　发包人代表： 　　　　　　　　　　　　　　　　日　　期：			

索赔费用计算

一、工程数量计算

1．实心砖墙 MU10 砖、M10 水泥砂浆，240 mm 厚。

外墙 (113.8－0.35×2)×(2.18－1.8 原设计高度)×0.24=10.315

内墙 (138.26－0.35×9－1.56×4)×(2.18－1.8)×0.24=11.753

$$\text{小计 } 22.068$$

应扣减部分：

  M1   2.7×0.36×8=7.78

  M3   1×0.36×8=2.88

  MC1   0.9×0.36×4=1.30

(7.78+2.88+1.3)×0.24=2.87

构造柱 0.24×0.24×0.38×40+马牙槎（1.39÷1.8×0.38）=0.88+0.29=1.17

$$\text{小计 } 2.87+1.17=4.04$$
$$\text{合计 } 22.068－4.04=18.03 \ (m^3)$$

2．实心砖墙 MU10 砖、M10 水泥砂浆，115 mm 厚。

$$(1.8－0.24－0.7)×0.38×0.115×4=0.15 \ (m^3)$$

3．现浇混凝土框架柱 C20。

$$0.35×0.35×0.38×11=0.51 \ (m^3)$$

4．现浇混凝土构造柱 C20。

0.24×0.24×0.38×40+马牙槎 1.39（原 1.8 m 高的数量）÷1.8×0.38（修改后增加的高度）=1.17（m^3）

5．钢筋。

（1）框架柱。

螺纹钢筋 $\phi16$：   4×0.38×1.58 kg/m×11=26.42 kg

          $\phi18$：   4×0.38×2 kg/m×11=33.44 kg

圆钢$\phi8$ 箍筋@100 mm：

    4×[(0.35-0.05)×4+弯钩 6.25×0.008×2]×0.395 kg/m×11=22.59 kg

（2）构造柱。

螺纹钢筋$\phi14$： 4×0.38×1.21 kg/m×40=73.57 kg

圆钢$\phi8$ 箍筋@200 mm：

2（每个柱增加 2 个箍筋）×[(0.24-0.04)×4+弯钩 6.25×0.008×2]×0.395 kg/m×40
    =28.44 kg

$\phi8$ 箍筋   0.051 t

螺纹钢筋$\phi14$ 0.074 t

螺纹钢筋$\phi16$ 0.026 t

螺纹钢筋 φ18   0.033 t

6．双排钢管外脚手架。

$$L_{外}：114.76×(2.18-1.8)=43.61（m^2）$$

7．钢管里脚手架。

$$L_{里}：138.26×(2.18-1.8)=52.54（m^2）$$

8．外架满挂安全网。

$$L_{外}：(114.76+1.5×8)×(2.18-1.8)=48.17（m^2）$$

9．卷扬机架。

卷扬机架按座计算，由于设计修改只增加高度0.38 m，因此，应增加费用100元。

10．模板。

（1）柱模（0.35×4）×0.38×11=5.58（m²）

（2）构造柱 0.38×[0.24×(22×2+17×1)+马牙槎 0.06(22×4+17×6+1×8)]
　　　=0.38[14.64+11.88]=10.08（m²）

合计：15.93 m²

二、费用计算

序号	项目编码	项目名称	项目特征描述	计量单位	工程数量	金额/元 综合单价	合价
1	010302001001	实心砖墙240厚水泥砂浆M10		m³	18.03	302.63	5 456.42
2	010302001002	实心砖墙115厚水泥砂浆M10		m³	0.15	341.12	51.17
3	010402001001	混凝土矩形柱C20		m³	0.51	350.32	178.66
4	010402001002	混凝土构造柱C20		m³	1.17	384.89	450.32
5	010416001001	现浇混凝土钢筋圆钢8 mm箍筋		t	0.051	5 142.45	262.26
6	010416001002	现浇混凝土螺纹钢筋直径14 mm		t	0.074	4 628.18	342.49
7	010416001003	现浇混凝土螺纹钢筋直径16 mm		t	0.026	4 564.50	118.68
8	010416001004	现浇混凝土螺纹钢筋直径18 mm		t	0.033	4 498.67	148.46
9		双排钢管外脚手架檐口高度在24 m以内		m²	43.61	10.27	447.87
10		钢管里脚手架		m²	52.54	2.30	120.84
11		外挂满挂安全网		m²	48.17	2.76	132.95
12		卷扬机		座	15.93	100	100
13		矩形柱组合钢模板钢支撑		m²		40.36	642.93
合　计							8 453.06

附录

建设工程招标

—— 招标评标定标办法 ——

招标评标定标办法(以下简称评标定标办法)是施工招标文件的必要组成部分,招标人在编制招标文件时,应把评标定标办法并写入招标文件。

建设工程施工招标评标一般采用:合理低价评标法、平均报价评标法、两阶段低价评标法和 $A+B$ 值评标法或法律、法规允许的其他评标办法。招标人可根据工程具体情况,选择其中一种评标定标办法或选择其中几种评标定标办法综合成一种评标定标办法,作为招标文件的组成部分。

一、合理低价评标法

本办法分别包括综合评审合理低价法、经济评审合理低价法、设备安装合理低价法三种评标法。

采用合理低价法招标的,要求招标人或其委托的招标代理机构在招标文件中提供招标工程项目的工程量清单。工程量清单的格式按建设行政主管部门规定的格式编制。投标人的报价不得低于本企业的成本。

(一)综合评审合理低价法

(1)本办法适用于建设行政主管部门颁布的工程类别划分标准二类工程以上的工程。

(2)采用本办法招标的,其投标文件由技术、经济两部分组成,分开密封。

(3)经济、技术两部分的分值按 65:35 划分,且两部分由以下内容组成(经济、技术两部分组成比例根据工程特点可做适当调整,调整幅度可为 60:40~80:20,但调整后各分项分值比例不变)。

(4)技术标评分组成部分(35分)。(评分细则见附件一)

① 总体概述:施工程序总体设想及施工段划分(3分)。
② 施工进度计划和各阶段进度的保证措施及违约承诺(3分)。
③ 劳动力和材料投入计划及其保证措施(2分)。
④ 机械设备投入计划及检测设备(2分)。
⑤ 施工平面布置和临时设施布置(2分)。
⑥ 关键施工技术、工艺及工程项目实施的重点、难点和解决方案(10分)。
⑦ 安全文明措施(2分)。
⑧ 质量保证与承诺(2分)。
⑨ 新技术应用与承诺(5分)。

⑩ 项目经理业绩，项目班子及管理经验（4分）。

（5）经济评分组成部分（65分）。（评分细则按附件二）

① 工程量清单总报价20分（最低报价为最高分）。

② 工程清单项目费10分（低于并接近基准价为最高分）。

③ 措施项目费12分（最低报价为最高分）。

④ 主要材料价格10分（按单项材料费占整个材料费的比例，从高向低抽出不少于20项。有标底的以标底为样本，无标底的以总报价最低的为样本）。

⑤ 主要清单项目综合单价10分（按每个分项工程清单项目费占工程清单项目费的比例，从高向低抽出不少于20项综合单价。有标底的以标底为样本，无标底的以总报价最低的为样本）。

⑥ 算术错误3分。

（二）经济评审合理低价法

（1）本办法建议用于建设行政主管部门颁布的工程类别划分标准二类工程以下的工程。

（2）采用本办法招标的，投标人只需按招标文件提供的工程量清单报价。

（3）经济评分组成部分（100分）（评分细则按附件二，总分数比例按附件三）。

① 工程量清单总报价20分（最低报价为最高分）。

② 工程清单项目费15分（低于并接近基准价为最高分）。

③ 措施项目费20分（最低报价为最高分）。

④ 主要材料价格25分（按单项材料费占整个材料费的比例从高向低抽出不少于20项。有标底的以标底为样本，无标底的以总报价最低的为样本）。

⑤ 主要清单项目综合单价10分（按每个分项工程清单项目费占工程清单项目费的比例，从高向低抽出不少于20项的综合单价。有标底的以标底为样本，无标底的以总报价最低的为样本）。

⑥ 计算错误5分。

（三）设备安装合理低价法

（1）本办法适用范围包括某一专业、系统的设计和设备安装。在招标文件中，招标人须清晰地提供招标工程的基本指标要求、设备选型、现场条件，应执行的技术规范中没有国家规范的，招标人应提供地方或行业标准。要求投标人在报价时，提供工程量清单及所使用的品牌、单价和合价。

（2）本办法不设成本价，中标人报价为中标价，包括单价包干项目的综合单价或总价包干项目的中标工程总造价，不得调整。确定中标人后，业主为完善设计，涉及修改图纸需作工程变更时，应在工程合同签订之后，按工程变更有关条款进行调整与处理。

（3）参照综合评审合理低价法，经济、技术两部分的分值比例建议按60∶20（经济、技术两部分组成比例根据工程特点可做适当调整，调整幅度可为50∶50～80∶20，但调整后各分项分值比例不变）。

二、平均报价评标法

（1）本办法建议用于建设行政主管部门颁布的工程类别划分标准二类工程以下的工程。

（2）平均报价：所有投标人的报价去掉最高和最低报价后的平均值。

（3）采用本办法招标的，要求招标人或其委托的招标代理机构在招标文件中提供招标工程项目的工程量清单。工程量清单的格式按省建设行政主管部门规定的格式编制。

（4）采用本办法招标的，投标人只需按招标文件提供的工程量清单报价。投标人的报价不得低于本企业的成本。

（5）经济评分组成部分（100分）（评分细则按附件三）。

① 工程量清单总报价30分（低于并接近平均值的报价为最高分）。

② 工程清单项目费15分（低于并接近基准价为最高分）。

③ 措施项目费20分（最低报价为最高分）。

④ 主要材料价格 15 分（按单项材料费占整个材料费的比例，从高向低抽出不少于 20 项。有标底的以标底为样本，无标底的以总报价最低的为样本）。

⑤ 主要清单项目综合单价15分（按每个分项工程清一单项目费占工程清单项目费的比例，从高向低抽出不少于20项的综合单价。有标底的以标底为样本，无标底的以总报价最低的为样本）。

⑥ 计算错误5分。

三、两阶段报价评标法

（1）本办法建议适用于省建设行政主管部门颁布的工程类别划分标准一类工程。

（2）采用本办法招标的，要求招标人或其委托的招标代理机构在招标文件中提供招标工程项目的工程量清单。工程量清单的格式按省建设行政主管部门规定的格式编制。

投标人的报价不得低于本企业的成本。

（3）采用本办法招标的，其投标文件由技术、经济两部分组成，分开密封。

（4）第一阶段的技术标按100分计评，经评审，技术标合格的或技术标得分最高的前三名（任选一种）进入第二阶段经济标评审。

（5）技术标评分组成部分（100分）。（评分细则见附件一，总分值比例按100分折算）

① 总体概述：施工程序总体设想及施工段划分（9分）。

② 施工进度计划和各阶段进度的保证措施及违约责任承诺（8分）。

③ 劳动力和材料投入计划及其保证措施（5分）。

④ 机械设备投入计划及检测设备（5分）。

⑤ 施工平面布置和临时设施布置（5分）。

⑥ 关键施工技术、工艺及工程项目实施的重点、难点和解决方案（35分）。

⑦ 安全文明措施（5分）。

⑧ 质量保证与承诺（5分）。

⑨ 新技术应用与承诺（13分）。

⑩ 项目经理业绩，项目班子及管理经验（10分）。

(6) 进入第二阶段经济标评审的标书，评标委员会必须审查工程项目的主要材料价格、主要清单项目综合单价、工程清单项目费和措施项目费的完整、合理、可行性。评标委员会认为其他材料价格等，可能影响总报价或招标人、投标人利益的，可以对工程量清单的所有项目进行评审并可增加项目班子答辩。经评审和答辩，评标委员会认为投标书中工程量清单所列所有项目均能满足技术要求的最低报价者为该招标项目的第一名。

四、$A+B$ 值评标法

(1) 本办法建议用于 500 万元以下的工程。

(2) 这种评标办法的前提条件是：① 所有投标单位的资格审查均获通过，无论谁中标，建设单位均可接受；② 建设单位在发标前根据实际情况确定的工程工期，投标单位应进行确认。

(3) 评标委员会在开标前公布有资格的单位编制的招标参考价，评委采用投浮动系数的方法，分别去掉一个最高和最低数，取平均值。用该平均值和招标参考价计算出投标基准价 A。各投标单位的报价去掉一个最高和最低数，用平均法求得平均标价 B，然后以 A、B 的平均值作为定标标准值。

① 取最接近而低于定标标准值的两个投标价者为中标候选人。

② 不能满足第 1 点的其他情况，取绝对值最接近定标标准值的两个投标价者为中标候选人。

附件一

评分细则

1. 总体概述（优 3 分、良 2 分、中 1 分、差 0 分）

优：对项目总体有深刻认识，表述清晰、完整、严谨、合理，措施先进、具体、有效、成熟，采用了新技术、新工艺、新材料、新设备；施工段划分呼应总体表述，划分清晰、合理，符合规范要求。

良：对项目总体有一定认识，表述清晰、完整，措施具体有效；施工段划分呼应总体表述，划分清晰，符合规范要求。

中：对项目总体有认识，有一定的措施但部分不具体；施工段划分较合理，符合规范要求。

差：对项目认识不足，表述不清晰，措施不具体；施工段划分不合理。

2. 施工进度计划和各阶段进度的保证措施及违约责任承诺（优 3 分、良 2 分、中 1 分、差 0 分）

优：关键线路清晰、准确、完整，计划编制合理、可行；关键节点的控制措施有力、合理、可行；进度违约责任承诺具体，经济赔偿最大。

良：关键线路清晰、准确、完整，计划编制可行；关键节点的控制措施合理、可行；进度违约责任承诺具体，经济赔偿次大。

中：关键线路基本准确，计划编制基本合理；关键节点的控制措施基本可行。进度违约责任承诺具体。

差：关键线路不准，计划编制不合理；关键节点的控制不可行；没有违约责任承诺。

3．劳动力和材料投入计划及其保证措施（优 2 分、良 1.5 分、中 1 分、差 0 分）

优：投入计划与进度计划呼应，较好满足施工需要，调配投入计划合理、准确。

良：投入计划与进度计划呼应，基本满足施工需要，调配投入计划基本合理、准确。

中：投入计划与进度计划呼应，基本满足施工需要，调配投入计划基本合理。

差：投入计划与进度计划不呼应，不能满足施工需要。

4．机械设备投入计划（优 2 分、良 1.5 分、中 1 分、差 0 分）

优：投入计划与进度计划呼应，较好满足施工需要，采用先进机械设备。

良：投入计划与进度计划呼应，满足施工需要。

中：投入计划与进度计划呼应，基本满足施工需要。

差：投入计划与进度计划不呼应，不能满足施工需要。

5．施工平布布置和临时设施布置（优 2 分、良 1.5 分、中 1 分、差 0 分）

优：总体布置有针对性、合理，较好满足施工需要，符合安全、文明生产要求。

良：总体布置合理，能满足施工需要，基本符合安全、文明生产要求。

中：总体布置基本合理，基本满足施工需要。

差：总体布置不合理，不符合安全、文明生产要求。

6．关键施工技术、工艺及工程项目实施的重点、难点分析和解决方案（优 10 分、良 8 分、中 6 分、差 0 分）

优：对项目关键技术、工艺有深入的表述，对重点、难点有先进、合理的建议，解决方案完整、经济、安全、切实可行，措施得力。

良：对项目关键技术、工艺有深入的表述，对重点、难点有合理的建议，解决方案经济、安全、基本可行。

中：对项目关键技术有一定了解，对重点、难点有建议，解决方案基本可行。

差：对项目关键技术有表述，对重点、难点有建议，解决方案不可行。

7．安全文明施工措施（优 2 分、良 1.5 分、中 1 分、差 0 分）

优：针对项目实际情况，有先进、具体、完整、可行的实施措施，采用规范正确、清晰。

良：针对项目实际情况，有合理的措施且具体、完整，采用规范正确。

中：有基本合理的措施，采用规范正确。

差：安全文明措施不得力，采用规范不正确。

8．质量保证和质量违约责任承诺（优 2 分、良 1.5 分、中 1 分、差 0 分）

优：应用新技术、新工艺、新材料、新设备，针对项目实际提出先进、可行、具体的保证措施。超过招标文件的质量要求。质量违约责任承诺具体，经济赔偿最大。

良：针对项目实际提出先进、可行、具体的保证措施。满足招标文件的质量要求。质量违约责任承诺具体，经济赔偿次大。

中：具体措施可行。满足招标文件的质量要求。质量违约责任承诺具体。

差：措施不可行。没有质量违约责任承诺。

9．新技术应用和违约责任承诺（优5分、良4分、中2分、差0分）

优：针对项目实际，提出采用新技术的具体措施。新技术的验证材料可靠，对节约投资和工期的保证措施得力、具体、严谨。对采用新技术可能产生的风险预见充分，违约承诺具体，经济赔偿最大。

良：针对项目实际，提出采用新技术的具体措施。新技术的验证材料可靠，对节约投资和工期有保证措施。对采用新技术可能产生的风险有一定的预见性，违约责任承诺具体，经济赔偿次大。

中：有新技术措施，但验证材料不充分，对节约投资和工期可能有一定收益，对采用的新技术可能产生的风险预见性不足。有违约责任承诺。

差：采用的新技术针对性不强或验证材料不可靠，对节约投资、工期没有具体收益。无违约责任承诺。

10．项目经理业绩、项目班子及管理经验（优4分、良3分、中1分、差0分）

优：项目经理具有高级工程师职称，10年以上类似工程的经验。班子人员齐备、搭配合理。项目经理3年内所担任的项目曾获得鲁班奖。

良：项目经理具有工程师及以上职称，5年以上类似工程的经验。班子人员齐备、搭配较合理。项目经理3年内所担任的项目曾获省级样板工程或省级双优工程。（此条款为省级优秀项目经理的基本条件）

中：项目经理具有助理工程师及以上职称，3年以上类似工程经验。班子人员齐备、搭配基本合理。

差：项目经理没有类似工程经验。班子人员不齐备。

附件二

评分细则

1．工程量清单总报价（优20分、良17分、中15分、差1分）

优：总体报价完整、合理，并且是最低投标价。

良：总体报价完整，且报价与最低投标价之差除以最低投标价在3%以下（不包括本数）。

中：总体报价完整，且报价与最低投标价之差除以最低投标价在3%～5%（3%包括本数，5%不包括本数）。

差：总体报价完整，且报价与最低投标价之差除以最低投标价在5%以上（包括本数）。

关于总体报价完整的说明：按招标文件的要求对工程量清单内的所有项目进行了报价。

2．工程清单项目费（优10分、良9分、中8分、差7分）

优：低于并接近基准价的报价，即最佳报价。

良：报价比最佳报价的差值的绝对值在3%以下（不包括本数）。

中：报价比最佳报价的差值的绝对值在（包括本数，5%不包括本数）。

差：报价比最佳报价的差值的绝对值在 5%以上（包括本数）。

关于工程清单项目基准价的确定：去掉两个最高报价和一个最低报价后的平均值为基准价（若仅三个投标单位，即取其报价的平均值）。

3．措施项目费（优 12 分、良 10 分、中 9 分、差 8 分）

优：措施项目费报价及其格式完整、合理，且该项目费是最低投标价。

良：措施项目费报价及其格式完整，且报价与该项目费最低投标价之差除以该项目费最低投标价在 5%以下范围内（不包括本数）。

中：措施项目费报价完整，且报价与该项目费最低投标价之差除以该项目费最低投标价在 50%～10%（5%包括本数，10%不包括本数）。

差：措施项目费报价完整，且报价与该项目费最低投标价之差除以该项目费最低投标价在 10%以上（包括本数）。

4．主要材料价格（优 10 分、良 9 分、中 8 分、差 7 分）

优：抽出的项目中有 90%以上的项目单价来源有依据（产地或厂家明确，并符合招标要求），且与材料价格基准价的差值的绝对值在 5%以下（不包括本数）。

良：抽出的项目中有 80%以上的项目单价来源有依据（产地或厂家明确，并符合招标要求），且与材料价格基准价的差值的绝对值在 5%以下（不包括本数）。

中：抽出的项目中有 70%以上的项目单价来源有依据（产地或厂家明确，并符合招标要求），且与材料价格基准价的差值的绝对值在 5%以下（不包括本数）。

差：抽出的项目中只有 70%以下（不包括本数）的项目单价来源有依据（产地或厂家明确，并符合招标要求）。

关于材料价格基准价的确定：去掉 30%的最高单价和 10%最低单价后的平均值为基准价。

5．主要清单项目综合单价（优 10 分、良 9 分、中 8 分、差 7 分）

优：抽出的项目中有 90%以上的项目单价的单价构成合理，且与综合单价基准价的差值的绝对位在 5%以下（不包括本数）。

良：抽出的项目中有 80%写以上的项目单价的单价构成合理，且与综合单价基准价的差值的绝对值在 5%以下（不包括本数）。

中：抽出的项目中有 70%以上的项目单价的单价构成合理，且与综合一单价基准价的差值的绝对值在 5%以下（不包括本数）。

差：抽出的项目中只有 70%以下（不包括本数）的项目单价的单价构成合理。

关于综合单价基准价的确定：去掉 30%的最高单价和 10%最低单价后的平均值为基准价。

6．是否有算术错误（优 3 分、良 2 分、中 1 分、差 0 分）

优：无。

良：2 次以内（包括相同错误出现次数在内）。

中：4 次以内（包括相同错误出现次数在内）。

差：4 次（不包括本数）以上（包括相同错误出现次数在内）。

注：除专门说明外，所有的数字均包括本数。

附件三

评分细则

1. 工程量清单总报价（优 30 分、良 26 分、中 23 分、差 21 分）

优：总体报价完整、合理，且是低于并最接近平均值的报价。

良：总体报价完整，且报价与平均报价差值的绝对值除以平均报价在 3%以下（不包括本数）。

中：总体报价完整，且报价与平均报价差值的绝对值除以平均报价在 3%～5%（3%包括本数，5%不包括本数）。

差：总体报价完整，且报价与平均报价差值的绝对值除以平均报价在 5%以上（5%包括本数）。

关于总体报价完整的说明：按招标文件的要求对工程量清单内的所有项目进行了报价。

2. 工程清单项目费（优 15 分、良 13 分、中 11 分、差 10 分）

优：低于并最接近基准价的报价，即最佳报价。

良：报价比最佳报价的差值的绝对值在 3%以下（不包括本数）。

中：报价比最佳报价的差值的绝对值在 3%～5%（3%包括本数，5%不包括本数）。

差：报价比最佳报价的差值的绝对值在 5%以上（包括本数）；关于工程清单项目基准价的确定：去掉一个最高报价和一个最低报价后的平均值为基准价（若仅三个投标单位，即取其报价的平均值）。

3. 措施项目费（优 20 分、良 17 分、中 15 分、差 14 分）

优：措施项目费报价及其格式完整、合理，且该项目费是最低投标价。

良：措施项目费报价及其格式完整，且报价与该项目费最低投标价之差除以该项目费最低投标价在 5%以下（不包括本数）。

中：措施项目费报价完整，且报价与该项目费最低投标价之差除以该项目费最低投标价在 5%～10%（5%包括本数，10%不包括本数）。

差：措施项目费报价完整，且报价与该项目费最低投标价之差除以该项目费最低投标价在 10%以上（包括本数）。

4. 主要材料价格（优 15 分、良 13 分、中 11 分、差 10 分）

优：抽出的项目中有 90%以上的项目单价来源有依据（产地或厂家明确，并符合招标要求），且与材料价格基准价的差值的绝对位在 5%以下（不包括本数）。

良：抽出的项目中有 80%以上的项目单价来源有依据（产地或厂家明确，并符合招标要求），且与材料价格基准价的差位的绝对值在 5%以下（不包括本数）。

中：抽出的项目中有 70%以上的项目单价来源有依据（产地或厂家明确，并符合招标要求），且与材料价格基准价的差位的绝对值在 5%以下（不包括本数）。

差：抽出的项目中只有 70%以下（不包括本数）的项目单价来源有依据（产地或厂家明确，并符合招标要求）。

关于材料价格基准价的确定：去掉 10%的最高单价和 10%最低单价后的平均值为基准价。

5．主要项目综合单价（优 15 分、良 13 分、中 11 分、差 10 分）

优：抽出的项目中有 90%以上的项目单价的单价构成合理，且与综合单价基准价的差值的绝对值在 5%以下（不包括本数）。

良：抽出的项目中有 80%以上的项目单价的单价构成合理，且与综合单价基准价的差值的绝对值在 5%以下（不包括本数）。

中：抽出的项目中有 70%以上的项目单价的单价构成合理，且与综合单价基准价的差值的绝对值在 5%以下（不包括本数）。

差：抽出的项目中只有 70%以下（不包括本数）的项目单价的单价构成合理。

关于综合单价基准价的确定：去掉 10%的最高单价和 10%最低单价后的平均值为基准价。

6．是否有算术错误（优 5 分、良 4 分、中 2 分、差 0 分）

优：无。

良：2 次以内（包括相同错误出现次数在内）。

中：4 次以内（包括相同错误出现次数在内）。

差：4 次（不包括本数）以上（包括相同错误出现次数在内）。

注：除专门说明外，所有的数字均包括本数。

附件 3

$A+B$ 值评标法

评标实施细则

（1）评标的前提条件是：所有投标单位的资格审查均获通过。

（2）投标报价规定：

投标单位根据招标文件所确定的工程造价，在国家现行监理收费标准的上下限区间内（1.40%＜费率≤2.00%）进行投标报价（报费率，保留 3 位小数），超出该范围的投标报价为废标。

（3）A 值确定。

开标前，由招标人代表 1 人、投标人代表 2 人在国家现行监理收费标准（或招标文件规定标准）的上下限区间内，投浮动费率（保留 3 位小数），然后在浮动费率中去掉一个最高费率和一个最低费率，取其余浮动费率的算术平均值作为平均浮动费率（四舍五入，保留 3 位小数）。A 值：即平均浮动费率。

（4）B 值确定：B 值=投标单位有效投标报价费率之和有效投标单位个数

（5）定标标准值确定：定标标准值（费率）=$(A+B)\div 2$

（6）定标规定。

① 确定两个中标候选人：取绝对值最接近定标标准值的两个有效投标报价者为中标候选人。

② 确定中标单位。

将两个中标候选人在评标之日前两年内所监理的同类别工程获奖业绩比较，优先中标的顺序如下：

① 获得国家级或部优以上奖项者为中标单位；
② 不具备第①项条件时，以获得省级奖项者为中标单位；
③ 若以上获奖条件相同，则取候选人的投标报价绝对值最接近定标标准值者为中标单位；
④ 若获奖情况及报价均相同，则由评标委员会根据投标人的业绩、信誉投票从中确定中标单位。

参考文献

[1] 全国招标师职业水平考试辅导教材指导委员会．招标采购法律法规与政策、招标采购专业实务．北京：中国计划出版社，2010．

[2] 全国招标师职业水平考试辅导教材编写组．招标采购案例分析、招标采购专业实务．北京：中国建材出版社，2010．

[3] 全国招标师职业水平考试试题研究小组．招标采购法律法规与政策、招标采购专业实务．2版．北京：机械工业出版社，2010．

[4] 中国建设监理协会组织编写．建设工程合同管理、建设工程投资控制．2版．北京：知识产权出版社，2006．

[5] 范宏，杨松森．建设工程招投标实务．北京：化学工业出版社，2008．

[6] 李洪军，源军．工程项目招投标与合同管理．北京：北京大学出版社，2009．

[7] 张明月，等．工程量清单计价范例依据GB 50500—2008规范编写．北京：中国建筑工业出版社，2009．

[8] 苗曙光．建筑工程竣工结算编制与筹划指南．北京：中国电力出版社，2006．

[9] 建筑工程定额与预算[M]．北京：高等教育出版社，2009．

[10] 刘宝生．建筑工程概预算[M]．北京：机械工业出版社，2009．

[11] 中华人民共和国建设部．GB 50500—2008 建设工程量清单计价规范．北京：中国计划出版社，2008．

[12] 广东省建设厅．广东省建设工程计价依据．北京：中国计划出版社，2010．

[13] 田恒久．工程招标投标与合同管理．北京：中国电力出版社，2009．

[14] 国家计委政策法规司、国务院法制办财政金融法制司．中华人民共和国招标投标法释义．北京：中国计划出版社，1999．

[15] 宁素莹．建筑工程招投标与合同管理．北京：中国建材工业出版社，2003．

[16] 卢谦．建筑工程招投标与合同管理．2版．北京：中国水利水电出版社，2005．

[17] 王平，李克坚．招投标·合同管理·索赔．北京：中国电力出版社，2006．

[18] 高群，张素菲．建设工程招投标与合同管理．北京：机械工业出版社，2008．

[19] 卞耀武．中华人民共和国招标投标实用问答．北京：中国建材工业出版社，1999．

[20] 刘钦．工程招投标与合同管理．北京：高等教育出版社，2003．

[21] 黄景瑗．土木工程施工招投标与合同管理．北京：知识产权出版社，2002．

[22] 刘富勤，陈德方．工程量清单的编制与投标报价．北京：北京大学出版社，2006．

[23] 常振亮．建设工程合同管理．北京：化学工业出版社，2007．

[25] 生青杰．工程建设法规．北京：科学出版社，2004．